NEUKIRCHENER

Matthias Freudenberg
J. Marius J. Lange van Ravenswaay (Hg.)

# Calvin und seine Wirkungen

Vorträge der 7. Emder Tagung
zur Geschichte des
reformierten Protestantismus

Neukirchener foedus-verlag

foedus-Verlag
Neukirchener Verlag
Neukirchener Verlagsgesellschaft mbH, Neukirchen-Vluyn

Umschlaggestaltung: Andreas Sonnhüter, Düsseldorf
Umschlagfoto: © istockphoto
Druckvorlage: Dorothee Schönau
Gesamtherstellung: Hubert & Co., Göttingen
Printed in Germany
ISBN 978–3–7887–2400–9



Bibliografische Information der Deutschen Nationalbibliothek

Die Deutsche Nationalbibliothek verzeichnet diese Publikation in der Deutschen Nationalbibliografie; detaillierte bibliografische Daten sind im Internet über http://dnb.d-nb.de abrufbar.

# Vorwort

Wer sich heute mit der Person und dem Werk des Reformators Johannes Calvin auseinandersetzt, ist fasziniert von der Konsequenz und der Weite seines Denkens. Kein anderer Reformator seiner Zeit war so in der Lage wie er, die weltweite Ausrichtung der Erneuerung der Kirche auf den Weg zu bringen und die Katholizität der Kirche bleibend im Protestantismus zu verankern. Wie kein anderer war Calvin überdies bemüht, Brücken zu bauen und die Einheit im protestantischen Lager immer wieder anzumahnen und theologisch wie auch kirchenpolitisch zu betreiben. Dass jedoch eben dieser Johannes Calvin es war, der bis in unsere Zeit auch wiederholt zum Ziel unterschiedlich motivierter Polemik wurde, bleibt ein nur schwer zu erklärendes historisches Phänomen.

Die Gesellschaft für die Geschichte des reformierten Protestantismus e.V. nahm die 500. Wiederkehr des Geburtstages von Johannes Calvin zum Anlass, ihre 7. Emder Tagung vom 22.–24. März 2009 in der Johannes a Lasco-Bibliothek zu Emden ganz dem Werk und den Wirkungen Calvins zu widmen. Dabei sollten sowohl unterschiedliche Facetten im Denken und Arbeiten des Reformators selbst als auch seine signifikanten Fernwirkungen bis in die jüngste Vergangenheit hinein deutlich zum Tragen kommen. Ebenfalls erschien es angebracht, den internationalen Kontext mit einzubeziehen und auch darin einem genuinen Anliegen in der Ausrichtung des Schaffens Calvins Raum zu geben.

Im vorliegenden Band sind Hauptvorträge und Kurzreferate der 7. Emder Tagung dokumentiert. Erweitert wurde er um die Dankesrede des diesjährigen Preisträgers des J.F. Gerhard Goeters-Preises, Herrn Kęstutis Daugirdas, sowie um die Abschiedsvorlesung des Wuppertaler Kirchenhistorikers Manfred Schulze, die einen Einblick in die Genfer kirchlichen und politischen Konstellationen gibt.

Ein besonderer Dank gilt Frau Dorothee Schönau für die Erstellung der Druckvorlage sowie Frau Tabina Höver für die Sichtung der Beiträge.

Wuppertal-Schöller und Moormerland, im Herbst 2009

*Matthias Freudenberg und J. Marius J. Lange van Ravenswaay*

# Inhalt

# Calvins Einflüsse auf Volanus

*Dankesrede zum Empfang des J.F. Gerhard Goeters-Preises*

*von Kęstutis Daugirdas*

Es ist mir eine große Ehre, den diesjährigen J.F. Gerhard Goeters-Preis in Empfang nehmen zu dürfen. Der Umstand, dass sich der Vorstand ausgerechnet im Calvin-Jahr bei der Preisvergabe für eine Arbeit entschied, die nicht den Genfer Reformator selbst, sondern die Ausstrahlung der von ihm geprägten reformierten Anliegen nach Osteuropa zum Gegenstand hat, stellt für mich einen Grund zur besonderen Freude dar. Denn mit dieser Entscheidung in diesem symbolträchtigen Jahr hat die Gesellschaft für die Geschichte des reformierten Protestantismus einer wichtigen Dimension im Selbstverständnis des Reformiertentums Aufmerksamkeit geschenkt, die dessen theologische Identität von Beginn an entscheidend bestimmte und die bereits Johannes Calvin besonders am Herzen lag: nämlich dem Bewusstsein, eine ganz Europa – und im vorangeschrittenen 16. Jahrhundert war dies oft immer noch gleichbedeutend mit der ganzen Welt – umspannende Mission zu erfüllen. Auf diese europäische Dimension im Selbstverständnis des reformierten Protestantismus, der die Identität stiftende Kraft wesentlich aus dem Zugehörigkeitsgefühl zu einer als universal empfundenen Gemeinschaft und weniger aus den als normativ geltenden Autoritäten – und seien diese auch noch so herausragend – schöpfte, möchte ich nun anhand des konkreten Beispiels des litauischen Reformators Andreas Volanus eingehen.[1]

Schon der Lebensverlauf dieses ca. 1531 in Großpolen geborenen und 1610 auf seinem etwa 70 km von der litauischen Hauptstadt Vilnius entfernt liegenden Erbgut Biutisci verstorbenen Mannes zeugt von Bezügen, die weit über die Grenzen des Großfürstentums Litauen hinausweisen. Von einem schlesischen Vater und einer polnischen Mutter stammend, in Frankfurt an der Oder und Königsberg u.a. von Georg Sabinus (1508–1560), dem seinerzeit berühmten Latinisten und Schwiegersohn Philipp Melanchthons (1497–1560), ausgebildet, diente Volanus als Sekretär zunächst dem einflussreichen litauischen Großkanzler Nikolaus Radziwill (ca. 1515–1584), gen. der Rote,

1 Vgl. Kęstutis Daugirdas, Andreas Volanus und die Reformation im Großfürstentum Litauen (VIEG 221), Göttingen 2008.

dann aber auch dem polnischen König und litauischen Großfürsten ungarischer Herkunft Stephan Báthory (1533–1586). In die wichtigsten politischen Ereignisse des damaligen polnisch-litauischen Gemeinwesens involviert, mit zahlreichen diplomatischen Missionen – u.a. nach Prag zu Kaiser Maximilian II. (1527–1576) – betraut, beteiligte sich der in den Genuss des litauischen Indigenats gelangte Volanus sehr rege auch an den damaligen theologischen Auseinandersetzungen. Obwohl er persönlich im Sinne der Wittenberger Reformation erzogen worden war und seit dem Studium unter dem Einfluss Melanchthons stand, übernahm Volanus, wie so viele seiner reformatorisch gesinnten Zeitgenossen im polnisch-litauischen Gemeinwesen, zuletzt Calvins Christologie und Abendmahlslehre, für die er sich dann insbesondere in den in den siebziger und achtziger Jahren des 16. Jahrhunderts geführten Kontroversen mit den Jesuiten stark machte. Folgerichtig sind es diese Kontroversen, die einen guten Einblick in spezifisch reformierte Anliegen gewähren und im Folgenden etwas ausführlicher beleuchtet werden.

Von besonderer intellektueller Qualität war die von Volanus in lateinischer Sprache geführte Auseinandersetzung mit dem herausragenden polnischen Jesuiten Petrus Skarga (1536–1612) und dessen in Italien lebenden Ordensbruder Franciscus Turriani (1504–1584), in deren Folge zuerst seine Schrift *Defensio verae sententiae de coena Domini* (1579) und dann auch die *Libri quinque* (1584) entstanden. Vor allem im letztgenannten Werk, das als Antwort auf die auf Polnisch erschienene Polemik Skargas *Siedm filarów* (1582) konzipiert war, betonte Volanus, dass er am Lateinischen als Sprache der Kontroverse festzuhalten gedenke.[2] Dabei führte er folgenden Hauptgrund dafür an, warum er im Unterschied zu seinem Gegenspieler das Polnische auch weiterhin nicht benutzen wollte: Er verfasse sein Buch deswegen auf Latein, damit in allen Teilen der christlichen Welt sichtbar werde, mit welch schwachen Argumenten der Jesuit samt seinem ganzen Orden gegen die wahre Lehre Christi ankämpfen.[3]

Aus seinen eigenen Angaben geht hervor, dass Volanus sich bei der Abfassung der *Libri quinque* dessen bewusst war, dass er mit seinen anti-jesuitischen Schriften vor ein breiteres gelehrtes Publikum treten würde als nur vor das Publikum des polnisch-litauischen Gemeinwesens. Mit Wohlbedacht hielt er also an einer Sprache fest, die grenzüberschreitende Diskussionskreise ermöglichte. Dies war eine wichtige Voraussetzung dafür, dass sich mit der Zeit auch Gelehrte jenseits der Grenzen an dem Streit beteiligten. Und so

2 Vgl. Andreas Volanus, Libri quinque contra Scargae Iesuitae Vilnensis septem, missae sacrificiique eius columnas, Vilnae 1584, 2.

3 Vgl. Volanus, Libri quinque (wie Anm. 2), 3.

war die Ankündigung von Volanus, auch weiterhin auf Latein schreiben zu wollen, damit die ganze christliche Welt die Lehre der Jesuiten als falsch erkenne, nicht bloß eine rhetorische Phrase, so sehr sie auch von der für die damalige Polemik typischen Rhetorik geprägt ist. Im Hintergrund dieser Ankündigung stand die im Entstehen begriffene und in Basel herausgegebene Reihe *Doctrinae Iesuiticae praecipua capita*. Im vierten Band dieser Reihe, die die Veröffentlichung der anti-jesuitischen Schriften der Reformierten aus ganz Europa in Angriff genommen hatte, wurde 1586 auch die *Defensio verae sententiae de coena Domini* des Volanus nachgedruckt.

Die lateinisch geführte Auseinandersetzung des Volanus mit Skarga und Turriani um das rechte Abendmahlsverständnis erwies sich aber noch in anderer Hinsicht als wichtig für das Zustandekommen grenzüberschreitender Diskussionskreise. Die Werke des Volanus waren nämlich nicht nur das Medium, durch das der westeuropäische Leser über den Stand der in dem polnisch-litauischen Gemeinwesen geführten Kontroverse in Kenntnis gesetzt wurde, sondern auch das Band, das die seinerzeitige polnisch-litauische gelehrte Öffentlichkeit mit jener im westlichen Europa verband. Volanus, der in seinen Polemiken zunehmend auf die anti-jesuitischen Schriften der westeuropäischen Reformierten verwies, schuf die Voraussetzung dafür, dass diese Schriften einem breiteren gebildeten Publikum im Osten Europas bekannt wurden, das auf diese Weise über den neuesten Stand der Diskussion laufend unterrichtet wurde. So hatte Volanus vor allem in Turriani mit einem Kontrahenten zu tun, mit welchem in den späten siebziger bzw. frühen achtziger Jahren auch Antoine de la Roche Chandieu (1534–1591), eine intellektuell herausragende Gestalt des französischen Protestantismus, in einer Kontroverse stand. Die von dem Franzosen verfassten Schriften *Sophismata Turriani* (1577) und *Ad repetita Turriani sophismata* (1580) stellten für Volanus ein willkommenes Zeugnis für die intellektuelle Verbundenheit der europaweit agierenden Reformierten dar: In seinen eigenen Werken *Assertionum confutatio* (1586) wie auch in *Apologia ad calumnias* (1587) erwähnte er sie, voll des Lobes für ihre Argumentationskraft: Diese Werke seien einer mächtigen „Keule des Herkules“ vergleichbar.[4]

Volanus beließ es aber nicht bei den bloßen Verweisen, sondern wurde selbst initiativ, um westeuropäische Gesinnungsgenossen als Mitstreiter gegen die im polnisch-litauischen Gemeinwesen tätigen Jesuiten zu gewinnen. Dafür nutzte er die bestehenden Netzwerke, die die Reformierten europaweit umspannten und für einen stetigen Austausch an Informationen sorg-

4 Vgl. Andreas Volanus, Apologia ad calumnias et convitia pertiferae hominum sectae, qui se falso Iesuitas vocant, Vilnae 1587, C1v.

ten. Ende der achtziger Jahre bat er den Heidelberger Professor Daniel Tossanus (1541–1602), er möge gegen die 1586 im Druck erschienenen Thesen des Posener Jesuiten Arturus Faunteus (1552–1591) zur Eucharistie sowie gegen die 1589 gedruckte Apologie des Jesuiten zu den 1584 veröffentlichten Thesen über die Anrufung und Verehrung der Heiligen vorgehen. Tossanus kam seiner Bitte gerne nach und verfasste daraufhin seine Doppelschrift *Disputationes duae*, die er noch im Februar 1590, versehen mit einem Brief an Volanus vom 1. Februar 1590 und einer Vorrede an die reformierten Gemeinden in dem polnisch-litauischen Gemeinwesen, in den Druck gab.

Mit seinen Bemühungen zielte Volanus jedenfalls auf ein möglichst geschlossenes Vorgehen der Reformierten im In- und Ausland gegen die Jesuiten. In der grenzüberschreitenden, gemeinsam geleisteten Verteidigung ihrer Lehrgrundsätze sah er den Beweis für den europaweiten lehrmäßigen Konsens der Anhänger dieses Zweiges der Reformation. Bereits in seiner Auseinandersetzung mit Skarga in den siebziger Jahren hatte Volanus die grenzübergreifende Rezeption der *Confessio Helvetica posterior* hervorgehoben[5], und er verstand sie, ähnlich wie schon Heinrich Bullinger vor ihm[6], als ein Zeugnis für den Wahrheitsgehalt der reformierten Einsichten. Je größer die europaweite Übereinstimmung in dem theologischen Einsatz für das einmal als wahr Erkannte ausfiel, desto eindrücklicher schien – dieser Logik zufolge – der Wahrheitsgehalt des Erkannten zu sein[7], und desto besser waren die Chancen, die Unentschlossenen und Zweifelnden bei der daheim geführten Kontroverse zu überzeugen und auf die eigene Seite zu ziehen.

Ermöglicht wurde das gemeinsame Vorgehen der Reformierten durch den Konsens in einer theologischen Identität, die sich sehr wohl vom römischen Katholizismus, der sich gerade auf der Grundlage des *Tridentinums* neu formierte, wie auch vom Luthertum, das sich auf der Grundlage der Konkordienformel (1577) und des Konkordienbuches (1580) konsolidierte, abzugrenzen wusste. So nahm z.B. Volanus in seinen späten anti-römischen Schriften mehrfach auf die von Jean-François Salvard (1530–1585) vorbereitete und 1581 im Druck erschienene *Harmonia confessionum fidei* Bezug und unterstrich stets den einträchtigen Geist der regional verschiedenen

5 Vgl. Andreas Volanus, Defensio verae, orthodoxae, veterisque in ecclesia sententiae, de sacramento corporis & sanguinis Domini nostri Iesu Christi, veraque eius in Coena sua praesentia, Losci 1578, 197.

6 Vgl. Irene Dingel, Bullinger und das Luthertum im Deutschen Reich, in: Heinrich Bullinger. Life – Thought – Influence, Zurich, Aug. 25–29, 2004, International Congress Heinrich Bullinger (1504–1575), Bd. 2, hg. v. Emidio Campi / Peter Opitz (Zürcher Beiträge zur Reformationsgeschichte 24), Zürich 2007, 776.

7 Vgl. Andreas Volanus, Iudicium de libello quodam Stanislai Rescii, qui inscribitur Ministromachia, o.O. 1593, 11.

Bekenntnisse der reformierten Kirchen. Seinem Urteil zufolge erwiesen sich die zu verschiedenen Zeiten und von verschiedenen Personen in England, Frankreich, Belgien, Schweiz, Schottland, Böhmen und in vielen deutschen Territorien verfassten Bekenntnisse bei aufmerksamer Lektüre als derart einheitlich, dass sie in den jeweils formulierten Glaubensartikeln auch nicht die geringsten Unterschiede aufwiesen und deshalb auf das Wirken ein und desselben göttlichen Geistes zurückgingen.[8]

Erst vor diesem Hintergrund erschließen sich auch die Verweise des Volanus auf die Schriften anderer Reformierten vollständig, die besonders häufig in seiner letzten, 1589 niedergeschriebenen Polemik gegen die Jesuiten, *Ad scurrilem et famosum libellum*, vorkommen. Neben dem Rekurs auf die bereits genannten Theologen Chandieu und Tossanus finden sich hier zahlreiche Hinweise auf Werke weiterer westeuropäischer Gesinnungsgenossen: auf Theodor Bezas (1519–1605) Schrift *Iohannis Calvini Vita* (1575), auf eine Schrift des Oxforder königlichen Theologieprofessors Laurence Humphrey (1527–1590), *Iesuitismi pars secunda* (1584), auf eine Polemik des königlichen Theologieprofessors am St. Johns College in Cambridge William Whitaker (1548–1595), *Ad rationes decem Edmundi Campiani Iesuitae* (1581), und auf eine zweiteilige Polemik des Franzosen Jean de Serres (1540/42–1598), *Adversus Ioannis Hayi commenta & convitia* (1586). Indem Volanus all diese Werke auflistet und ihnen die anti-jesuitischen Schriften seiner Gesinnungsgenossen im polnisch-litauischen Gemeinwesen zur Seite stellt wie z.B. die des Andreas Chrząstowski (1544–1612) und des Gregorius z Żarnowca (ca. 1528–1601)[9], zeichnet er ein eindrückliches Bild von einer intellektuell geschlossen auftretenden Gemeinschaft, die ganz im Sinne Calvins in der Lage war, trotz großer Entfernungen, erlebter Verfolgungen und Exilserfahrungen für ihre Einsichten und ihr Bekenntnis gemeinsam einzustehen.

Dafür, dass ich die soeben skizzierten historischen Bezüge des reformierten Selbstverständnisses in aller Ruhe erforschen und sie in einer Monographie niederlegen konnte, möchte ich der Betreuerin der Arbeit, Frau Professorin Irene Dingel, meinen tiefsten Dank aussprechen. Frau Rasa Balčikonyte, Kulturattachée der Republik Litauen, habe ich für einen großzügigen Druckkostenzuschuss zur Drucklegung des Buchs zu danken. Dem Vorstand der Gesellschaft für die Geschichte des reformierten Protestantismus wiederum danke ich herzlich für die ehrenvolle Gelegenheit, einige meiner Forschungsergebnisse hier vorstellen zu dürfen.

8 Vgl. Andreas Volanus, Ad scurrilem et famosum libellum, Iesuiticae scholae Vilnensi, et potissimum maledici conviciatoris Andreae Iurgevitii, o.O. 1589, 81.
9 Vgl. dazu Volanus, Ad scurrilem et famosum libellum (wie Anm. 8), 3.28.75f.80f.83f.86.

# Humanitas

## *Mensch und Menschlichkeit bei Calvin*

*von Olivier Millet*

### *I.*

Im 16. Jahrhundert wie überhaupt in der klassischen Tradition[1] hat der Begriff Menschlichkeit *(humanitas)* drei verschiedene miteinander verbundene Bedeutungen. Die modernen Wörterbücher weisen noch heute auf sie; sie sind in unserer Kultur lebendig geblieben, nicht aber mit der genauen Prägnanz, die ihnen zur Renaissancezeit anhafteten. Wir wollen uns von ihnen nacheinander führen lassen, um das Problem der Persönlichkeit Calvins und seine Auffassung der Menschlichkeit zu untersuchen. In einer dieser Bedeutungen gehört der Begriff *humanitas* zur philosophischen und theologischen Fachsprache. Es handelt sich um eine intellektuelle Tradition gleichzeitig klassischer und christlicher Herkunft. Die *humanitas*, insbesondere in der christlichen Theologie, ist der Inbegriff dessen, was menschlich ist, die Bezeichnung für die menschliche Natur, den Grund- und Eigencharakter des Menschen im Unterschied zur Tiernatur und zum Gotteswesen. In der theologischen Fachsprache spricht man in dieser letztgenannten Hinsicht zum Beispiel von der Doppelnatur Jesu Christi, der menschlichen und der göttlichen. Diesem Begriff wird in der Theologie Calvins eine wichtige Funktion zuerkannt[2], die sich in mehreren Kontroversen niedergeschlagen hat, denen sich der Reformator mit allerlei Gegnern zu liefern hatte. Was mir auffällt in dieser Perspektive, ist die Tatsache, dass die im Rahmen dieser theologischen Kontroversen so oft vom Reformator erwähnte und von ihm mit besonderem Nachdruck verteidigte *humanitas Christi* keine wichtige Rolle in der Definition der weiteren Bedeutung des Begriffs *humanitas* spielt.[3] Es handelt sich bei ihm eher darum, göttliche und menschliche

1 Für die humanistische lateinische Sprache zur Zeit Calvins vgl. z.B. den Artikel *Humanitas* in Robert Estienne, Dictionarium Latinogallicum, Paris 1538.

2 Als Einführung zu diesem Thema bei Calvin liegt vor: Eberhard Busch, Art. Gott und Mensch, in: Calvin Handbuch, hg. v. Herman J. Selderhuis, Tübingen 2008, 222–231.

3 Es gibt natürlich Ausnahmen, wenn Calvin die Barmherzigkeit Christi als Zeichen seiner *humanitas* z.B. im Evangelienkommentar unterstreicht (CO 45,562).

Natur voneinander zu unterscheiden, oft auch gegeneinander zu setzen. Anders gesagt, betrifft diese Bedeutung der *humanitas Christi* kaum, ja gar nicht die Frage der Menschlichkeit einer anderen Person, sei es der Person Calvins oder irgendeines anderen Gläubigen.

Es gibt dafür mehrere Gründe. Unter anderem sind bei Calvin prinzipiell die mystischen Modelle einer *imitatio Christi* in der Art der franziskanischen Nachfolge Jesu Christi ausgeschlossen, indem man aktiv und freiwillig dessen Lebensepisoden und Leiden wieder aufnimmt, als ob man konkret mit dem Leben Christi und dem Christus der Passion übereinstimmen könnte. Unser Reformator klagt dieses Modell als ein lächerliches, abgöttisches Nachahmen an, und zwar aus zwei Hauptgründen:

1. Eine durch die Nachfolge der Passion Christi als Werk des Glaubens definierte Heiligung wäre der reformatorischen Theologie der Rechtfertigung allein durch den Glauben selbstverständlich entgegengesetzt.

2. Es würde damit nach einer neuen Inkarnation gestrebt, während die nunmehr durch seine Himmelfahrt triumphierende *humanitas Christi* (insbesondere seine körperliche *humanitas*) von uns entfernt ist wie der Himmel von der Erde. Eine *imitatio Christi* besteht natürlich bei Calvin als Hintergrund seiner Spiritualität, insbesondere aufgrund der Identifikation des Glaubenszeugen mit der Botschaft des leidenden und gekreuzigten Christus im Prozess des Martyriums.[4] Dennoch bleibt diese *imitatio* immer indirekt und von allerlei semiologischen und kulturellen Vermittlungen bestimmt. Ein Beispiel dafür: Im französischen biblischen Theater der reformierten Autoren des 16. Jahrhunderts[5] wurden die evangelischen Episoden aus dem Leben Christi systematisch vermieden und mit wenigen Ausnahmen nur Episoden des Alten Testaments zum Argumentum gewählt und inszeniert. Dies liegt wahrscheinlich an den Gefahren, die sich durch die physische Darstellung geistlicher Wahrheiten aus der in der Heiligen Schrift offenbarten Gotteserkenntnis ergeben. Es ist also problematisch, auf der Bühne die *humanitas Christi* aufzuführen. An ihre Stelle kommen stellvertretende Protagonisten des Alten Testaments, David usw. oder Parabeln mit moralischen oder geistlichen Themen, die in Hinsicht auf die materielle und spirituelle Darstellung der Doppelnatur Christi keine besondere Schwierigkeit darstellen. Darüber hinaus bleibt die Frage: Inwiefern kann das christliche Sakrale auf der Bühne dargestellt werden, ohne zu einem Abbild und

4 Vgl. Frank Lestringant, Lumière des martyrs. Essai sur le martyre au siècle des Réformes, Paris 2004.

5 Als Einführung vgl. Gerard Dirk Jonker, Le protestantisme et le théâtre de langue française au XVIe siècle, Groningen 1939.

damit für die Zuschauer zu einer abgöttischen Versuchung zu werden? Bleiben doch im christlichen Leben die Vermittlung des Wortes Gottes und des Glaubens die einzigen legitimen Mittel, in die Glaubensmysterien eingeweiht zu werden.

Auch die biographische und historische Persönlichkeit Calvins soll in dieser Perspektive interpretiert werden, z.B. seine zahlreichen und stetigen Leiden und Krankheiten. Ein Reformator wie Calvin konnte und durfte gar nicht – weder für sich selber noch in Hinsicht auf die weiteren Gläubigen – die von der Tradition bis ins Detail bestimmte Figur eines Heiligen spielen, noch seinen Körper, wie es bei manchen Heiligen der Gegenreformation systematisch gepflegt wurde, umwandeln zum unmittelbaren Theatrum der göttlichen Offenbarung mittels pathetisch-verherrlichender Leiden.[6] Bei Calvin äußern sich die christliche *patientia* und Demut, die der *humanitas Christi* entsprechen, auf eine andere Weise, nämlich durch die rein funktionale Rolle, die er behauptet, als Reformator gespielt zu haben.

Hier seien einige Dimensionen dieser Rolle erwähnt, zuerst seine Berufung betreffend. Calvin erzählt in der Vorrede zu seinem Psalmenkommentar 1557 die Geschichte, wie er zu einem Reformator wurde.[7] Unser Thema interessiert in dieser Erzählung bei ihrem Nachdruck darauf, dass der junge Calvin die Zeichen seiner Berufung weder auf einem persönlichen Weg zum Heil noch aus Anlass geistlicher Erfahrungen fand. Diese Zeichen kamen ihm immer von anderen Menschen (Guillaume Farel; Martin Bucer) oder von den jeweiligen Umständen (die Krisenlage der Genfer Kirche) zu. Der Weg, der sich für ihn auftat, ist gerechtfertigt, schreibt er, denn er ist das Ergebnis einer totalen Verobjektivierung der Sorge um sich selbst. Die persönliche Geschichte Calvins ergibt sich nicht aus der Suche nach der eigenen Identität als innerem Zusammenhang oder als menschlichem Träger des göttlichen Bildes.

Ich gehe noch einen Schritt weiter in dieser Interpretation. Calvin hatte kein Interesse an seinem innerlichen Geistesleben, im Gegensatz zum Beispiel zu Ignatius von Loyola, dem zeitgenössischen Gründer des Jesuitenordens und wirksamsten Gegner der reformatorischen Bewegung, im Gegen-

6 Für die Frauenwelt und als Einführung zum gesamten Thema vgl. Christian Mouchel, Les Femmes de douleur. Maladie et sainteté dans l'Italie de la Contre-Réforme, Besançon 2007.

7 Lateinischer und französischer Text in CO 31,13–36; vgl. meine Interpretation dieser Vorrede: Calvin témoin de lui-même dans la Préface de son Commentaire sur les psaumes, in: L'Emergence du sujet. De L'Amant vert au Misanthrope, hg. v. Olivier Pot, Genève 2005, 113–132. Zum biographischen Inhalt dieses Kommentars vgl. Herman J. Selderhuis, Calvin's Theology of the Psalms, Grand Rapids (MI) 2007, 26–36.

satz auch zu den späteren englischen Puritanern.[8] Der erstgenannte stützte sich in seinen berühmten *Geistlichen Übungen* auf die Bewegungen der innerlichen Sinne, zum Beispiel auf die Einbildungskraft, um die Fortschritte der Seele auf dem christlichen Wege zu fördern, und die autobiographischen Texte desselben Ignatius beweisen eine intensive Aufmerksamkeit für die inneren Erfahrungen und Erlebnisse. Die anderen, die Puritaner, die doch calvinistisch geprägt waren, pflegten und verbreiteten später die modernen Formen der Autobiographie und des intimen Tagebuches. Der umgekehrte Fall Calvin betrifft nicht nur den Reformator, sondern auch diejenigen, die ihm geistlich und kulturell nah waren. Dieses Phänomen kommt besonders gut zum Ausdruck in den literarischen und poetischen Werken der französischsprachigen reformierten Dichter des 16. und 17. Jahrhunderts, selbst wenn sie eine sehr starke Persönlichkeit aufweisen: Sie sprechen kaum von ihrer eigenen Person als psychischem Privatwesen. Das ist z.B. der Fall bei Agrippa d'Aubigné, der doch als Dichter die ungeheuere Rolle eines Hugenottenpropheten zur Zeit der Religionskriege spielte und sogar eine Autobiographie verfasste.[9] Diese calvinische Verobjektivierung der Sorge um sich selbst hat einen menschlichen Typus erzeugt, der mehrere moralische Dimensionen zusammenfügt: Selbstopferung, natürlich manchmal bis zum Tode, und unerschütterliche Stärke einer Berufung göttlicher Herkunft; Selbstbehauptung von sich als von Gott für eine bestimmte Aufgabe erwähltes Individuum, während die anderen (die Gegner, manchmal sogar andere Hugenotten im Fall von d'Aubigné) als schwankende Menschen gesehen werden; Demut und absolute Sicherheit, nur ein Werkzeug in der Hand Gottes zu sein. Literarisch kennzeichnete Calvin diesen Typus in der berühmten Aussage über sich selbst: „Von mir rede ich ja nicht gerne"[10], eine Aussage, die der Wirklichkeit zu entsprechen scheint und den französischen Reformator zum Beispiel von Martin Luther stark unterscheidet. Diese Aussage trug auch dazu bei, eine literarische Figur von Calvin zu schaffen (die Rhetorik spricht in diesem Fall vom Ethos des jeweiligen Redners), und wir haben es mit einem glatten, sozusagen neutralen und rein funktionalen Ethos eines Calvin zu tun, der als Johannes der Täufer fungiert, indem sein einziges Anliegen darin besteht, mit dem Finger zu dem Anderen, auf Gott, hinzuweisen. Vor diesem Hintergrund erklärt sich die Tatsache, dass eine

8 Vgl. Winfried Schulze (Hg.), Ego-Dokumente. Annäherungen an den Menschen in der Geschichte (Selbstzeugnisse der Neuzeit. Quellen und Darstellungen zur Sozial- und Erfahrungsgeschichte, Bd. 2), Berlin 1996.

9 Agrippa d'Aubigné, Sa vie à ses enfants, hg. v. Gilbert Schrenck, Paris 1986.

10 Joannes Calvinus Iacobo Sadoleto Cardinali: *De me non libenter loquor* (CO 5,389).

positive, an Anekdoten reiche und humane Legende von Calvin kaum möglich war und in der Tat nie bestand. Calvin hat alle möglichen Ansätze und Anknüpfungspunkte dafür selbst verdrängt, und die offiziellen Biographien des Reformators, die von Theodor Beza und Nicolas Colladon nach seinem Tode verfasst wurden, versuchten kaum, dieses Bild zu korrigieren.[11]

Es geht aber hier nicht nur um einen persönlichen Charakterzug der Person Calvins, sondern um die Stellung der *humanitas* in der calvinischen Weltauffassung. Kurz gesagt, die *humanitas*, wenn sie auf die *divinitas* bezogen wird, kann die Rolle eines Werkzeuges und eines Zeugen spielen, nicht aber die Würde eines sich auf interessante und kohärente Weise entwickelnden Wesens annehmen. In dieser Auffassung geht es nicht nur um die Grenzen der *humanitas* gegenüber der *divinitas*, sondern um eine prinzipielle theologische und geistliche Orientierung der reformatorischen Botschaft: Im Gegensatz zum heiligen Augustin ist das existentielle Heilsvorbild nicht das einer Rückkehr zu sich selbst und zu Gott, sondern das einer Existenz, die einer immer wiederkehrenden Prüfung göttlichen Ursprungs unterworfen ist, die den Menschen in die Krise wirft und ihn aus sich selbst befreit.

Für Calvin war seine eigene Persönlichkeit – worunter das Bewusstsein um seine Grenzen und Fehler verstanden werden soll – ein Grund dafür, sich selbst als Sünder und von Gott Begnadigter anzuerkennen und zu bekennen. Mit anderen Worten: Sie war nur ein Prüfstein zur Bestätigung der reformatorischen Botschaft. Wenn der Reformator auf seinem Sterbebett erklärte: „Ich habe viele schwache Seiten gehabt, ja, alles, was ich getan habe, gilt nichts. Auch wenn die Bösen diese Aussage ausnutzen wollen, wiederhole ich: Alles, was ich getan habe, gilt nichts, ich bin eine elende Kreatur. Doch kann ich auch sagen, dass ich guten Willens gewesen bin, dass meine Laster mir immer missfallen haben, und dass die Wurzel der Gottesfurcht in mir war“[12], entsprechen natürlich diese letzten Worte der christlichen Demut, wie sie traditionell gepflegt wurde und in den Heiligengeschichten stets wiederkehrt. Sie hat aber auch zum Ziel, in der Person und im Werk des Kirchenmannes das menschliche Moment vom reformatorischen Anliegen zu unterscheiden. Nur Letzteres gilt in der Kirche und für die Nachkommenschaft. Calvin übte als Reformator ein rein funktionales Amt aus als Prediger des Wortes und der Gnade Gottes für sich selbst und für die anderen.

11 CO 21; vgl. Irena Backus, Life Writing in Reformation Europe. Biographies of reformers by friends, disciples and foes, Aldershot 2008.

12 Discours d'adieu aux ministres, jetzt in der schönen und gelehrten Ausgabe: Jean Calvin, Oeuvres, hg. v. Bernard Roussel / Francis Higman, Paris 2009, 991; vgl. Calvin-Studienausgabe, Bd. 2: Gestalt und Ordnung der Kirche, hg. v. Eberhard Busch u.a., Neukirchen-Vluyn 1997, 294–303 (= CStA 2).

Sagt doch derselbe Sterbende in einer anderen Abschiedsrede: „Ich leugne nicht, dass Gott mich benutzt hat zu diesem Wenigen, welches er durch mich getan hat; wenn ich anders spräche, wäre ich heuchlerisch.“[13]

Wie selbstverständlich in der reformatorischen Perspektive, haben wir es mit einer Verlagerung der Begriffe zu tun. Der Mensch Calvin ist nur das Instrument einer Botschaft, die ihn gleichzeitig richtet und rechtfertigt. Viel mehr als eine direkte *imitatio Christi* oder eine Nachahmung der apostolischen Modelle, wie sie in der Tradition zur Verfügung standen, wirkte im Geist Calvins ein komplexes prophetisches Modell, das die verschiedenen Figuren von Mose, David, Jeremia, Jona, Paulus usw. kombinierte und nach welchem der Reformator seine eigene Geschichte wahrnahm und für die anderen inszenierte. In diesem Sinn entdeckte er seine Persönlichkeit in demselben Worte Gottes, dessen Prediger er war. Eine der auffälligsten Folgen dieses besonderen Selbstbewusstseins finden wir in der Weise, wie er begraben werden wollte. Er ließ sich ohne Inschrift in einer anonymen und unbekannten Grabstätte des Genfer Friedhofs beerdigen in der Furcht, diese könnte Anlass zu einer Verehrung geben, die dem Inhalt seiner Botschaft widersprechen würde, indem sie die menschliche und historische Dimension seines Werkes in den Vordergrund gestellt hätte. Ein monastisches Modell der Demut und des Verzichts auf sich selbst bis in den Tod und in ihm wird damit aufgenommen; viel mehr aber erklärt sich dieser Wille durch einen Bibelkommentar des Johannes Chrysostomus, der unserem Bibelexegeten aufgefallen war.[14] Dabei bemerkt der Kirchenvater, dass die Grabstätten der Propheten und der Apostel im Allgemeinen unbekannt geblieben sind, um jeder Versuchung zum Aberglauben von Seiten der nachfolgenden Generationen vorzubeugen. Natürlich könnten böswillige Zungen daraufhin nahelegen, dass eben diese „Einzelheit“ der namenlosen und unbekannten Grabstätte, sich auf derselben Ebene wie die großen inspirierten Gestalten der Bibel behandeln zu lassen, ein Zeichen des Hochmuts und der Selbstbehauptung ist. Zweideutig bleibt also diese letzte hinterlassene Spur Calvins, die in einer Lücke der Spur besteht. Calvin hatte wahrscheinlich auch diese mögliche negative Deutung des Zeichens ins Auge gefasst und entschied sich nichtsdestoweniger bewusst für die Anonymität. Bis in seine göttliche Berufung hinein bleibt also die Menschlichkeit menschlich, zweideutig und der Gnade Gottes bedürftig – so lautet letztendlich die Botschaft.

13 Discours d'adieu aux membres du Petit Conseil, in: Jean Calvin, Oeuvres (wie Anm. 12), 986; vgl. CStA 2,288–293, hier 289.291.

14 Alexandre Ganoczy / Klaus Müller, Calvins handschriftliche Annotationen zu Chrysostomus. Ein Beitrag zur Hermeneutik Calvins, Wiesbaden 1981, 28–31; Emile Doumergue, Jean Calvin, les hommes et les choses de son temps, Tom. 3, Lausanne 1905, 150.

## *II.*

Bereits zu seiner Lebenszeit wurde die Person Calvins Gegenstand von Anekdoten und Kommentaren, die darauf zielten, seine Laster und Fehler öffentlich zu machen. Feigheit, Härte, Selbstsucht, Autoritarismus und anderes sind wiederkehrende Themen dieser ersten polemischen Angriffe. Als erster systematisierte Hieronymus Bolsec solche Beschuldigungen in einem nach dem Tod des Reformators erschienenen Buch, dessen Wirkung bis ins 20. Jahrhundert reicht.[15] Mit dieser Publikation zeigt aber Bolsec gerade, wie er im traditionellen Rahmen des Glaubens und der Heiligkeitsauffassung stehen bleibt. Die schwarze Legende, die er gegen Calvin und Genf übers Knie brach, beinhaltet nämlich die stereotypisiertesten Züge einer Gegen-Heiligengeschichte: zügellose Jugend des Reformators, Schandfleck eines Richterspruches gegen ihn, Scheitern beim Versuch eines Auferstehungswunders, Verdammungszeichen bis in die Todesumstände usw., es fehlt fast nichts. Als ob Calvin und im Allgemeinen die Reformationsführer oder -anhänger nach den üblichen Kriterien bewertet werden sollten, die den Heiligengeschichten angepasst waren und über die normale Menschheit hinaus eine spektakuläre Verherrlichung des Körpers wie des Geistes verlangten. Bolsec also ist es genug, das übliche Bewertungsraster und die herkömmlichen biographischen Stereotypen umzukehren, so dass er in seinem Willen, Calvin als gottlos und unheilig darzustellen, auf ihn alle möglichen Züge der Unmenschlichkeit projiziert. In der modernen, seit dem 18. Jahrhundert entstandenen, der Religion entgegengesetzten westlichen Kultur ist diese formelle Struktur der Umkehrung der herrschenden Werte bei allen Kritiken gegen Calvin geblieben, der z.B. auch als ein Feind der Menschenrechte (wie zum Beispiel bei Stefan Zweig)[16] oder des sittlichen Liberalismus, zwei modernen Formen der *humanitas*, gilt. Wir wissen auch, dass diese schwarze Legende seit dem 16. Jahrhundert bis heute eine ganze Reihe von Reaktionen unter der Feder protestantischer Autoren auslöste: eine apologetisch-biographische Literatur, die sich bemühte, die Tugenden des Reformators und seine Menschlichkeit zur Geltung zu bringen.[17] Diese Art evangelischer oder laizisierter Hagiographie konnte und kann noch unter bestimmten Umständen eine positive, wahrheits- und geschichtstreue Funk-

15 Dieter Bosch, Calvin im Urteil der französischen Historiographie vor 1789, Diss. Univ. Köln 1971; Frank Pfeilschifter, Das Calvinbild bei Bolsec und sein Fortwirken im französischen Katholizismus bis ins 20. Jahrhundert, Augsburg 1983.

16 Vgl. Frank Lestringant, Stefan Zweig contre Calvin (1936), in: Revue de l'histoire des religions 223 (2006), 71–94.

17 Vgl. z.B. Richard Stauffer, L'humanité de Calvin, Neuchâtel/Paris 1964.

tion ausüben, ist aber im Grunde genommen ihrem Gegenstand und ihrem Ziel nicht gewachsen, da, wie Calvin es selbst sagen würde, die Frage falsch oder schief gestellt ist. Die Persönlichkeit Calvins ist, wie der Reformator es immer wieder sagt, mit ihren Tugenden, Fehlern und Grenzen nur von relativ geringem Interesse. Im besten Falle können heute durch die Umstände seines Lebens die religiös-soziopolitische Lage und die Strategie des Kirchenmannes sowie die Rezeption seines Werkes durch seine Zeitgenossen aufgeklärt und interpretiert werden.

Zum Schluss des ersten Punktes möchte ich die Aufmerksamkeit auf die Reihe der drei möglichen, historisch nacheinander entstandenen Interpretationsmodelle des Lebens und der Menschlichkeit Calvins lenken.

1. Calvin als Heiliger (ein Bild, das von seinen Anhängern natürlich nie in Anspruch genommen wurde) bzw. Gegenheiliger.

2. Calvin als „großer Mann" sowie Held der Reformation und der Sache Gottes. Dieses zweite Modell entspricht der humanistischen Kultur der Renaissancezeit und wurde von Theodor Beza im Rahmen der damals üblichen literarischen Gattung der *Vita* (Biographie eines großen Mannes) in seiner *Vita Calvini / Vie de Calvin* benutzt, wie diese Gattung für die Lebensgeschichte vieler Humanisten, Künstler und großer Figuren seiner Zeit vorhanden war. Dieses Modell setzt eine philosophisch-moralische Auffassung der jeweiligen *humanitas* als heroisch, das heißt als übermenschlich, voraus und wurde deswegen von Beza den Anforderungen der reformatorischen Botschaft *(sola gratia; soli Deo gloria)* angepasst, da dieser Botschaft ein spezifisches Verhältnis von *humanitas* und *divinitas* zugrundeliegt.

3. Ein drittes Modell und eine wichtige Wende in der Interpretation Calvins und seines Werkes erschien zu Beginn des 19. Jahrhunderts mit den sehr schnell nacheinander veröffentlichten Studien von Carl Gottlieb Bretschneider auf deutscher Seite (1821) und von François Guizot auf französischer Seite (1822).[18] Beide Autoren wandten Herders Geniebegriff (der bei Herder Martin Luther vorbehalten war) auf Calvin an. Ein Genie ist eine Persönlichkeit, die fähig ist, die diffusen Bedürfnisse einer ganzen Gesellschaft in einer bestimmten Epoche zusammenzuführen und zum klaren Ausdruck zu bringen. Der französische Historiker und Politiker Guizot, einer der Gründer des modernen Liberalismus, benutzte im Falle Calvins diesen Geniebegriff im Lichte seiner liberalen Philosophie der Geschichte. Es ging

18 Vgl. Olivier Millet, Le Calvin de François Guizot (1822), in: L'Historiographie romantiquem, hg. v. Francis Claudon / André Encrevé / Laurence Richer, Val-de-Marne 2007, 101–109.

ihm darum zu verstehen, wie die Reformation Luthers (die bei Guizot als eine „Revolution" gilt) mit Calvin zu einer richtigen, stabilen, die Sitten und die Gesellschaft umgestaltenden „Réforme" wurde – dank neuer, stabiler Institutionen, die der neuen Mentalität (nach Guizot der Mentalität der bürgerlich-religiösen Freiheit) entsprachen: also unter der Feder von Guizot eine typisch liberale, post-revolutionäre (französische?) Fragestellung! Im Phänomen Calvin, so Guizot, begegneten sich auf der einen Seite die außerordentliche Persönlichkeit eines Denkers (von Guizot wie von Bretschneider als Systematiker gesehen) und eines Kirchenmannes, der seine Auffassungen in Institutionen und Ordnungen – mit einem Wort: in die Wirklichkeit – umzusetzen wusste, und auf der anderen Seite die kollektiven religiösen, sittlichen und sozialen Bedürfnisse vieler Zeitgenossen. Von dieser guizotschen Interpretation ist bis heute bei manchen Historikern die Idee geblieben, Calvin als (Mit-)Begründer der modernen westlichen Welt zu deuten. Dieser Standpunkt enthält viele Probleme (da Calvin keinesfalls anstrebte, die moderne Welt zu gründen), hat aber sich seither als fruchtbares historisches Interpretationsmodell erwiesen, da es Fragestellungen gestattet, die sonst bei der Auffassung von Calvin als (Gegen-)Heiliger oder als bloßer „großer Mann" nicht auftauchen konnten. Der wichtigste Vorteil dieses Modells liegt darin, dass es einen sehr breiten hermeneutischen Rahmen anbietet, innerhalb dessen unterschiedliche Interpretationen möglich sind, z.B. protestantische, katholische oder laizistische, ohne von vornherein den Menschen Calvin als Individuum von seiner Umwelt zu isolieren, sei es als Held der Wahrheit (wie es seit Beza bei den meisten reformierten Biographen und Historikern der Fall war) oder als Häresieführer (wie es bei manchen katholischen Autoren der Vergangenheit der Fall war). Es gestattet, die Persönlichkeit Calvins im Einklang mit der Existenz seiner Zeitgenossen zu verstehen – mindestens derjenigen, die seine Botschaft enthusiastisch aufnahmen – und das persönliche Moment bei Calvin mit den Begriffen einer allgemeinen Geschichte oder der Mentalitätsgeschichte einzuschätzen. Beispiele dieser Art und Weise, den Reformator zu deuten, befinden sich unter den aktuellen Historikern – mit sehr verschiedenen Akzenten und Methoden – in den Biographien von Cottret, Crouzet und Krumenacker, und sie war früher auf amerikanischer Seite schon bei Bouwsma zu spüren.[19]

19 Bernard Cottret, Calvin. Biographie, Paris 1995; Denis Crouzet, Jean Calvin, Paris 2000; Yves Krumenacker, Calvin au-delà des légendes. Biographie, Paris 2009; William J. Bouwsma, John Calvin. A Sixteenth Century Portrait, Oxford 1988.

## III.

Das Wort *humanitas* hat eine zweite, von der ersten sich deutlich unterscheidende Bedeutung, die auch von der klassischen Tradition herkommt. Es handelt sich diesmal um den konkreten und positiven Inhalt der menschlichen Natur ohne jeden prinzipiellen Bezug auf die Gottheit oder auf die christliche Heiligkeit. Wenden wir uns für die Definition dieser *humanitas* an Erasmus, den größten Humanisten dieser Generation und überhaupt des 16. Jahrhunderts, der neben Philipp Melanchthon Calvin am stärksten beeinflusste und mit welchem der französische Reformator in seinen Werken einen stetigen, impliziten und meistens streitenden Dialog führte. Erasmus verwendet diesen Begriff der *humanitas* stets[20], um seine eigenen Auffassungen des Menschen, der Kultur wie auch der Theologie zu beschreiben. Dafür nimmt er das klassische, griechisch-römische Erbe auf, insbesondere die eklektische philosophische Synthese des Cicero. *Humanitas* wird durch eine Reihe von positiven Eigenschaften bestimmt, die alle in dieselbe Richtung gehen. Der Mensch ist ein Wesen, das zum Sozialleben geschaffen ist; jede in seinen Bedürfnissen und Fähigkeiten begrenzte Person braucht die anderen und teilt umgekehrt allen weiteren und der gesamten Gesellschaft die Gaben mit, die ihm eigen sind. Die Menschlichkeit des Menschen besteht also in diesem wechselseitigen Bedürfnis nach dem anderen und in diesem gemeinsamen Abhängigkeits- und Kommunikationsprozess, der diesem Bedürfnis entspricht. Erasmus hat die Kennzeichen dieser menschlichen Identität folgendermaßen aufgezählt: Gebrauch der Vernunft und des Wortes *(ratio et oratio)*; Tätigkeit im Bereich der Wissenschaften und der Tugenden; mildes und friedliches Benehmen, durch welches das gegenseitige Wohlwollen gepflegt und die egoistischen Leidenschaften abgelegt werden; Fähigkeit zu weinen; Sinn für die Freundschaft und Freude daran; Trieb nach der Eintracht; Respekt vor den Verschiedenheiten, der dazu führt, selbst die Ungleichheiten unter den Menschen positiv zu bewerten; Sympathien, aus denen Wahlverwandtschaften entstehen bis ins Feld des physischen Einvernehmens; Handelsbeziehungen; *pietas* den Eltern gegenüber usw. Das Anliegen des Erasmus bei diesem Menschenbild besteht nicht so sehr in einer realitätsgemäßen Beschreibung der Menschheit als vielmehr in dem Hinweis auf die richtige Berufung der menschlichen Natur, die solche Sitten und die entsprechende Kultur von ihm verlangt. Also Natur als Berufung, was uns zur Theologie zurückführt, indem diese Natur des Menschen durch

20 Vgl. z.B. die ausführliche Definition des *humanitas*-Begriffs in Erasmus' Querimonia Pacis, in: Opera omnia, hg. v. Jean Leclerc, Vol. IV, Leiden 1703, 626ff.

die christliche Offenbarung bestätigt und gekrönt wird. Daraus fließen die berühmten Positionen des Erasmus sowohl in Bezug auf seinen Pazifismus als auch seine Abscheu vor jeder Kirchen- und Gesellschaftsspaltung und, last but not least, das sittlich-pädagogische Ideal, das sein ganzes Werk prägt und dem die *Humaniora* bzw. Humanitätsstudien entsprechen. Damit stoßen wir auf die dritte Bedeutung des Begriffes *humanitas*: als Wertinhalt, aber auch als Denken – sowohl als Ausdrucksform als auch als Methode –, die wie im italienischen Humanismus der Renaissance dahin zielen, den Menschen zu humanisieren und diesem richtigen Menschen die *humanitas Dei*, die Menschlichkeit Gottes, in Jesu Christo begegnen zu lassen. *Humanitas Dei*: Diesen Ausdruck hat Calvin dem Titusbrief mehrfach entnommen, um seiner christlich-humanistischen Auffassung der *humanitas* Ausdruck zu verleihen und damit die Güte Gottes zu unterstreichen.[21]

Im Werk Calvins (insbesondere in seinen biblischen Kommentaren und im Briefwechsel) finden sich dieser Ausdruck und der entsprechende Begriff als Maßstab für die Bewertung des menschlichen Benehmens. Das Wort *humanitas* erscheint unter der Feder Calvins in Verbindung mit folgenden Worten: *moderatio, clementia, caritas, facilitas, benignitas, pudor, benevolentia, beneficentia, pietas, aequitas, misericordia, compassio, fides* – alles Begriffe und Tugenden, die sowohl die moralische als auch die gesellschaftlich-politische, die private wie die öffentliche Sphäre, das Recht wie die innigsten Gefühle betreffen und die alle dem entgegengesetzt sind, was Calvin mit der Tradition Barbarei nennt. Diese wird insbesondere im Bereich der Politik mit der Tyrannei und im Bereich der Moral mit der Grausamkeit identifiziert. *Humanitas* stammt vom *naturae sensus* (Natursinn)[22], ist also ein Grundelement der Menschheit – sowohl des individuellen Gewissens wie der kollektiven Berufung der menschlichen Gattung zum gesellschaftlichen Leben. Schon im Senecakommentar Calvins von 1532 war diese politische Dimension der *humanitas* stark unterstrichen – ein Akzent, der nachher immer wieder zu hören ist. Das Bestehen einer politischen Ordnung, einer vom Recht geregelten Gesellschaft, ist für Calvin keineswegs eine Folge des Sündenfalls, sondern ein Vorrecht des menschlichen Geschlechts, das es von den Tieren unterscheidet und dazu dient, dass „Menschlichkeit unter den Menschen bestehe“ *(ut inter homines constet humanitas)* – ein Wortspiel, das unser Schriftsteller seinem lieben Seneca entnimmt.[23]

21 Vgl. z.B. CO 47,454 (Johanneskommentar) und CO 44,371 (Sacharjakommentar).
22 Vgl. CO 45,562.
23 Inst. (1559) IV,20,2; vgl. Seneca: *in homine rarum humanitas bonum* (Epistolae 115,3).

Diese *humanitas* sollte zum Beispiel davor bewahren, dass jemand sich über die anderen erhebt. Die *communis humanitas* betont also bei Calvin das, was wir heute ein solidarisches Leben unter Mitmenschen nennen. Sie ist die anthropologische und soziale Voraussetzung für die calvinischen Züge des christlichen Gemeindelebens, insbesondere die Ablehnung jedes Herrschaftsprinzips innerhalb der Kirche, die Herrschaft einer Person über die anderen (wogegen das Gegenprinzip der Kollegialität wirken soll) oder einer Gemeinde über die andere (wogegen das Gegenprinzip der Synodalität wirken soll) wie auch die Verbindung in der Kirche zwischen Lehre und Predigt auf der einen, Kirchenzucht und Armenpflege auf der anderen Seite.

Es wäre leicht, zahlreiche Texte und Zeugnisse, insbesondere aus dem Briefwechsel Calvins, anzuführen, die diese Auffassungen illustrieren. Diese *humanitas* ist sozusagen eine der wichtigsten Voraussetzungen der Welt, in der der Reformator sich bewegt, und der Wert, auf den er sich in den verschiedenen Bereichen seiner Lehre stützt. Wie hoch er die so aufgefasste *humanitas* stellt, wie intensiv er selbst sie pflegt, wie seine Zeitgenossen sie bei ihm anerkennen oder, wenn sie mit ihm nicht einverstanden sind (weil sie ihn hart oder zornig finden), an die entsprechenden Tugenden appellieren: Dies alles beweist wohl, dass Calvin ein überzeugter und eifriger Stellvertreter dieser humanistischen Kultur war, bis in die von ihm aufgenommene humanistische und reformatorische Kritik an den Mönchen, die sich von der gemeinen *humanitas* ausgrenzen. Das gehört auch zum Bild, das seine offiziellen Biographen nach seinem Tod in Erinnerung an ihren Helden zeichnen. Ein Beispiel unter anderen: Nicolas des Gallars, ein wichtiger Mitarbeiter des Reformators, listete in seiner Vorrede zu den Jesajakommentaren 1570, sechs Jahre nach dem Tod Calvins, dessen Tugenden so auf: *candor* (Aufrichtigkeit), *integritas* (Ehrlichkeit), *humanitas* (was in diesem Kontext im begrenzten Sinn von Höflichkeit verstanden werden soll), *facilitas* (Nettigkeit), *comitas* (Leutseligkeit) usw.[24] Die damit ausgedrückte allgemeine Sitten- und Gesellschaftsvorstellung hat nichts mehr mit dem traditionellen Heiligenleben zu tun und ist auf das neue klassisch-humanistische „laizisierte“ Lebensideal zurückzuführen.

Die verschiedensten Auffassungen Calvins sind im Kontext dieser christlich-humanistischen Gedankenwelt zu deuten, eines von Erasmus interpretierten Cicero, der im Licht des Evangeliums und der christlichen Geduld *(patientia)* verstanden wird. Was im Fall Calvins auffällt ist, dass dieser Gedankenkreis sowohl seine eigene persönliche Art und Weise zu leben (zum Beispiel mit der *pietas*, die der Familie oder dem französischen Vaterland

24 CO 36,15ff.

gebührt, oder mit der *amicitia*) als auch seine sozialen, politischen und wirtschaftlichen Ideen zum großen Teil bestimmt, z.B. was seine Auffassung des Zinsverleihs betrifft.[25]

## *IV.*

Calvin hat aber die *humanitas* nicht zum höchsten Maß seines Lebens und seiner Botschaft gemacht. Aus theologischen und hermeneutischen Gründen, im Unterschied z.B. zu Erasmus, können *humanitas* und *divinitas* gegeneinanderstoßen und sich widersprechen.

Ich möchte an diesem Punkt die Berufung Calvins nach Genf noch einmal erwähnen. Diese göttliche Berufung ist für ihn bis zu seinem Tod der einzige Grund gewesen, der seine Tätigkeit in dieser Stadt und damit auch seine Rolle als Kirchenmann rechtfertigte. Als Calvin 1536 in Genf den Ruf von Guillaume Farel hört, interpretiert er sein nun beginnendes Genfer Abenteuer im Licht eines biographischen, den biblischen Berufungen entnommenen Modells derjenigen der biblischen Propheten, die von Gott dazu berufen sind, Vorboten des göttlichen Wortes für ihr Volk oder sogar für andere Nationen zu werden, obwohl sie es nicht erwartet haben. Der bedeutendste autobiographische Text von Calvin, seine Vorrede zum Psalmenkommentar von 1557[26], wertet diese Art zu denken und sich sein Leben vorzustellen aus. Darin erklärt Calvin, wie sich seine Berufung zum Reformator seiner Person gegen seinen Willen aufgedrängt hat. Für ihn lautete die Frage folgendermaßen: Bin ich wirklich für diese mir aufgegebene Mission geschaffen? Calvins Antwort ist klar: Nein! Trotz meiner intellektuellen Fähigkeiten ist mein Temperament das eines studierenden, mit Büchern arbeitenden Mannes: „ein armer, schüchterner Schüler wie ich es bin und immer gewesen bin“, sagt er[27], kein öffentlicher Wortführer, der dafür begabt ist, die *negotia* einer öffentlichen Verantwortung zu übernehmen, eine konkrete Gemeinschaft zu leiten und also den heftigen Reaktionen des kollektiven Lebens die Stirn zu bieten. Das Entsetzen Calvins vor dem, was auf ihn zukommt, erklärt seine erste Rückzugsbewegung vor Farels Einladung und die körperlichen und moralischen Leiden, die der Reformator später und während seiner ganzen Laufbahn erduldete. Gleichzeitig ist aber auch die Versuchung, sich zu weigern, die seine Vernunft ihm rät, für ihn ein

25 Vgl. André Biéler, La pensée économique et sociale de Calvin, Genève 1959.
26 Vgl. Anm. 7.
27 Discours d'adieu aux ministres (wie Anm. 12), 990.

Beweis dafür, dass seine Berufung keine willkürliche persönliche Wahl ist. Bei dieser Vorstellung besteht das Wesentliche darin, dass diese göttliche Berufung die eigenste Natur (insbesondere, wie man in der Sprache der damaligen Anthropologie und Medizin sagte: das „Temperament") dieses Individuums in ihr Gegenteil verkehrt oder ihr widerspricht. Calvin, der schon spontan zur Cholerik und Melancholie zu sehr neigte, wusste, dass er eine friedliche Stimmung brauchte, um seine Gaben als Humanist und Schriftsteller umsetzen zu können. Auf Grund seiner göttlichen Berufung musste er also unter geradezu entgegengesetzten Umständen leben und handeln.

Keine mögliche Liebe also zu dieser Stadt Genf (also keine glückliche Form der politischen *pietas* bei diesem Exulanten) band ihn an sie, weil er in seiner Aufgabe zum Dienst dieser Stadt kein Vergnügen empfinden und keine christliche Erfüllung seiner *humanitas* als Glied der soziopolitischen Gemeinde erleben konnte. In seiner Abschiedsrede sagt er sogar seinen Kollegen: *„Car vous vous trouvez dans une perverse et malheureuse nation, et combien qu'il y ait des gens de bien, la nation est perverse et mechante"* („Denn ihr befindet euch bei einem lasterhaften und bösen Volk, und obgleich es dabei ehrliche Leute gibt, ist das Volk lasterhaft und böse").[28]

Das Adjektiv *perverse* enthält etwas noch Stärkeres als „böse" und ist meines Erachtens ein Zeichen für diesen Unglückskomplex Calvins in seiner Beziehung zu Genf und zu seiner dortigen Aufgabe. Der Reformator sieht sich eher als einen biblischen Propheten, der einem hartnäckigen Volk ausgesetzt ist, als einen Seelsorger, der Gottes Liebe mit seiner Umwelt miterleben konnte. Am Ende seines Lebens, als seine religiöse Autorität in Genf nicht mehr in Frage gestellt war, kommen ihm trotzdem fast nur negative Erinnerungen in den Sinn: „Ich habe hier in außergewöhnlichen Kämpfen gelebt; ich wurde abends vor meiner Tür mit 50 oder 60 Armbrustschüssen verspottet" usw.[29]

Eine Passion also und Leiden, die zwar keine direkte *imitatio Christi* sind, die aber aus Gehorsam zu Gott und aus christlicher Geduld die *humanitas* eher zerstören als sie umwandeln. In der Tat wurde der Körper Calvins zum großen Teil wegen dieser Art Erfahrungen zerstört, indem er sich seiner Aufgabe leidenschaftlich opferte im Gefühl des Druckes, der Belästigung, ja des Umlagertseins. Etwas Unmenschliches ist also Calvin geschehen, das er im Lichte seiner Spiritualität der stetigen Prüfung durch Gott deutete.

28 Ebd.; vgl. Mt 12,39, noch ein Zeichen des Jonakomplexes bei Calvin.
29 Ebd.

Diesem Schicksal entgegen reagierte der Reformator, indem er sich nicht nur auf Gottes Gnade, sondern natürlich auch auf die persönlichen Ressourcen seines Temperaments stützte. Ich habe bereits die Cholerik und Melancholie erwähnt. Erste ist wohl bekannt, wurde von Calvin selbst und von seinen Kollegen und Freunden thematisiert als ein Laster, dessen Ausschweifungen schwer von ihm zu bändigen waren. Wenn es um das geht, was ihm wahr oder wesentlich scheint, neigt Calvin dazu, die wünschenswerte Milde und *facilitas* zu verlieren, die die richtige *humanitas* kennzeichnet. Auf dem Sterbebett gestand der Reformator dieses Laster noch einmal in der Abschiedsrede an die Genfer politischen Behörden: „Er rechne es den anwesenden Ratsherren hoch an, dass sie seine allzu heftigen Gefühlsausbrüche (die ihm samt seinen anderen Lastern ja selbst missfielen) ertragen hätten, wie es Gott seinerseits getan habe.“[30]

Dieses Sündengeständnis vor den Regierenden hat eine klare Bedeutung: Es wurde mit diesem Fehler nicht (nur) die *amicitia* oder die private *comitas* verletzt, sondern es wurden dadurch die öffentliche Aufgabe des Predigers und geistlichen Leiters der Genfer Republik und die Beziehungen der Regierung zur Kirche erschwert; beide Sphären sollten dagegen idealiter im Rahmen eines entspannten und freundschaftlichen Verhältnisses verlaufen. *Humanitas* ist das Vorrecht weder der christlichen *caritas* in der Kirche noch der weltlichen politischen Sphäre, sie bereitet eher den gemeinsamen Boden für eine wirksame „menschliche“ Zusammenarbeit der beiden. Ein anderer Grund dieses Geständnisses liegt natürlich darin, dass dieses Laster Calvins öffentlich war. Es bot nachher Theodor Beza Anlass zu einer Apologie dieses Temperamentzuges Calvins, indem er – so Beza – von Gott benutzt und gelenkt wird.[31] Weit vom christlich-humanistischen, insbesondere erasmischen Predigerideal entfernt, entspricht dieser Standpunkt der eigenen Überzeugung des Reformators. Er gestand seine Neigung zum Zorn als Sünde und rechtfertigte sie gleichzeitig als ein menschliches Instrument, das Gott gebraucht, um seinen Willen durch die Predigt seines Wortes durchzuführen. Man kann aber auch in der Perspektive der (im 16. Jahrhundert noch nicht vorhandenen) Psychologie sagen, dass Calvin diesen negativen Zug seines Temperaments ausnutzte, um seine öffentliche Aufgabe erfüllen zu können; sonst, als zaghafter und schüchterner Mann (wie er sich selbst

30 Discours d'adieu aux membres du Petit Conseil (wie Anm. 13), 986; Übersetzung: CStA 2,291.

31 Vorrede Bezas zu Calvin, Recueil des opuscules, Genève 1566, 2ff. Dieser Text begründet eine Tradition, die über Alexander Morus im 17. Jahrhundert (Harangue pour Calvin [...], Genève 1648) bis heute läuft.

beschreibt), wäre er ihr nicht gewachsen gewesen. Nur so kam er über die Hindernisse, denen er begegnete, und über die Angst, die ihn stets quälte, hinweg. So erklären sich auch die vielen Passagen seiner Schriftauslegung, in denen er bei den Propheten und Aposteln solchen Zorn vernimmt und erklärt. Wie oft bei ihm, darauf weist Herman Selderhuis am Beispiel des Psalmenkommentars hin[32], findet man in solchen theologisch-moralischen Erwägungen seiner Predigten oder Bibelkommentare eine Art indirektes Selbstporträt.

In diesem Sinn spricht Calvin stets von sich selbst; er entdeckt die Facetten und die Probleme der Menschlichkeit im Allgemeinen und seiner eigenen Person als Kreatur Gottes im Spiegelbild der Heiligen Schrift, die ihn über sein Wesen lehrt, was uns, moderne Leser der Werke Calvins, dessen eigene Zweideutigkeiten dadurch enthüllt oder betont. Auch in diesem paradoxalen Sinn möchte ich folgende berühmte Aussage Calvins interpretieren: *„Ubi ergo cognoscitur Deus, etiam colitur humanitas"* („Wenn Gott erkannt wird, wird auch die Menschlichkeit gepflegt").[33]

## V.

Wenden wir uns zum Schluss dem Thema der Grenzen der *humanitas* bei Calvin zu. Die sind am stärksten zu vernehmen, wenn der Theologe (wie auch der sich selbst porträtierende Exeget) den Gehorsam, den Gott von seinen Wortführern verlangt, der *humanitas* entgegensetzt, zum Beispiel in seinem Kommentar zu Apostelgeschichte 21: *„Sic ergo nobis colenda est erga fratres humanitas, ut preavaleat semper Dei nutus"* („So sollen wir also die *humanitas* pflegen unter der Bedingung, dass Gottes Willen der Vorrang immer bleibt").[34]

Der schärfste Gegensatz zwischen *humanitas* und *divinitas* (als Aufrechterhaltung der Ehre Gottes) findet sich, wie wohl zu erwarten, im Traktat gegen Michael Servet: *„quoties asserenda est eius gloria, propemodum ex memoria nostra deletur mutua inter nos humanitas"* („Jedes Mal, wenn es die Ehre Gottes braucht, behauptet zu werden, soll die gegenseitige *humanitas* aus unserem Gedächtnis fast getilgt werden").[35] „Fast getilgt": Es handelt sich in dieser furchtbaren Aussage (die die Hinrichtung Servets rechtfertigen will)

32 Vgl. Anm. 7.
33 CO 38,388 (Jeremiakommentar).
34 CO 48,479.
35 CO 8,476.

um Grenzfälle, bei denen Calvin doch zögert, auf die *humanitas* zu verzichten. In den meisten Passagen, wo dieses Problem thematisiert wird, sucht der Theologe hingegen vielmehr eine Synthese zwischen *humanitas* und *divinitas*, zum Beispiel in einer Homilie zum Samuelbuch, wenn er sagt: *„ea sit erga nos Dei caritas et humanitas, ut quae ad ipsius honorem et gloriam spectant cum nostra utilitate et commodes coniuncta sint“* („Die Liebe und Güte Gottes zu uns geht so weit; was seine Ehre und seinen Ruhm betrifft, ist das mit unserem eigenen Nutzen und Interesse verbunden“).[36]

Je nach den Umständen und den literarischen Gattungen (eine Homilie ist kein polemischer Traktat!) haben wir mit Variationen über dasselbe Thema zu tun, die gleichzeitig rhetorischer und intellektueller Art sind. So ist es immer bei Calvin (wie Bouwsma es dargelegt hat): Der strenge Ideologe ist auch ein anpassungsfähiger Mensch, je nach dem Rahmen und dem Ziel seiner Aussagen. Auch das gehört zur Menschlichkeit Calvins. Unser Reformator hat also in seinem Denken und Handeln die dynamischen Gegensätze zwischen *divinitas* und *humanitas* in ihrer ganzen Breite selbst erlebt und spielen lassen.

36 CO 30,395.

# Johannes Calvin: Gottes Kirche ist im Werden[1]

## *Strukturen reformatorischen Handelns*

*von Manfred Schulze*

### *1. Der vorgezeichnete Weg*

Johannes Calvin hat die Reformation unwiderruflich gemacht. Er hat Grenzen überschreiten und die neue Form der Kirche nicht nur theologisch, sondern auch geographisch ‚katholisch' machen können: Die Reformation wurde zum Weltgeschehen für die Christenheit. Nichts aber deutet in den Anfängen seines Lebensweges[2] auf eine derartig grenzüberschreitende Lebensleistung, denn Jean Cauvin, wie er auf Französisch heißt, entstammt soliden bürgerlichen Verhältnissen im Rahmen der damaligen Kirchlichkeit. Er wurde am 10. Juli 1509 in der Bischofsstadt Noyon (Picardie) geboren, deren Kathedrale damals wie heute das Stadtbild beherrscht. Nicht weit von der Kathedrale entfernt liegt das Haus der Familie Cauvin, das im ersten Weltkrieg zerstört, originalgetreu restauriert und zum 10. Juli des Jahres 1927 wieder eingeweiht wurde. Der Vater Gerard hatte sich in Noyon vielfach etabliert, im Dienste der Stadt, des Bischofs Charles de Hangest und schließlich des Domkapitels als Verwalter der Kathedralgüter, denn die Bischofskirche ist auch ein Wirtschaftsbetrieb, der einer fachgerechten Leitung bedarf.

Dass der Sohn eine akademische Karriere einschlagen sollte, war die standesgemäße Entscheidung eines wohlsituierten Elternhauses. Der junge Jean wurde 1523 im Alter von 14 Jahren nach Paris geschickt mit dem Ziel einer theologischen Ausbildung. Die Universität Paris war so gegliedert, dass sie über Studienhäuser verfügte, in denen die Studienanfänger lebten und ihre philosophische und dazu auch eine theologische Grundausbildung erhielten. Im Collège de la Marche vervollkommnete Cauvin, der sich akademisch ‚Calvinus' nannte, sein Latein und wechselte nach kurzer Zeit in das berühm-

1 Abschiedsvorlesung an der Kirchlichen Hochschule Wuppertal/Bethel in Wuppertal am 5.2.2009.

2 Von den vielen Calvin-Biographien seien eine klassische und eine moderne genannt: Willem F. Dankbaar, Calvin, sein Weg und sein Werk, Neukirchen 1959. Kurzgefasst und zugleich vorzüglich dokumentiert ist die Biographie von Peter Opitz, Leben und Werk Johannes Calvins, Göttingen 2009.

te Collège de Montaigu, dessen Ruf allerdings gründlich durch Erasmus von Rotterdam verdorben wurde, der im bereits fortgeschrittenen Alter von etwa 29 Jahren als Student in dieses Collège eingetreten war. Erasmus hatte seinen ganzen Abscheu über den Betrieb des Kollegiums ausgegossen und in einem seiner veröffentlichten Gespräche über Gott und die Welt *(Colloquia familiaria)* genüsslich ausgebreitet: In diesem Kolleg verschlang man so viel Theologie, dass die Mauern davon vollgesogen waren. Er aber habe nichts weiter davon behalten als eine kalte Gemütsverfassung und eine Menge Ungeziefer. Die Strafen bestanden aus Peitschenhieben, die mit einer Härte verabreicht wurden, wie sie ein Henker geben konnte.[3]

Dumm, dreckig und brutal, das war das Collège de Montaigu in der Erinnerung des Erasmus. Von Calvin hört man derartiges nicht, doch auch er zählt zu den Kritikern der scholastischen Theologie, wenn er ihr Absurditäten, kindische Argumente und Torheiten nachsagt. Alle Kritik aber, die aus späterer Einsicht resultiert, vermag das objektive Faktum nicht zu überdecken, dass die Studenten im Collège de Montaigu solide mit der Philosophie und den Anfängen der Theologie vertraut gemacht wurden, und zwar in der Tradition der ‚via moderna', des modernen Weges der damaligen Wissenschaft. In diesem Collège erlangte Calvin den Grad des ‚magister artium' und erhielt dann vom Vater die Anweisung, nicht, wie geplant, sein Studium als Theologe, sondern als Jurist fortzusetzen. Der gehorsame Sohn wechselte 1528 den Studienort von Paris nach Orléans und 1529 nach Bourges, um auf den dortigen Universitäten das Studium der Rechte aufzunehmen. Wohl in Bourges erlangte er den Grad eines Lizentiaten der Rechte. Versehen mit theologischem Grundwissen im Rahmen des Artes-Studiums, ist Calvin ein professionell ausgebildeter Jurist, der nach dem Tode seines Vaters (Mai 1531) eine weitere Studienrichtung einschlug. Er vertiefte sich in die *studia humanitatis* an einem Kollegium in Paris, das König Franz I. (1515–1547) gegründet und der zögernden Universität anbefohlen hatte, das später als Collège Royal bezeichnet wurde und heute den Namen Collège de France trägt. In diesem neuen Kolleg widmeten sich die Scholaren nach dem Willen des Königs dem Studium der klassischen Sprachen und der antiken Weisheit. Calvin konnte als Frucht seines Forschens seine erste wissenschaftliche Schrift veröffentlichen, einen Kommentar zu Senecas Werk *De clementia*[4],

3 Erstausgabe der Colloquia: Basel 1518, Endgestalt: Basel 1533. Die Erinnerung an das Collège de Montaigu findet sich im Gespräch „Das Fischessen", in: Erasmus von Rotterdam, Ausgewählte Schriften, hg. v. Werner Welzig, Bd. 6: Colloquia Familiaria – Vertraute Gespräche, Darmstadt 1967, 434–441.

4 Calvin's commentary on Seneca's De clementia, hg. v. Ford Lewis Battles / André M. Hugo, Leiden 1969.

Verhaltenskodex für Politiker und Anleitung zur rechten Weise des Regierens.

Kein Theologe mit akademischem Abschluss, sondern ein promovierter Jurist ist Calvin geworden, und dazu ein ausgebildeter Humanist. In der Jurisprudenz und Humanistik hatte er die strenge Bindung an den autoritativen Text gelernt samt dessen Auslegung gemäß der Intention der Gesetzgeber oder der Textautoren.

## *2. Der Weg in die Unsicherheit: über die Grenze*

Die Kirche ist niemals fertig, selbst wenn alles danach aussieht, als ob nichts Neues diese mehr bewegen könnte, da alles in ihr Wirklichkeit geworden sei, was nach Gottes Willen die Kirche sein solle. Neben dem Selbstvertrauen, dass die Kirche unüberwindbar auf dem Felsen Petri ruhe, der in Rom die ganze Kirche trägt, gewinnt schon im späten Mittelalter der Verdacht reformerische Kraft, dass die Sicherheit des Papstfelsens eine teuflische Täuschung sei, um die Kirche von ihrem wahren Fundament, nämlich von Christus, abzuwenden. Als dann später in Deutschland diese Unruhe zur Reformationsbewegung anwuchs, konnte es nicht ausbleiben, dass der Ruf nach Wandel auch jenes Land erfasste, das selbst bereits im 15. und beginnenden 16. Jahrhundert Kräfte hervorgebracht hatte, die willens waren, in neuer Weise nach den Grundlagen der wahren Kirche zu suchen. Wie Deutschland kennt auch Frankreich eine Reformgeschichte vor der Reformation.[5] Das Vertrauen in die heilige Kirchlichkeit war von Unsicherheit und Kritik an der offenkundigen Unheiligkeit begleitet, an der auch Calvin teilhatte. In einem Bericht, den er 1557 seiner Psalmenauslegung voranstellte[6], lässt er seine Leser über den Zeitpunkt seiner Hinkehr zum Neuen zwar im Unklaren, doch ist aus dem Jahr 1533 ein Dokument überliefert, das sehr viel zeitnäher als der Psalmenkommentar den theologischen Standort des jungen Calvin sichtbar machen kann.

Traditionell zu Semesterbeginn fand an der Universität Paris der Rektoratswechsel statt. Neuer Rektor wurde Nikolaus Cop († 1540), ein Artistenmagister aus angesehener, ursprünglich in Basel beheimateter Familie, dessen Vater der Leibarzt des französischen Königs war. Als Cop am 1. Novem-

5 Zur französischen Reformgeschichte im 15. und beginnenden 16. Jahrhundert siehe zusammenfassend: Willem van't Spijker, Calvin. Biographie und Theologie (Die Kirche in ihrer Geschichte 3, J2), Göttingen 2001, 106–108.

6 Vgl. Vorrede zum Psalmenkommentar, in: Calvin-Studienausgabe, Bd. 6: Der Psalmenkommentar. Eine Auswahl, hg. v. Eberhard Busch u.a., Neukirchen-Vluyn 2008, 24–27.

ber 1533 vermutlich in der Pariser Franziskanerkirche seine Antrittsrede zu halten hatte[7], tat er das in einer Weise, die unmissverständlich darauf abzielte, die Wende zur Weisheitslehre Christi *(christiana philosophia)*[8] einzufordern. Diese ist nicht scholastische Theologie, sondern Christi Weisung zum wahren Leben auf dem Weg zum Heil. Auch ohne Namensnennung konnte die Bezugnahme auf Erasmus von Rotterdam nur den Ahnungslosen verborgen bleiben.

Zunächst kaum erkennbar, wird von Cop noch ein anderer herangezogen: Die Weisheit Christi findet sich in jenem Wort, das Gottes Liebe den Menschen geschenkt hat, nämlich im fordernden Gesetz und im Evangelium, das Gottes „überaus große Güte" lehrt. Wer diese Ausrichtung an Gesetz und Evangelium nicht befolgt, wird Christus niemals fassen. Dann folgt zur weiteren Beglückung der anwesenden Würdenträger der unverhüllte Angriff auf die akademischen Kollegen der Universitäten. Dem Fehler des unsachgemäßen, verfehlenden, sogar verfälschenden Umgangs mit dem Wort Gottes „verfallen die üblen Sophisten", die ständig Haare spalten, zanken und streiten, nichts aber über den Glauben vorzubringen wissen, nichts über die Liebe Gottes und nichts über die wahren guten Werke.[9] Wer bislang nicht wusste, dass Luther durch Cop zu Worte gekommen ist, müsste es spätestens jetzt begriffen haben.[10]

Was Calvin mit dieser Rede zu tun hat, war lange Zeit unklar, doch wird man gemäß dem gegenwärtigen Wissensstand sagen müssen, dass Cop und Calvin diese Rede gemeinsam ausgearbeitet haben, so dass man mit diesem Dokument ein Zeugnis hat für den theologischen Standort Calvins im Jahr 1533: Wessen die Kirche bedarf, ist das, was Christus lehrt. Dessen Lehre aber ist allein in den Zeugnissen des Gesetzes und des Evangeliums zu finden, alles andere hingegen ist menschliche Sophisterei, die vom Heil abführt. Deshalb: Nicht scholastische Theologie ist zu verbreiten, sondern *philosophia Christi* gemäß den Zeugnissen der Schrift. Calvin war bereit, seine Hinwendung zur Weisheit Gottes öffentlich zu machen und auch den Gelehrten diese Wende abzuverlangen.

Das Ergebnis der Rektorratsrede war die Anzeige gegen Cop, der vor das Staatsgericht, das Parlament, zitiert wird. Auf dem Weg dorthin wird er gewarnt, so dass er sich der drohenden Verhaftung im letzten Augenblick

7 Rektoratsrede in: Calvin-Studienausgabe, Bd. 1.1: Reformatorische Anfänge (1533–1541), hg. v. Eberhard Busch u.a., Neukirchen-Vluyn 1994, 10–25.

8 Rektoratsrede (wie Anm. 7), 10.

9 Rektoratsrede (wie Anm. 7), 12f.

10 Rektoratsrede (wie Anm. 7), 5 (Einleitung) nennt Hans Scholl die Quellen der Rektoratsrede.

durch Flucht entziehen kann, um Ende Januar 1534 in Basel, der Stadt seiner Familie, sicheren Aufenthalt zu finden. Er verblieb allerdings nicht in den Spuren der Reformation, sondern kehrte nach Paris zurück und wurde dort im Mai 1536 zum Lizentiaten der Medizin promoviert.

Auch Calvin entflieht der einsetzenden Verfolgung gegen die Anhänger der lutherischen Häresie und beginnt in Frankreich die Zeit des unsteten Wanderns zu Reformfreunden nach Südfrankreich, zurück in seine Heimatstadt Noyon, wieder nach Paris und wieder weg von Paris. Den Endpunkt des Umherirrens setzt die sogenannte Plakataffäre im Oktober 1534. Gedruckte Flugblätter wurden öffentlich angeschlagen in Paris, aber nicht nur dort, sondern auch im königlichen Schloss zu Amboise, wo König Franz I. ein solches Exemplar sogar vor der Tür seines Schlafgemachs fand. Er las den geharnischten Protest unbekannter Verfasser gegen den ‚elenden und unerträglichen Missbrauch der päpstlichen Messe, der sich direkt gegen das heilige Mahl Jesu Christi richtet'. Der König war empört, nicht wegen des Missbrauchs der Messe, sondern wegen jener Aufrührer, die es wagten, öffentlich die Ordnung zu stören. Das war die offizielle Begründung für die Verfolgung, die König Franz I. jetzt ernstlich in Gang setzen ließ. Für Calvin blieb, wenn er den Verfolgungen nicht zum Opfer fallen sollte, nur der Schritt über die Grenze. Er wählte mit seinem Freund Louis du Tillet den Weg der Flucht, der die beiden schließlich im Januar 1535 nach Basel führte.

## 3. *Gottes Kirche ist bekennende Kirche*

Ist die Kirche angesichts der offenen Gewalt am Ende, wenigstens in Frankreich? Ist die Hinkehr zur *philosophia Christi* nur ein Traum gewesen, die Rückkehr zur Liebesgabe des Wortes Gottes nur eine Forderung geblieben ohne Wirkung auf die Wirklichkeit der Kirche? Eindeutig ist für Calvin bereits jetzt, was ihm auch in Zukunft unbestreitbar bleiben sollte: Was sich um die Papstmesse sammelt, ist trotz gegenteiliger Machterweise nicht die Kirche.[11] Die Kirche jetzt ist vielmehr verfolgt, teils getötet, teils verstreut. Und dennoch ist sie da, ist sogar redende, lehrende und bekennende Kirche, auch wenn sie keinen Ort finden sollte, sich als Gemeinschaft Christi zum Mahl Christi zu versammeln. Die bedrohte Kirche mag verstreute Kirche sein, doch ist diese nicht jene verzweifelte, die schweigend dem Gang der Dinge entgegenstarrt. Calvin hatte im Fluchtgepäck ein bereits begon-

11 Eine Textsammlung zur Ekklesiologie Calvins hat Udo Smidt zusammengestellt: Johannes Calvin und die Kirche. Ein Lesebuch mit Texten und Themen, Stuttgart 1972.

nenes Werk, das er in Basel fertig stellte und 1536 dort drucken ließ: die *Christianae Religionis Institutio* – Unterricht in der christlichen Religion. Dem Werk ist ein Widmungsschreiben an König Franz I. von Frankreich vorangestellt, dem ‚allerchristlichsten König', wie er sich in französischer Königstradition zu bezeichnen pflegte.

Die Widmung legt dar, was die *Institutio* will[12]: Sie ist eine Verteidigung der rechten Kirche, die Zeugnis auch für diejenigen ablegt, die „nach Christus hungern und dürsten", zum Bekenntnis aber nicht befähigt sind. Ein solches Zeugnis ist auch deshalb Christenpflicht, weil es der Entlarvung jener Torheit dient, an deren Erhalt und Verbreitung der Kirche des Antichrist so viel gelegen ist. Die wahre Kirche hingegen muss für Klarheit sorgen, damit gegen die „Verblendung Böswilliger" ein sachgemäßes Urteil über die wahre Lehre möglich wird. Calvin will sich bewusst dieser Aufklärungsaufgabe stellen, die sich nach innen und nach außen richtet. Er bezieht sich wahrscheinlich auf das Grundbekenntnis der Reformation vor dem Augsburger Reichstag 1530, wenn er dem König von der Aufgabe der wahren Kirche berichtet: „Ich", Calvin, „habe hier nahezu die Summe eben jener" – nämlich der wahren – „Lehre zusammengefasst".[13] Damit leiht er sich wohl von Melanchthon die Formulierung, der in Augsburg diese auf folgende Weise zu Ende geführt hat: „Und man kann feststellen, dass sich darin" – in dieser Summe – „nichts findet, was von der Heiligen Schrift oder von der katholischen Kirche und von der alten römischen Kirche abweicht".[14] Das war die Aussage zu Augsburg im Jahr 1530, die der Reichstag zur Kenntnis nehmen musste, ohne in seiner Mehrheit in der Lage zu sein, die katholische Lehre der wahren Kirche in den folgenden Jahren konsequent und umfassend unterdrücken zu können. Das verhält sich anders im französischen Königreich zur Zeit des Jahres 1536: Wer bekennt, was Calvin als schriftgemäße katholische Lehre in seiner Summe zusammenfasst, „soll mit Gefängnis, Verbannung, öffentlicher Ächtung, ja mit dem Feuertod bestraft werden, um sie zu Land und Wasser auszurotten".[15]

Die Zeichen der Zeit sind eindeutig: Was geschehen sollte, das geschah auch! Der wahren Kirche drohten Gefängnis, Verbannung und Hinrichtung.

12 Deutsche Übersetzung der Vorrede des Jahres 1536, in: Calvin-Studienausgabe, Bd. 1.1 (wie Anm. 7), 66–107.

13 Vorrede (wie Anm. 12), 66f. Übersetzung der Institutio von 1536: Bernhard Spiess, Johannes Calvin, Christliche Glaubenslehre nach der ältesten Ausgabe vom Jahr 1536, Wiesbaden 1887 (Zürich 1985).

14 Confessio Augustana, Beschluss des ersten Teils, in: Die Bekenntnisschriften der evangelisch-lutherischen Kirche, Göttingen 1967 u.ö., 83c,7–10 (lateinische Version).

15 Calvin-Studienausgabe, Bd. 1.1 (wie Anm. 7), 66f.

Das ist die Situation der Reformation Calvins, die weder die Wittenberger noch die Zürcher oder Basler Reformatoren erlebt haben. Es ist allerdings nicht so, dass nur die Genfer Reformation von dieser Verfolgung betroffen wurde. Ganz abgesehen von den Täufern hat auch die Reformation in den Habsburgischen Landen dieses Schicksal erleben und bis zur Fast-Ausrottung durchstehen müssen. Die Verfolgungssituation ist keine Frage von „lutherisch" oder „reformiert", sondern von Zeit, Raum und politischen Umständen. Allenfalls darin war die Reformation im Westen Europas eigen geprägt, dass sie bereits in den Anfängen den Verfolgungen ausgesetzt war, angefangen durch Kaiser Karl V. in den habsburgischen Niederlanden.

## *4. Das labile Genf*

Calvins Wege führten ihn durch den Zufall des immer wieder aufflammenden habsburgisch-französischen Krieges nach Genf, wo er vom dort führenden Reformator Guillaume Farel († 1565) erfolgreich zum Bleiben gedrängt wurde. Farel, der zwanzig Jahre ältere, lehrte bereits als Artes-Magister am Collège du Cardinale Lemoine in Paris, als Calvin zu studieren begann. Wenn sie sich nicht gekannt haben sollten, so stehen sie sich dennoch sachlich nahe durch ihre gemeinsame Verbindung zum Reformkreis französischer Bibelhumanisten und Reformtheologen. Auch Farel ist ein Flüchtling, der bereits sehr früh, schon im Dezember 1523, in Basel unterkam, angesichts seines intensiven Einsatzes für die Reformation die Stadt aber im März 1524 schon wieder verlassen musste. Erasmus von Rotterdam dürfte bei Farels Ausweisung nachgeholfen haben.[16] Gestützt auf den Rat von Bern hat Farel schließlich im Berner Untertanengebiet des Waadtlandes Fuß fassen und seit 1533 von dort aus die Reformation auch in Genf vorantreiben können. Dort wurde am 21. Mai 1536 vom allgemeinen Bürgerrat offiziell die Messe abgeschafft und der evangelische Gottesdienst angenommen.

Genf war seit Jahrhunderten ein umstrittenes und deshalb labiles Gemeinwesen. Die eine politische Kraft in Genf ist der Bischof, der schon im Jahr 1162 durch Kaiser Friedrich Barbarossa die alleinigen Regierungsrechte über die Stadt erhalten hatte. Die zweite, im 15. Jahrhundert sich verstärkende

16 Vgl. Erasmus von Rotterdam, Opus Epistolarum Desiderii Erasmi Roterodami, hg. v. Percy S. Allen, Vol. 5, Oxford 1924, Ep. 1508: Klage des Erasmus in einem Schreiben an den Rat von Basel, dass Farels Schriften, teils anonym veröffentlicht, beleidigend seien und in der Stadt Unruhe stiften: „Farel ist ein aufrührerischer Mensch [...]".

Kraft ist die Grafschaft Savoyen. Graf Amadeus VIII. von Savoyen, seit November 1439 der vom Basler Konzil gewählte Papst Felix V. († 1452), konnte endgültig 1424 die Grafschaft Genf an sich ziehen und stieg angesichts dieser Arrondierung in den Rang eines Herzogs auf. Als Papst Felix sprach Herzog Amadeus dem Haus Savoyen das Präsentationsrecht für die Besetzung der Diözese Genf zu, so dass in der Folge das Bistum mit Angehörigen des herzoglichen Hauses oder abhängiger Vasallenfamilien besetzt wurde. Die Herzöge und Bischöfe waren sich darin einig, die Stadt nicht aus ihrer geistlichen Herrschaft und ihrem weltlichen Einflussbereich zu entlassen. Für die Stadt Genf führte das neue gebündelte Kräfteverhältnis ein erhebliches Problem herauf: Eingeklemmt zwischen die Herrschaft des Bischofs und des Hauses Savoyen war die Bürgerschaft von Genf das schwächste Glied in dieser Konstellation. Die Stadt entschied sich schon 1477 für eine Umorientierung hin zu den Eidgenossen, und zwar zu den Städten Freiburg (Uechtland) und Bern.

Die Abwendung von Savoyen, sobald sie dauerhaft zu werden schien, stieß auch auf Widerstand, nicht nur seitens des betroffenen Herzogs, der 1519 einen erneuten eidgenössischen Bündnisversuch mit seiner Kriegsdrohung zum Scheitern brachte, sondern auch innerhalb der Bürgerschaft einschließlich der Genfer Kirche. Diejenigen, die in Genf die Bindung an die Eidgenossen wollten, wurden als ‚Eidguenots' bezeichnet, die geführt und vorangetrieben wurden durch Besançon Hugues († 1532), der einer politisch einflussreichen Familie Genfs entstammte. Hugues wurde 1518 und 1528 zum Bürgermeister gewählt, dem es im Februar 1526 mit Zustimmung des Generalrates, der Bürgerversammlung der Stadt, gelang, den Burgrechtsvertrag mit Freiburg und Bern durchzusetzen – gegen das Verbot des Bischofs. Diese Verbindung war für die Zukunft entscheidend. Die Bezeichnung Hugenotten für die Anhänger der Reformation in Frankreich dürfte abgeleitet sein von der Gestalt des Besançon Hugues, des ‚Eidguenot': Wer dem neuen Glauben folgt, ist ein ‚Hugogenosse', und aus der Sicht der Gegner ist das der Name für die Aufrührer gegen die rechtgläubige, legitime Obrigkeit.

Der 1526 geschlossene Burgrechtsvertrag mit den Eidgenossen hatte Bestand, sollte die Zukunft der Stadt bestimmen und zugleich bittere Kämpfe im Inneren heraufführen. In Folge dieses Abkommens verließen 52 vornehme Bürger, Kaufleute und Patrizier aus Protest gegen die Neuorientierung ihre Stadt. Darüber berichtet eine Nonne namens Jeanne de Jussie in ihrer Chronik über die Anfänge der Reformation in Genf. Noch konnte von einer Reformation keine Rede sein, wohl aber von heftigen und gewalttätigen Auseinandersetzungen um den politischen Kurs. Der Protest der

Abwanderer wurde mit Volkszorn geahndet, wie die Nonne berichtet: Über den Auszug der Vornehmen waren „die Bürger sehr aufgebracht, und um sich zu rächen, plünderten sie ihre Häuser und Läden und verkauften ihren gesamten Besitz: Möbel, wertvolle Waren, zum großen Nachteil und Schaden der genannten Herren Kaufleute und angesehenen Bürger. Und sie nannten sie ‚Verräter', indem sie behaupteten, sie hätten die Stadt an Monseigneur [Herzog Karl III. von Savoyen] ausliefern wollen und sie hätten gefälschte Briefe geschrieben. [...] Sie beschuldigten sie darüber hinaus noch, sie hätten die Maße für Getreide und Wein gefälscht. [...] Und weil sie, um ihre Loyalität gegenüber Monseigneur zu bewahren, die Stadt verlassen hatten, nannten die Genfer die Ausgewanderten die ‚Verbannten' und ‚Mameluken', und davon waren sowohl Kleriker als auch andere Leute betroffen".[17]

Diese Anschuldigungen, die von der Chronistin mit dem Hinweis auf fehlende Beweise strikt zurückgewiesen werden, zeigen, dass sich in Genf eine explosive Mischung zusammenbraute: Abkehr von der Herrschaft, befürchteter Verrat von Mitgliedern der Oberschicht einschließlich der Kleriker und Verdacht auf Sozialbetrug durch geldgierige Besitzende.

Die Chronik der Jeanne de Jussie belegt für die kommenden Jahre den brodelnden Zorn gegen die ‚Mameluken', gegen die Reichen und Adligen, die sich zum Herzog hielten; umgekehrt richtet sich die Empörung gegen das Eingreifen der Eidgenossen in der Fastenzeit 1529, die sich zum Schutz der Stadt gegen die Bewohner des Umlandes in Genf einquartierten. 1530 erfolgte der Gegenschlag durch den Landadel, der – „ohne Wissen von Monseigneur" – die Stadt Genf belagerte und vom Herzog zurückbeordert werden musste, was die Eidgenossen aber nicht davon abhielt, „mit großer Wut und Angriffslust" über Savoyen herzufallen.[18]

Mit den Eidgenossen – nicht mit den altgläubigen Freiburgern, wohl aber mit den Bernern – zieht auch die Reformation in Genf ein, die bei der Chronistin als lutherische Häresie ankommt[19] und vor Übergriffen, Gewalttätigkeit und Profanierung des Heiligen nicht zurückschreckt: „Diese Berner, schlimme Häretiker wie sie waren", drangen in der savoyischen Stadt Morges in das Franziskanerkloster ein, entzündeten in der Konventskirche ein großes Feuer und nahmen dann „wie treulose, wütende, sinnlose Hunde das Ciborium, in dem das hochwürdige Sakrament des kostbaren Leibes Jesu Christi [...] ruhte, und warfen alles in das große Feuer. So zertraten sie auf schimpfliche Weise den Kaufpreis unserer Erlösung, wie es die Gefolgsleu-

17 Helmut Feld (Hg.), Jeanne de Jussie, Kleine Chronik. Bericht einer Nonne über die Anfänge der Reformation in Genf, Mainz 1996, 4.
18 Feld (wie Anm. 17), 6–9.

te des Kaiphas taten, als sie ihm in sein kostbares Angesicht spuckten, und die teuflischen Schergen des Pilatus, die ihn so schändlich geißelten und kreuzigten."[20]

Genf war keine friedliche Stadt, weder politisch noch kirchlich, und die Kämpfe um den neuen Glauben spitzten sich zu. Den Gegnern verhasst war vornehmlich Guillaume Farel, den die Chronistin als „Drecksack" „Satan" oder „Bösewicht"[21] bezeichnen kann samt passender Adjektive wie häretisch und schäbig, verflucht oder miserabel. Die Aversion gegen den eidgenössischen Kurs hat die Lösung aus den bisherigen Herrschaftsverhältnissen nicht aufhalten können. Die schnelle Folge der Ereignisse belegt die zügige und konsequente Durchführung der Politik zur Erlangung der umfassenden Stadtfreiheit: 1527 übernimmt die Stadt die Zivilgerichtsbarkeit und errichtet 1528 einen Zivil- und Strafgerichtshof.[22]

1529 zieht der Rat den Vizedominat an sich, das ist das weltliche Herrschaftsamt des Bischofs, das bislang vom Haus Savoyen wahrgenommen wurde. Damit ist der Herzog nicht mehr die Obrigkeit der Stadt, der Bischof auch nicht. Herzog Karl III. von Savoyen hatte sich strikt geweigert, den Burgrechtsvertrag, der die Lösung von seiner Herrschaft möglich machte, anzuerkennen. Die Macht der verbündeten Waffen aber zwang den Herzog im Jahr 1531, das Burgrecht Genfs mit den Eidgenossen anzuerkennen.

1533 verließ Bischof Pierre de la Baume die Stadt. Da das altgläubige Freiburg bereits im folgenden Jahr 1534 angesichts der religiösen Unruhen in Genf das Burgrecht kündigte, ergriff der Bischof, unterstützt durch Savoyen, umgehend die Gelegenheit, mit militärischer Gewalt seine Stadt wiederzugewinnen. Er musste sich aber der Macht des reformatorischen Bern beugen, das im Burgrecht verblieben war. 1534 sagt der Rat dem Bischof den Gehorsam auf, der die Stadt wieder verlässt. Im August 1535 verbietet der Stadtrat die Messe und erklärt das Bistum Genf für erloschen, wenigstens soweit es den Bereich der Stadt umfasste.[23] Die letzten bischöflichen Beam-

19 Vgl. Feld (wie Anm. 17), 29f.

20 Feld (wie Anm. 17), 10.

21 Vgl. Feld (wie Anm. 17), 46.80; 71.74.100; 82.

22 Die Daten sind erhoben aus den Artikeln: Genf, Genf (Diözese, Fürstbistum), Genf (Gemeinde), in: Historisches Lexikon der Schweiz, Bd. 5, Basel 2006, 212–226. Vgl. auch: The Essayist's Sources: Michel Roset, Chronicles of Geneva, in: Transition and Revolution. Problems and Issues of European Renaissance and Reformation History, hg. v. Robert M. Kingdon, Minneapolis 1974, 77–87.

23 Zum politischen Umbruch vgl. Robert M. Kingdon, Was the Protestant Reformation a Revolution? The Case of Geneva, in: Transition and Revolution (wie Anm. 22), 53–77; ders., The Protestant Reformation as Revolution. The case of Geneva, in: Journal of the Historical Society 1 (2001).

ten verlassen die Stadt. Im November 1535 spricht sich der Rat das Münzrecht zu. Am 21. Mai 1536 beschließt der Generalrat, das ist der allgemeine Volksrat, die Einführung der Reformation und – passend – die Gründung von Schulen.[24]

Binnen zehn Jahren war Genf in allem eine freie Stadt geworden, weltlich wie kirchlich. Eine außergewöhnliche Situation war entstanden, die in dieser Zeit der europäischen Geschichte keine Parallele findet. Der Religionswechsel ist nicht nur mit einem Herrschaftswechsel verbunden, sondern auch mit einem politischen Systemwechsel: Die Befreiung vom Bischof als dem geistlichen Herrn geht einher mit der Befreiung von der bischöflich-weltlichen Herrschaft, die das Haus Savoyen innehatte. Aus der abhängigen Stadt wird die freie Stadt, und die Stadt entschließt sich für ein Kirchenwesen, das aus der Stadtfreiheit heraus geleitet wird. Ein Problem aber bleibt bestehen: Die freie Stadt ist nicht so frei, dass sie Politik betreiben könnte unabhängig vom mächtigen Bündnispartner Bern.

Die Konsequenzen für das städtische Leben angesichts der Etablierung einer neuen Obrigkeit und einer neuen Kirchlichkeit sind tiefgreifend und müssen es sein angesichts der Tatsache, dass die Kirchenorganisation, seit Jahrhunderten durch die Hierarchie bestimmt, aufgehoben war. Alle bischöflichen Befugnisse fielen an den Rat der Stadt, und damit trug dieser die Verantwortung für die Kirche in praktischer, weltlicher und auch in theologischer Hinsicht. Die Masse des Klerus – man schätzt die Gesamtzahl der Geistlichen auf insgesamt mehr als 1.000 Personen – war aus dem neuen Genf ausgezogen. Das bedeutet: Das kirchliche Leben musste von Grund auf neu formiert werden, die Messe, das vertraute Zentrum der Religiosität, war durch ein evangeliumsgemäßes Abendmahl zu ersetzen; es galt, schriftgemäß zu predigen, zu trauen, zu taufen und zu beerdigen.[25] Die Fragen sind deutlich: Was ist Kirche auf evangelische Weise, was ist evangelische Lehre und was evangelischer Ritus?

Farel war als geistlicher Fachmann gefragt, allein aber überfordert, denn er war kein theologischer Methodiker. Da war es dann ein Glück – aus der Sicht Farels war es eine Fügung –, dass der junge Mann Calvin, der durch die Veröffentlichung der *Institutio* so viel an theologischer Kenntnis verbreitet und systematische Ordnungsfähigkeit gezeigt hatte, eines Tages im Juli 1536

24 Der Schul- und Reformationsbeschluss ist veröffentlicht in: Les sources du droit Suisse, Abt. 22: Les sources du droit du canton de Genève, hg. v. Emile Rivoire / Victor van Berchem, Tom. 2, Aarau 1930, 312f.; englische Übersetzung in: Transition and Revolution (wie Anm. 22), 96f.

25 Zur Problemlage vgl. Herman A. Speelman, Calvijn en de selfstandigheid van de kerk, Kampen 1994, 41ff.

in Genf auftauchte und sich von ihm tatsächlich überzeugen ließ, seine Fähigkeiten dem Aufbau der Kirche zur Verfügung zu stellen. Auch der Stadtrat musste größtes Interesse daran haben, theologische und organisatorische Kompetenz zu gewinnen, um der Kirche geordnete Strukturen geben zu können. Das war eine Aufgabe im Dienste der Einheit von Kirche und Stadt. Das sind keine Einmischungen der Politik in die Kirche, wie man das zuweilen beschrieben findet, sondern Pflichtaufgaben des Rates einer christlichen Stadt.

## *5. Was ist Kirche und wie ist sie zu erkennen?*

Von der Genfer Kirche und von den Befindlichkeiten der Genfer Bürger wusste Calvin wenig – woher auch? Aber theologisch hatte er sich doch insoweit Kenntnisse über die Kirche verschafft, dass er diese in ihren Grundannahmen nicht mehr zu revidieren brauchte. Ist die Genfer Kirche versunken im Chaos der falschen Lehre und der politischen Unordnung, so dass auf Calvin die Aufgabe zukäme, die Kirche neu zu gründen? Das allerdings, so macht er in der ersten *Institutio* des Jahres 1536 bereits deutlich, kommt Menschen nicht zu. Der Gründer der Kirche ist Gott, und zwar allein, denn die Kirche ist die gesamte Schar der von Gott zur Kirche Erwählten, die zwar zerstreut leben mögen, aber dennoch eine Kirche, eine Gemeinschaft und ein Volk Gottes sind, dessen Herzog *(dux)* und Herrscher Christus ist. Gott aber hat durch seine Erwählung die Kirche zusammengeführt, er trägt sie und bestimmt, wer diese Kirche leitet: nicht irgendeine Hierarchie, sondern „Christus, Herzog und Herrscher". Wenn Gott es ist und niemand anders, der die Kirche ruft, dann ist auch deutlich, wer das Heil der Christen garantiert: Gott selbst. „Das Heil der zur Kirche Erwählten ruht auf so sicheren, stabilen Säulen, daß dieses nicht zusammenbrechen und zusammenstürzen kann, auch wenn die ganze Weltmaschine einstürzen würde."[26]

Weil die Kirche nicht auf Menschenkräften ruht, deshalb gilt, so ist zu folgern, auch für Genf in den wirren Jahren des politischen wie kirchlichen Umbruchs: „Von Anbeginn der Welt hat es keine Zeit gegeben, in der Gott nicht seine Kirche auf Erden gehabt und damit auch gehalten hätte – und auch in Zukunft wird keine Zeit sein bis zur Vollendung der Zeiten, in denen er nicht seine Kirche haben wird. Das hat Gott verheißen."[27] Somit sollen

26 Inst. (1536) II: De Fide, 4: „Credo sanctam ecclesiam catholicam [...]", in: Joannis Calvini opera selecta, hg. v. P. Barth, Vol. I, München 1926, 86f. (= OS).
27 Ebd.

alle Christen wissen, dass Gott seine Kirche stets erhält; nicht aber sollen sie erforschen, wer wirklich zu den von Gott Erwählten zählt: „Das ist nicht unsere Sache, die Erwählten von den Verworfenen zu scheiden, das steht allein Gott zu."[28] An den Christen also ist nicht zu erkennen, ob Kirche ist oder nicht, und dennoch weist die Heilige Schrift sichere Kennzeichen *(notae)* aus, an denen die Kirche kenntlich wird. „Wo wir das Wort Gottes unversehrt gepredigt und gehört sehen und wo wir die Sakramente entsprechend der Verordnung Christi ausgeteilt sehen, da darf man in keiner Weise im Zweifel sein, daß dort irgendwie die Kirche Gottes vorhanden ist. [...] Eine andere Kenntnis über die Kirche Gottes kann man auf Erden nicht erlangen."[29]

Das ist 1530 die Entscheidung Melanchthons in der *Confessio Augustana* gewesen, die Calvin in der *Institutio* 1536 aufnimmt und an der er beharrlich festhalten wird: Die Kirche ist gewiss eine Gemeinschaft der Heiligen, doch nicht daran, was Menschen an Heiligkeit zu erkennen geben, wird die Kirche kenntlich, sondern Gott macht die Kirche kenntlich durch das, was er der Kirche gestiftet hat: Wort und Sakrament. Von diesen Grundlagen her wird für Calvin in Genf deutlich, was zu tun ist: Gott hat sichergestellt, dass Kirche ist, den Christen aber ist aufgetragen, dass sie weitergeben, was Gott öffentlich gesetzt hat. Die Kirche, die ist, muss öffentliche Kirche werden in wahrem Wort und rechtem Sakrament.

## *6. Kirche im Werden*

In zwei Anläufen hat Calvin – zunächst möglicherweise unter Federführung Farels und dann alleine – versucht, die Verkündung des reinen Evangeliums und die Versehung der Gläubigen mit den von Gott gesetzten Sakramenten auf die rechtliche Grundlage einer die Stadt verpflichtenden Ordnung zu stellen: einmal im Jahr 1537 und das andere Mal im Jahr 1541. Der erste Anlauf scheiterte, weil Calvin in völliger Verkennung der bürgerlichen Befindlichkeiten Genfs darauf gedrungen hat, dass neben den gesetzgebenden Räten ein jeder Bürger sich schriftlich auf das Gesetz der Unterweisung und des Bekenntnisses verpflichtete. Der Widerstand gegen die geforderte allgemeine Eidesverpflichtung war der Anfang vom Ende der Wirksamkeit Farels und der ersten Genfer Dienstzeit Calvins. Beide wurden zu Ostern 1538 angesichts ihrer Weigerung, den Gottesdienst und das Sakrament nach

28 OS I,88.
29 OS I,91.

Berner Vorstellungen zu feiern, der Stadt verwiesen. Das war nicht nur eine Krise für Calvin und Farel, sondern für die ganze Stadt. Was geschieht, wenn die Reformation scheitert? Wenn der Bischof zurückkommt, kommt er immer als doppelter zurück: als Kirchenherr und im Bunde mit Savoyen als Stadtherr. Es waren unabweisbar auch legitime weltliche Interessen der Stadt, die 1541 zur Rückberufung Calvins führten, um die Reformation zu sichern.

Calvin knüpfte dort an, wo er in seiner Gesetzgebung aufgehört hatte, verzichtete aber, einsichtig geworden, auf den allgemeinen Bürgereid. Er entwarf ein neues Ordnungsgesetz, die *Ordonnances ecclésiastiques*, die im November 1541 von allen politischen Instanzen der Stadt angenommen wurden.[30] Es folgt im Jahr 1542 die Ordnung zur Gestalt des Gottesdienstes.[31] Das sind alles öffentliche Gesetzgebungen des christlichen Gemeinwesens, die erlassen sind, damit die Stiftungen Gottes konkret im Leben der Stadt umgesetzt werden. Es ist nötig, so leitet Calvin die Gottesdienstordnung des Jahres 1542 ein, dass jeder Gläubige die Gemeinschaft mit der Kirche an seinem Ort beachtet und pflegt, und dass er weiß und versteht, was im Gotteshaus gesagt und getan wird.[32] Gottesdienst ist nicht Theater zum Anschauen, sondern Gottesdienst geschieht zu Ehren Gottes und zur Erbauung aller.

Die Gesetzgebungsarbeit wird vom Genfer Rat auf den Bereich des Weltlichen ausgedehnt. In den Jahren 1542 und 1543 wurden Gesetze zur Regelung der städtischen Regierungsstruktur erlassen, an denen Calvin maßgeblich mitgearbeitet hat. Was für die Kirche galt, war auch für das Regierungssystem der christlichen Stadt nötig: Es musste umgeschrieben werden für die Bedürfnisse der Leitung einer freien Stadt. Calvin, der Jurist, war von seiner Ausbildung her dazu geeignet, und Calvin, Angestellter und Prediger der Kirche Genfs im Dienst des Rates seit Ende 1541, hat sich selbstverständlich an dieser Aufgabe beteiligt.[33]

30 Calvin-Studienausgabe, Bd. 2: Gestalt und Ordnung der Kirche, hg. v. Eberhard Busch u.a., Neukirchen-Vluyn 1997, 238ff.

31 Calvin-Studienausgabe, Bd. 2 (wie Anm. 30), 148ff.

32 Vgl. Calvin-Studienausgabe, Bd. 2 (wie Anm. 30), 150f.

33 Vgl. Robert M. Kingdon, Calvinus Legislator. The 1543 Constitution of the City-State of Geneva, in: Calvinus Servus Christi. Die Referate des Congrès International des Recherches Calviniennes, Budapest 1988, 225–232. Drei dieser Verfassungstexte sind leicht zugänglich in: Quellenbuch zur Verfassungsgeschichte der Schweizerischen Eidgenossenschaft und der Kantone, hg. v. Hans Nabholz / Paul Kläui, Aarau 1940, 149–151. Es handelt sich um die Gesetze zur Wahl der Bürgermeister, des Kleinen und Großen Rates. Es fehlt das Gesetz zur Wahl der Lieutenants (Polizeioffiziere).

## *7. Die Institutionen der christlichen Stadt*

Es gehört zu den Aufgaben des Dieners der Kirche, Ordnungsstrukturen eines Gemeinwesens zu fördern, zu schützen und zu stärken, sofern und soweit das in seiner Fähigkeit liegt. Die Kirche ist öffentlich erkennbar und in einem Gemeinwesen eindeutig verifizierbar. Die Kirche ist eine einzige Kirche, und die Vorstellung, dass es in der einen Stadt zwei Kirchentümer geben könnte, ist für Calvin und auch für den Rat von Genf nicht denkbar. Das wirft die Frage auf, in welcher Weise der Bereich des Geistlichen und des Weltlichen aufeinander bezogen ist. Für Calvin ist sicher, dass in einem christlichen Gemeinwesen wie Genf das Verhältnis von Kirche und Stadt ein integrales sein sollte. Ein jeder Bereich ist dem anderen verpflichtet und für den anderen mitverantwortlich.

In Genf wurde zur Leitung und Besserung des Lebens der Gemeinde eine eigene Behörde eingerichtet, die als Konsistorium *(consistoire)* bezeichnet wird. Dieses ist integral strukturiert in der Zusammenarbeit von Mitgliedern der Stadträte, die als Kirchenälteste fungieren, und der Geistlichkeit. Das Konsistorium wurde von Calvin gefordert, ist aber nicht seine Erfindung. Das Sittenleben von Gemeinschaften bedarf der Regelung, gänzlich unabhängig vom jeweiligen Reformations- oder Konfessionsstand. Zuständig für diese Sozialkontrolle waren traditionell die bischöflichen Gerichtshöfe, über die jedoch vielerorts Klage geführt wurde wegen kostspieliger, langwieriger und undurchsichtiger Verfahren. Das reformatorische Zürich hat in der Eidgenossenschaft das Vorbild gesetzt für die Einrichtung einer Sittenbehörde, die man als Ehegericht bezeichnete. Das war eine geistlich-weltliche Mischbehörde, die für das Sittenleben der Stadt, konkret zunächst für Ehefragen, zuständig war und deren erste Ordnung mit Datum vom 10. Mai 1525 verabschiedet wurde.[34]

Bereits in der *Institutio* des Jahres 1536 hatte Calvin darauf hingewiesen, dass die Kirche zuständig ist für Ehefragen, die nicht nach menschlichem Ermessen, sondern gemäß dem Gesetz Gottes zu lösen seien. Auch der Bann gehört in die Hand der Kirche als legitimes Mittel, um diejenigen zu warnen, die durch ihre Werke Gott verleugnen. Das Recht, den Bann zu verhängen, liegt aber nicht wie in der Tradition in den Händen des Klerus, das heißt des Papstes oder Bischofs, sondern die gesamte Gemeinde ist zustän-

34 Die grundlegende Studie dazu stammt von Walther Köhler, Zürcher Ehegericht und Genfer Konsistorium, 2 Bde., Leipzig 1932/1942.

dig für den schwerwiegenden geistlichen Rechtsfall des Ausschlusses aus der Heilsgemeinde.[35]

Nicht das ist neu, dass in der Kirche die Lebensführung der Christen der Kontrolle unterliegen soll, denn das ist gut mittelalterlich. Neu ist vielmehr der Sachverhalt, dass die Gemeinde insgesamt, repräsentiert durch ihre geistlichen und weltlichen Vertreter, diese Aufgabe übernimmt und damit ihre Entscheidungen auch öffentlich macht. Die Einrichtung einer solchen Behörde hat in Genf allerdings auch Befürchtungen geweckt, von denen François Bonivard († 1570), erster Geschichtsschreiber Genfs, berichtet. Der Savoyarde Bonivard hat sich dem Kampf der Stadt Genf um ihre Selbstständigkeit zur Verfügung gestellt und dafür sogar eine sechsjährige Gefangennahme durch den Herzog in Kauf nehmen müssen. 1536 von Berner Truppen befreit, kehrte Bonivard in das nun reformatorische Genf zurück und wird 1537 in den Großen Rat gewählt. Im Auftrag der Genfer Obrigkeit beschrieb er in den Jahren 1542 bis 1551 mit seinen *Chroniques de Genève* zum ersten Mal die Geschichte der Stadt.[36] Er hat den religiösen und politischen Wandel teilweise selber erlebt, gänzlich mitgetragen und seit 1537 als Mitglied des Rates sogar mitgestaltet. Er kennt sein Genf.

In einem zweiten Werk, das er gegen Ende der fünfziger Jahre des 16. Jahrhunderts verfasste, beschreibt er die politischen Strukturen der Stadt und gibt Auskunft über die Widerstände gegen und die Gründe für die Einrichtung des Consistoire: „Die Genfer haben [...] eine bürgerliche Polizei gewollt in der Zeit der Unruhen [um die Unabhängigkeit Genfs]. Aber es gab noch keine kirchliche Struktur, um die Sitten zu korrigieren, wenngleich viele dieses wünschten und in Genf umzusetzen suchten, wie das in vielen anderen evangelischen Städten der Eidgenossenschaft bereits der Fall war. Die ‚Verwirrten' *[les brouillons]* jedoch fürchteten die Korrektur der Sitten und wollten nicht zustimmen. Sie gaben als Begründung vor, dass es eine Erneuerung des Papsttums sei, wenn man den Pfarrern eine solche Rechtsgewalt übertrage, wie sie damals der Papst und die Bischöfe innehatten." Die Widerstände konnten aber schließlich überwunden werden, so dass folgendes bestimmt wurde: „Von den vier Bürgermeistern soll einer immer der Richter und Vorsitzende des Konsistoriums sein, und zwar unter Mithilfe einiger Laien aus den Reihen des Kleinen Rates wie auch des Zweihunderter Rates [des Großen Rates] und unter Mithilfe der Prediger. Diese sollten

35 Vgl. Inst. (1536) V: „De falsis sacramentis", in: OS I,186f.; der biblische Beleg ist Mt 18,15–18.

36 François Bonivard, Chroniques de Genève au XVme siècle, hg. v. Gustave Revilliod, Genf 1867.

die Sitten bessern, bevor die Fälle vor den weltlichen Gerichtshof kommen würden. Auch Eheangelegenheiten fallen in deren Zuständigkeit wie früher vor dem bischöflichen Gerichtshof. Damit jedoch die Beisitzer und Pfarrer nicht zuviel an Gewalt erlangen, verfügt der besagte konsistoriale Rat nicht über die richterliche Zwangsgewalt [...]".[37]

Rechtlich wurde die Einrichtung, Funktion und Besetzung des Konsistoriums in jener Kirchenordnung festgeschrieben, die Calvin im Jahr 1541 entworfen, die der Genfer Stadtrat überarbeitet und dann verabschiedet hat. Die Ordnung trägt den Titel *Les Ordonnances ecclésiastiques*. Am 20. November 1541 wurde mit Glockengeläut und Trompetenschall die Volksversammlung, der Conseil General, in den Kreuzgang der Peterskirche einberufen. Dort wurden die *Ordonnances* verlesen und angenommen. Die Kirchenordnung sollte also eine Sache der gesamten christlichen Gemeinde und ihrer politischen Organe sein. 1561 wird die inzwischen mehrfach bearbeitete Kirchenordnung novelliert, unterscheidet sich in verfassungsrechtlichen Grundsätzen aber nicht von der Version des Jahres 1541. In Teilen, sofern die Rechte des Stadtrates nicht berührt sind, wird in den Überarbeitungen das Eigenrecht der kirchlichen Gemeinde gestärkt.

Die Organisationsgrundlage der christlichen Gemeinde sind vier Ämter: Pastoren, Doktoren, Älteste und Diakone. Die *Pastoren* sind zuständig für die Verkündigung des Wortes in der Öffentlichkeit wie gegenüber den Einzelnen, die Verwaltung der Sakramente und im Konsistorium für die brüderliche Zurechtweisung. Die Pastoren werden von den Amtskollegen vorgeschlagen, vom Rat eingesetzt und im Gottesdienst dem Volk vorgestellt. Gemäß einem Zusatz vom Jahr 1560 wird den Gemeindegliedern die Möglichkeit des begründeten Einspruchs gegen die Wahl bestimmter Pfarrer eingeräumt. Die *Doktoren* sind beauftragt mit der Lehre und der Ausbildung des Nachwuchses. Überörtliche Realität bekommt das Doktorenamt mit der Einrichtung der Genfer Akademie im Jahr 1559. Die *Ältesten* sind beauftragt mit der Kontrolle und Korrektur der Lebensführung der Gemeinde. Diese sind vom Rat für je ein Jahr gewählt, sie bilden zusammen mit den Pastoren die Behörde des Konsistoriums – so bereits in der ersten Fassung der Kirchenordnung vom Jahr 1541 und so auch in der Novellierung von 1561. Gemäß einem Zusatz vom Jahr 1560 wird den Gemeindegliedern ebenfalls die Möglichkeit des begründeten Einspruchs gegen die Wahl bestimmter Konsistorialer eingeräumt. Die *Diakone*, vier an der Zahl, betreu-

37 François Bonivard, Advis et devis de l'ancienne et nouvelle police de Genève, hg. v. Gustave Revilliod, Genf 1865. Der Text ist entnommen aus: Registres du Consistoire de Genève au Temps de Calvin, hg. v. Thomas A. Lambert u.a., Tom. 1 (1542–1544), Genf 1996, 391.

en die Kranken im Spital und die Stadtarmen. Auch deren Wahl und Aufgaben werden in der Kirchenordnung festgelegt.[38] Die Sozialfürsorge und speziell die Armenfürsorge gehört zu den theo-politischen Anliegen der reformatorischen Neuordnungen und wird auch von Calvin als gottgewollte Aufgabe des Christen und der Kirche herausgestellt. So heißt es in einer Predigt das Jahres 1555: „Nicht ohne Grund befiehlt Gott denen, die Güter haben, eine offene Hand zu haben für die Armen und Hungernden dieser Erde. Damit sagt er uns nämlich, dass wir ihm dienen sollen, und genau, wie das zu geschehen habe: Wir sollen ihm die Ehre geben durch die Güter, die er uns reichlich schenkte. Er sendet uns die Armen gewissermaßen an seiner statt, als seine Einzieher. [...] Im Blick auf Gott handelt es sich bei unserem Tun nicht um Gabe, die wir ihm geben, sondern um schuldigen Dank für das Gute, das er uns erwiesen hat."[39]

Die Ämter der Kirche sind zwar verschieden, aber sie sind, abgesehen vom geistlichen Amt, Aufgaben, die grundsätzlich von allen ‚Laien' ausgeübt werden können und sollen. Ein tragendes Kirchenleitungsamt ist das der Ältesten. Ihre Funktion realisiert sich vornehmlich im Konsistorium und in der Sittenaufsicht, die ihnen in ihren jeweiligen Stadtvierteln übertragen ist. Der Auftrag „besteht darin, auf die Lebensführung eines jeden zu achten und diejenigen freundschaftlich zu ermahnen, die sie Fehltritte tun oder in unordentlichen Verhältnissen leben sehen. Wo nötig, sollen sie dem ganzen Kreis [des Konsistoriums] Mitteilung machen, der für die brüderliche Zurechtweisung zuständig ist, und sie mit ihm gemeinsam vornehmen."[40]

Das Konsistorium besteht neben den vier Geistlichen der Stadt aus zwölf Mitgliedern der verschiedenen Stadträte, die für jeweils ein Jahr gewählt werden; eine Wiederwahl ist möglich und wird auch als sinnvoll erachtet. „Es sollen Leute mit ehrbarem und anständigem Lebenswandel sein, tadellos und über jeden Verdacht erhaben, die vor allem Gott fürchten und geistliche Klugheit besitzen. Damit sie alles überblicken können, soll bei ihrer Wahl darauf geachtet werden, daß jedes Quartier der Stadt vertreten ist."[41] Den Vorsitz im Konsistorium übernimmt einer der Bürgermeister. Die Ältesten werden vom Großen Rat eingesetzt und seit dem Jahr 1561 für ihre Auf-

38 Calvin-Studienausgabe, Bd. 2 (wie Anm. 30), 257ff. Zur Sozialarbeit in Genf vgl. Jeannine E. Olson, Calvin and Social Welfare. Deacons and the Bourse francaise, London/Toronto 1989.

39 Werktagspredigt über Dtn 15,11–15 vom 30.10.1555 (CO 27,336–349), in: Calvin-Studienausgabe, Bd. 7: Predigten über das Deuteronomium und den 1. Timotheusbrief 1554–1555, hg. v. Eberhard Busch u.a., Neukirchen-Vluyn 2009, 70 (Übers.: Hans Scholl).

40 Calvin-Studienausgabe, Bd. 2 (wie Anm. 30), 254f.

41 Ebd.

gabe auch vereidigt. Das Amt des Ältesten ist also ein öffentliches Amt, das der besonderen geistliche Sorgfalt und Treue bedarf: Nach der Bestätigung durch den Großen Rat sollen die Konsistorialen einen besonderen Eid mit folgendem Wortlaut ablegen: „Meinem Auftrag gemäß schwöre und gelobe ich, allen Götzendienst, alle Gotteslästerung, alle Ausschweifung und was sonst der Ehre Gottes und der Erneuerung des Evangeliums widerspricht, zu verhindern, und diejenigen zu ermahnen, die es nötig haben, je nachdem sich mir Gelegenheit dazu bietet. Ebenso, daß ich, wenn ich etwas erfahre, das dem Konsistorium mitgeteilt werden sollte, meine Pflicht treu erfülle, ohne Haß oder Begünstigung, nur mit dem Ziel, daß die Stadt in guter Ordnung und Gottesfurcht erhalten bleibt. Ebenso will ich alle Pflichten, die mit diesem Amt verbunden sind, getreulich erfüllen und die Kirchenordnung, die vom Kleinen und Großen Rat und von der allgemeinen Bürgerversammlung in Genf verabschiedet worden ist, beachten."[42]

Die Pflichten des Konsistoriums sind ebenfalls in der Kirchenordnung festgelegt: „Die erwähnten Ratsbeauftragten sollen einmal wöchentlich, jeden Donnerstag, mit den Dienern [das sind die Pastoren] zusammenkommen, um zu sehen, ob irgendetwas in der Kirche nicht in Ordnung ist, und gemeinsam je nach Notwendigkeit über entsprechende Abhilfe beraten. Weil sie aber weder eine amtliche Vollmacht besitzen noch eine rechtsgültige Zwangsmaßnahme beschließen können, haben wir [der Rat] verfügt, daß ihnen einer unserer Beamten zur Verfügung gestellt wird, um diejenigen vorzuladen, die sie ermahnen wollen."[43] Das Konsistorium verhandelt über Verfehlungen gegen Lehre und Kirchenordnung, gegen Fehlverhalten, verborgen wie öffentlich, und Abendmahlsverachtung.[44] „Bei Straftaten, die nicht nur der mündlichen Ermahnung bedürfen, sondern eine Zurechtweisung samt gerichtlicher Strafe nach sich ziehen, soll man – je nach Fall – dem Schuldigen mitteilen, daß er sich für eine bestimmte Zeit vom Abendmahl fernzuhalten habe, um vor Gott Buße zu tun und sich seiner Schuld besser bewußt zu werden."[45]

Das Verhältnis vom Konsistorium zu den Stadträten bedarf ebenfalls der Regelung: „Bei alledem sollen die Pfarrer keine richterliche Gewalt haben,

42 Ebd.

43 Calvin-Studienausgabe, Bd. 2 (wie Anm. 30), 266–269.

44 Einen Einblick in die Struktur der Genfer Kirchenorganisation und in die Arbeit des Consistoire mit dem Schwerpunkt Ehe vermittelt die englischsprachige Textsammlung von John Witte Jr. / Robert M. Kingdon, Sex, marriage, and Family in John Calvin's Geneva, Vol. 1: Courtship, Engagement, and Marriage, Grand Rapids/MI 2005. Die im Konsistorium verhandelten Gegenstände sind alle protokollarisch festgehalten. Die Protokolle sind teilweise bereits veröffentlicht: Registres du Consistoire de Genève au Temps de Calvin (wie Anm. 37).

45 Calvin-Studienausgabe, Bd. 2 (wie Anm. 30), 270f.

und das Konsistorium soll der Machtbefugnis des Rates und der ordentlichen Justiz keinen Abbruch tun, so daß die zivile Macht unangetastet bleibt. Und selbst, wo es nötig ist, Strafen zu verhängen oder Streitfälle durch Zwangsmaßnahmen zu beenden, sollen die Pfarrer zusammen mit dem Konsistorium zuerst die Streitparteien anhören und ihnen nach eigenem Ermessen ihre Schuld aufzeigen und sie ermahnen. Anschließend sollen sie dem Rat Mitteilung machen, der dann aufgrund ihres Berichtes beschließt, was zu tun sei, und den Fall den Umständen entsprechend beurteilen wird."[46]

Das Konsistorium ist also eine Institution der gesamten Gemeinde, die als christliches Gemeinwesen integral aus dem Bereich des Kirchlichen und des Weltlichen besteht. Der Rat von Genf hält aber strikt daran fest, dass die obrigkeitliche Gewalt und Rechtsgewalt allein bei den weltlichen Institutionen liegt. Eine konkurrierende Rechtsprechung von weltlicher und kirchlicher Gerichtsbarkeit, die wie im Mittelalter sogar den Bereich des Strafrechts umfasste, ist für Genf wie für alle reformatorischen Gemeinwesen ausgeschlossen.

Die Kirche ist nicht ihre eigene Obrigkeit, sondern die Stadträte sind die Obrigkeit des Ganzen. Und so gehört auch die Amtseinsetzung von Pfarrern als obrigkeitliche Maßnahme vor die Bürgermeister und Räte, wie das 1561 ausdrücklich in der Kirchenordnung festgeschrieben wurde: Neu berufene Pfarrer schwören, Gott und der Kirche treu zu dienen, ferner die von den Genfer Stadträten verabschiedete Kirchenordnung einzuhalten, weiterhin die Interessen der Stadt zu wahren, die Eintracht der Bürger zu stärken und die Ordnung wie das Recht der Stadt zu schützen. Und dann der zusammenfassende Schlusssatz, der Feststellung, Anspruch und zugleich Spiegel von Konflikten ist: „Und so verspreche ich [der Pfarrer], in der Weise im Dienst von Rat und Volk zu stehen, daß ich dadurch in keiner Weise behindert werde, Gott den Dienst zu leisten, den ich ihm aufgrund meiner Berufung schuldig bin."[47] Das bedeutet: Der Dienst an der Stadt steht im Einklang mit der Pflicht in der Berufung Gottes, der Dienst in der Berufung Gottes steht im Einklang mit der Pflicht im Gemeinwesen. So sollte es sein – ob es so ist, ist eine andere Frage.

## *8. Die Pflicht des geistlichen Amtes*

Zur Verantwortung der Kirche in einem christlichen Gemeinwesen gehört unaufgebbar die Klarheit in der Lehre des Wortes Gottes, für die nun gera-

46 Calvin-Studienausgabe, Bd. 2 (wie Anm. 30), 270–273.
47 Calvin-Studienausgabe, Bd. 2 (wie Anm. 30), 244f.

de die Geistlichkeit zuständig ist, die sich laut Kirchenordnung regelmäßig trifft, „um Reinheit und Einheit der Lehre untereinander zu wahren".[48] Das ist die Compagnie des Pasteurs, die Pfarrkonferenz, die als pastorales Gremium mit der geistlichen Leitung der Gemeinde in Lehr- und Seelsorgefragen befasst ist. Nicht ein Einzelner, etwa der Bischof, wacht letztinstanzlich über das geistliche Leben, sondern die Gemeinschaft der in Genf tätigen Pfarrer ist mit dieser Aufgabe betraut. Die Kollegialität der Gemeindedienste ist ein wesentliches, in die Neuzeit hineinweisendes Kennzeichen der Genfer Reformation, die sich auch und gerade in den Situationen der Verfolgung bewährt hat.

Die Festlegung der rechten Lehre ist in der Streitzeit der Reformation die vorrangige geistliche und theologische Aufgabe, die Calvin selber durch seine umfangreiche Predigttätigkeit sowie durch seine Bibelauslegungen vor gebildetem Publikum und nicht zuletzt durch seine stetige Arbeit an der *Institutio* vorangetrieben hat. Die rechte Lehre ist aber ganz und gar nicht Sache eines Einzelnen, so bedeutend er auch sein mag, und erst recht nicht Privatsache, sondern zentraler Gegenstand für die offiziellen Beratungen der Compagnie des Pasteurs. Die Fragen um das Abendmahl sind Dauerfragen der Reformation, auch in Genf und nicht nur im Streit mit den Lutheranern, sondern sehr viel näher, und damit auch sehr viel beschwerlicher, im Ringen mit dem zudringlichen Bündnispartner Bern, der mit Genfs selbstständiger Abendmahlslehre ganz und gar nicht einverstanden war.

Die Konferenz der Genfer Pfarrer, die Compagnie des Pasteurs, hat im März 1549 einmütig, wie es heißt, ein Dokument zur Kenntnis des Berner Rats und seiner Geistlichen verabschiedet, das einerseits die Pflicht zur Einheit des Bekenntnisses beschwört und andererseits den Genfer Standpunkt zum Abendmahl so leicht fassbar wie unmissverständlich, zugleich nüchtern und unpolemisch herausarbeitet. Damit ist eine Gesprächsgrundlage für das Anliegen der Verständigung bereitgestellt. In zwanzig Artikeln konzentriert sich das Arbeitspapier auf zwei Aspekte: 1. Christus ist im Mahl gegenwärtig. 2. Christi Gegenwart wird nicht in oder von den Abendmahlselementen getragen.[49]

Zuerst wird geklärt, was das Sakrament zum Sakrament macht, nämlich Christus, Wesenskern *(substantia)* und Fundament, „so dass wir von Christus trinken als der Quelle alles Guten und wir aufgrund der Wohltat seines

48 Ebd.

49 Die Protokolle der Compagnie sind überliefert und auch veröffentlicht: Registres de la Compagnie des Pasteurs de Genève, hg. v. Robert M. Kingdon / Jean-François Bergier, Genève 1962–2001; Text aus Bd. 1: 1546–1553, Genève 1964, 52–55.

Todes mit Gott versöhnt werden". Er ist also anwesend der Sache nach. Ein Geschehen, das sich nur im Gedächtnis derer vollzieht, die sich zum gemeinschaftlichen Mahl zusammenfinden, lehnt die Compagnie ab: „Wer frommen Herzens das Sakrament gemäß seiner Einsetzung durch Christus empfängt, der empfängt Christus zusammen mit seinen geistlichen Gaben." Es ist ein Realgeschehen, das sich im Abendmahl vollzieht, kein psychischer Vorgang des frommen Bewusstseins.

Zweitens wird klargestellt: „Die Materie von Brot und Wein bietet uns Christus in keiner Weise dar, macht uns auch nicht seiner geistlichen Gaben teilhaftig." Damit ist gegen die päpstliche Messe das Vertrauen auf eine Wandlung der Elemente ausgeschlossen, und die Vorstellung von Lutheranern, dass Christus räumlich in die Elemente Brot und Wein eingeschlossen sei, wird ebenso deutlich abgewiesen. Die Zeichen bleiben Zeichen, die Sache des Sakraments ist Christus, diese Sache aber ist real. Für die Nachbarn in Bern, die der zwinglischen Auffassung vom Erinnerungs- und Gemeinschaftsmahl folgen, hat die Compagnie ihren Konsens erklärt gegen alle Versuche, der Stadt Genf das Abendmahlsverständnis des Verbündeten aufzudrücken. Zugleich reicht die Erklärung über Bern hinaus nach Zürich mit der Botschaft: Wir sind bereit zur Rechenschaft, damit aber auch bereit zum Gespräch. Die Kirche ist Gottes Stiftung und wird zugleich Kirche in der menschlichen Klarlegung dessen, was ihr gegeben ist und worauf sie vertraut. Das geschah nicht einmal in der Vergangenheit und damit ein für alle Mal, sondern die Klarlegung bedarf jeweils der Einpassung – nicht der Anpassung – in die wechselnden Gegebenheiten der Zeit. Es bedarf der Mühe, die Klarheit der Standpunkte so zu vermitteln, dass auch andere sich in eine solche Klarheit einfügen können.

## *9. Die Grenzen geistlicher Pflicht*

Es gehört zur Pflicht der Kirche, sich immer jeweils neu in das Werden ihrer Gegenwart einzubringen. Was aber geschieht, wenn Gewalten von außen das Werden der Kirche unterdrücken und die Pfarrer der Kirchen ihr Amt nicht mehr ausüben können? Das war für Calvin, den Flüchtling, eine Dauerfrage von Anfang an, die wieder akut wurde, als Kaiser Karl V. über das Heilige Römische Reich im Jahr 1548 das Interim verhängte, ein Religionsgesetz zur Wiederherstellung des alten Glaubens, das den protestierenden Reichsständen nur noch die Priesterehe und beim Abendmahl den Laienkelch einräumte. Die Pfarrer der Grafschaft Mömpelgard wendeten sich an die Pfarrer von Genf, Lausanne und Neuenburg, berichteten von ihrer Not und fragten um Rat: Herzog Ulrich von Württemberg, regierender Graf von Mömpelgard († 1550), hat uns Pfarrern das Interimsgesetz zugehen lassen, dementsprechend die päpstlichen Messen wiederherzustellen sind samt den Festen der Götter – gemeint sind die Heiligenfeste –, dem Aberglauben der Speisen und anderem, alles gegen unseren Willen und Widerstand. „Der Herzog hat uns wissen lassen, daß er uns Pfarrern nicht beistehen könne, wenn uns Gewalt wegen unseres Predigens drohe."[50] Was ist zu tun? Können wir uns gegen die Behörden auflehnen? Wir fürchten aber, dass eine solche Auflehnung gänzlich fruchtlos ist, und obendrein bringen wir unseren Juniorfürsten – Herzog Christoph, Ulrichs Sohn und Regent in Mömpelgard – in erhebliche Schwierigkeiten. Dieser Brief ist am 15. Januar 1549 in Genf eingetroffen.

Calvin verfasste umgehend im Namen der Compagnie des Pasteurs eine Antwort: „Es ist geschehen, was zu erwarten war, daß der Satan die göttliche Ordnung der Kirche umstürzt."[51] Man lese genau: Der Satan stürzt nicht die Kirche um – das kann er nicht, aber deren Ordnung kann er zerstören. Calvin fährt fort: Ihr habt getan, was ihr tun könnt; ihr habt die reine Lehre mit Beständigkeit bezeugt und den Umsturz der Gottesordnung ebenso beständig missbilligt. Was getan werden konnte, ist getan, es bleibt für die Pfarrer nur das Exil. „Denn nur derjenige ist ein Verräter, der willig weicht und seinen Wachposten verläßt. Der Widerstand aber ist nicht unsere Aufgabe, wenn wir mit Gewalt gezwungen werden, es sei denn, die Gemeinde wünscht ausdrücklich, daß ihr Pfarrer bleibe – dann muß er bleiben. Wo das nicht der Fall ist, gilt es, die anvertraute Gemeindeleitung dem Haupt der Kirche, nämlich Christus, zu übertragen, auf daß er allein mit seinem Geist regiere, wenn eurer Anstrengung kein Raum mehr gegeben wird."[52] Der Dienst in der Berufung Gottes ist also mit dem Notrecht des Pfarrers verbunden, diesen Dienst an Gott zurückzugeben.

Überraschenderweise wird ein Kompromiss in Mömpelgard sichtbar, den Herzog Christoph, der Juniorfürst und ‚pius princeps', zu verantworten unternimmt und für sechs oder acht Monate sogar zu finanzieren bereit ist, wie Pierre Toussain, Mömpelgards Reformator, nach Genf berichtet. Die Pfarrer sollen bleiben, sich als Privatleute aber auf die rechte Lehre beschränken unter Verzicht auf die Sakramentsausteilung. Ist es denkbar, den pfarramtlichen Dienst fortzuführen, wenn mit dem Verbot des Sakraments dem Dienst die Mitte der Gemeinschaft mit Christus genommen ist? Was raten

50 Brief vom 10.1.1549, CO 13,152f.
51 Brief vom 16.1.1549, CO 13,155–157.
52 Ebd.

die Kollegen in Genf? Auch diese raten wie die Straßburger zur Annahme des Kompromisses. Selbst wenn Toussain, er wird direkt angeredet, das Amt nicht in seiner Vollgestalt versehen kann, so ist es doch etwas Großes, wenn er als „Doctor" amtiert. Und weil die Sakramente, gleichsam Zusätze zum Wort, diesem untergeordnet sind, wäre es unsinnig, das Gotteswort zum Schweigen zu bringen, obwohl dessen Verkündigung möglich ist.[53] Wo immer es möglich ist, gilt es, das Wort, die rechte Lehre, das Bekenntnis laut werden zu lassen. Kompromisse, die solche Verkündigung ermöglichen, soll man eingehen. Die Pflicht der Kirche ist ihre klare, bekennende Verkündigung, nicht das ängstliche oder vornehm überlegene Schweigen und auch nicht die angriffige Martyriumssucht.

## *10. Christi Tod trägt seine Frucht*

Die Kirche ist Kirche, weil sie Gottes Kirche ist. Die Reformation schafft nicht die Kirche, sondern die Kirche ist es, die zur Reformation treibt. Gott überträgt den Menschen Pflichten für die Kirche, die so weit in Treue auszuüben sind, wie das menschenmöglich ist. Was menschenmöglich ist, ist aber auch zu leisten, damit die Kirche, die ist, öffentlich werden kann, so gut es geht, selbst unter den Verhältnissen der Gewalt und des Zerbrechens. Es gibt Kirchen, die stehen in Blüte und leben in rechter Ordnung. Auch dort aber, wo man rühmen kann, dass die Christen sich sichtbar als Gemeinschaft der Heiligen sammeln, ist doch diese Gemeinde der erstrebten und erarbeiteten Fülle nicht in höherer Weise Kirche als die Kirche in den traurigen Verhältnissen der Bedrückung.

Die Flüchtlinge unter den Reformatoren wissen sehr wohl um die Wichtigkeit von Ordnungen und Ämtern in einem christlichen Gemeinwesen; sie wissen aber auch und haben es erfahren, dass solche Strukturen zusammenbrechen können. Und auch dann ist immer noch Kirche. In der letzten Ausgabe seiner *Institutio*, der Ausgabe von 1559 – in dem Jahr, als Genf schon als neues Jerusalem gerühmt wird –, wiederholt Calvin, was er von Anfang an schon eingeschärft hatte: Nicht unsere Tatkraft, sondern Christus ist der sichtbare Garant seiner Kirche, denn er ist nicht umsonst gestorben und hat seine Glieder nicht vergeblich gesammelt. „Gott allein muß man die Erkenntnis seiner Kirche überlassen, deren Fundament seine verborgene Erwählung ist. [...] Die traurige Öde der Kirche, wie sie uns von allen Seiten entgegentritt, mag mit lauter Stimme zu bezeugen scheinen, daß

53 Vgl. Registres de la Compagnie, Bd. 1 (wie Anm. 49), 49–51.

von der Kirche nichts mehr übrig sei. Wir aber sollen dennoch wissen, daß Christi Tod seine Frucht trägt und daß Gott auf wunderbare Weise seine Kirche gleichsam in dunkler Verborgenheit bewahrt."[54]

54 Inst. (1559) IV,1,2; Übersetzung in: Unterricht in der christlichen Religion, nach der letzten Ausgabe von 1559 übers. u. bearb. v. Otto Weber, im Auftrag des Reformierten Bundes bearb. u. neu hg. v. Matthias Freudenberg, Neukirchen-Vluyn 2008.

# Calvin und die Entwicklung des reformierten Verständnisses der Kirche

*von Matthias Freudenberg*

Genf im Jahr 1536. Wilhelm Farel entdeckte in einem Gasthaus den durchreisenden Johannes Calvin, sprach ihn an, redete auf ihn ein, ja bedrohte ihn, in Genf zu bleiben. Zwei Jahrzehnte später erinnerte sich Calvin an diese Szene, als er 1557 in der *Vorrede zur Psalmenauslegung* sein Leben Revue passieren ließ. Nicht länger als eine Nacht habe er in Genf bleiben wollen, doch da richtete Farel „alle Anstrengungen beharrlich darauf, mich dazubehalten".[1] Am Ende dieser Bemühungen, Calvin in die Neuordnung der Genfer Kirche einzubeziehen, stand kein Segen, sondern ein Fluch: „Gott möge meine Ruhe verwünschen, wenn ich mich in einer solchen Notlage der Hilfeleistung entziehe."[2] Erschrocken willigte Calvin ein. Ob er dem Drängen nachgegeben hätte, wenn er damals geahnt hätte, welche Auseinandersetzungen er in Genf bestehen musste? Schließlich wartete auf ihn die Aufgabe, nicht nur eine Kirchenordnung zu verfassen, sondern grundsätzlich theologisch zu entfalten, was das Wesen der Kirche ist und welchen Dienst sie in der Welt zu leisten hat. Streit war bei einer solchen immensen Herausforderung vorprogrammiert. Kurz vor seinem Tod sprach Calvin davon, dass man sogar Hunde auf ihn gehetzt und geschrieen habe: „Faß, faß!"[3] Seine Arbeit wurde immer wieder in Frage gestellt. Umgekehrt räumte Calvin in seiner *Abschiedsrede an die Pfarrer* ein: „Ich habe viele Schwächen gehabt, die Ihr ertragen musstet."[4] Calvin sagte das, weil es zu seinem theologischen Verständnis der Kirche gehört, dass diese in der Spannung von begrenztem Menschenwerk und göttlicher Verheißung existiert.

1 Vorrede zum Psalmenkommentar (1557), in: Calvin-Studienausgabe, Bd. 6: Der Psalmenkommentar. Eine Auswahl, hg. v. Eberhard Busch u.a., Neukirchen-Vluyn 2008, 28f.

2 Vorrede, in: Calvin-Studienausgabe, Bd. 6 (wie Anm. 1), 30f.

3 Abschiedsrede an die Genfer Pfarrer (1564), in: Calvin-Studienausgabe, Bd. 2: Gestalt und Ordnung der Kirche, hg. v. Eberhard Busch u.a., Neukirchen-Vluyn 1997, 296f.

4 Abschiedsrede (wie Anm. 3), 298f.

## *1. Der Grund der Kirche*

Wie ein roter Faden durchzieht Calvins Ekklesiologie der Sinngehalt der ersten *Berner These* von 1528: „Die heilige christliche Kirche, deren einziges Haupt Christus ist, ist aus dem Worte Gottes geboren, bleibt in demselben und hört nicht die Stimme eines Fremden.“[5] Auch Calvin sprach von Christus als dem *einen* Haupt der Gläubigen, die untereinander Gemeinschaft haben.[6] Aber anders als Ulrich Zwingli, Berthold Haller und Franz Kolb trug Calvin den Erwählungsgedanken in die Begründungsstruktur der Kirche ein: Die Kirche ist laut *Genfer Katechismus* (1545) die „Schar der Gläubigen, die Gott zum ewigen Leben auserwählt hat“.[7]

Es ist also der Erwählungsgedanke – und zwar nicht in individualisierter, sondern in kollektiver Fassung –, der Calvin als Leitmotiv diente, um den Grund der Kirche zu bestimmen.[8] Als vom dreieinigen Gott erwählte „Schar“[9] lebt die Kirche zu dem Zweck, Menschen in die Gemeinschaft mit Christus zu führen und in dieser zu bewahren. Die Sammlung in der Gemeinschaft mit Christus hat ihr Ziel darin, die Glieder im Glauben zu unterrichten, in der christlichen Weisheit zu stärken und in der Bindung an Christus zu erhalten. Auf dieses Ziel sind die Institutionen und Lebensäußerungen der Kirche ausgerichtet: die Kirchenordnung, die Ämter, die Kirchenzucht, die Sakramente. Im Hintergrund steht der Gedanke des Gottesbundes, von dem aus Calvin die bleibende Zusammengehörigkeit der Kirche zum erwählenden dreieinigen Gott, aber auch die Einheit untereinander beschrieb. Als in Gottes erwählendem Handeln begründete Gemeinschaft ist die Kirche keine metaphysische Anstalt, sondern hat eine erkennbare lebendige Gestalt.

Wenn Calvin sich konkret zum Wesen der Kirche äußerte, nannte er sie analog zur von Gott geschaffenen Welt einen Ort seiner Güte. Auf irdische

5 Berner These 1, in: Reformierte Bekenntnisschriften. Eine Auswahl von den Anfängen bis zur Gegenwart, hg. v. Georg Plasger / Matthias Freudenberg, Göttingen 2005, 24.

6 Vgl. u.a. Unterricht in der christlichen Religion, nach der letzten Ausgabe von 1559 übers. u. bearb. v. Otto Weber, im Auftrag des Reformierten Bundes bearb. u. neu hg. v. Matthias Freudenberg, Neukirchen-Vluyn 2008 (= Inst. [1559] II,16,18; IV,1,2f.; IV,6,8); Genfer Katechismus (1545), Frage 54, in: Calvin-Studienausgabe, Bd. 2 (wie Anm. 3), 30f.; Streitschrift gegen die Artikel der Sorbonne (1544), in: Calvin-Studienausgabe, Bd. 3: Reformatorische Kontroversen, hg. v. Eberhard Busch u.a., Neukirchen-Vluyn 1999, 72f.

7 Genfer Katechismus, Frage 93, in: Calvin-Studienausgabe, Bd. 2 (wie Anm. 3), 44f.; vgl. auch Inst. (1559) IV,1,2–4.

8 Zu diesem Aspekt von Calvins Ekklesiologie vgl. auch Georg Plasger, Art. Kirche, in: Herman J. Selderhuis (Hg.), Calvin Handbuch, Tübingen 2008, 317–325, hier 318f.

9 Genfer Katechismus, Frage 93, in: Calvin-Studienausgabe, Bd. 2 (wie Anm. 3), 44f.

Weise bildet sie gemeinsam mit der Ordnung, die sie sich gibt, den himmlischen Organismus von Gottes Welt ab, in der seine Ehre unablässig erzählt und bekannt gemacht wird.[10] In der Kirche geben die Christen Auskunft über ihren Glauben, bestärken sich gegenseitig in ihrer Hoffnung und dienen einander in der Liebe. Mit der Kirche hat Gott einen Ort in der Welt aufgetan, an dem Menschen ihr Leben in der ihnen geschenkten Freiheit gestalten und öffentlich sichtbar zum Ausdruck bringen können. So sehr Calvin seiner Gemeinde das Nachdenken über die Ewigkeit und die Ausrichtung auf sie empfahl[11], so entschieden warnte er davor, aus der Gegenwart gleichsam herauszuspringen und vor den Herausforderungen der Wirklichkeit zu fliehen: „Warum den Flug in die Luft nehmen und den festen Boden verlassen, der doch der Schauplatz der Güte Gottes ist? [...] Es muss der Fuß fest auf der Erde stehen, ist sie doch die Stätte, auf der wir nach Gottes Anordnung eine Zeitlang weilen."[12] Auf der Erde zu sein und in der Gemeinschaft mit anderen Menschen Gott zu loben bedeutet, der Wirklichkeit treu zu bleiben. Das hat praktische Folgen. Calvin interessierte sich im Verlauf seiner theologischen Biographie zunehmend für die Sichtbarkeit der Kirche. In ihr soll erkennbar werden, welchem Herrn die Gemeinde angehört, um dann gemeinsam zu bekennen: „Nicht uns selber gehören wir, Gott gehören wir."[13] Calvins Aufmerksamkeit und theologische Leidenschaft galt dem Zweck, dass die Kirche in ihrem gottesdienstlichen und alltäglichen Leben nicht nur Gott die Ehre gibt, sondern auch eine identifizierbare Gestalt erhält als Gemeinschaft, die dem Evangelium von Jesus Christus verbunden bleiben will. Als Christi Leib (1 Kor 12,12ff.) ist die Kirche allein an ihn gebunden und nicht an ein kirchliches Lehramt oder eine äußerliche politische Instanz, wie Calvin 1544 gegenüber den Theologen der Pariser Universität Sorbonne betonte: „In Frage steht die äußere Erscheinung, an der man [die Kirche] erkennen kann. Nach unserer Überzeugung liegt sie im Wort Gottes. Oder besser gesagt darin, dass Christus ihr Haupt ist."[14] Es geht um die Entsprechung der empirischen Kirche zu ihrem Grund und Auftrag – eine Entsprechung, die sich letztlich nicht der Gutwilligkeit ihrer Glieder, sondern dem Wirken des Heiligen Geistes verdankt. Erwählt durch

10 Vorrede (wie Anm. 1), 22f.; vgl. auch den Kommentar zu Ps 19, in: Calvin-Studienausgabe, Bd. 6 (wie Anm. 1), 76–111.

11 Zur „meditatio futurae vitae" vgl. Inst. (1559) III,9f. sowie in diesem Band den Beitrag von Georg Plasger zu Calvins Eschatologie.

12 Kommentar zu Gen 2,8, CO 23,37.

13 Inst. (1559) III,7,1.

14 Streitschrift, in: Calvin-Studienausgabe, Bd. 3 (wie Anm. 6), 72f.

*Gott*, in der Gemeinschaft mit ihrem *Herrn Jesus Christus* und lebendig in der Wirkung des *Heiligen Geistes*: So entwarf Calvin eine durchaus trinitarische Ekklesiologie.

## *2. Predigt hören, an den Sakramenten teilhaben, mit dem Leben Zeugnis ablegen*

Mit Reformatoren wie Leo Jud, Wolfgang Capito und Martin Bucer teilte Calvin die Überzeugung, dass es zu einer wirklichen Reformation der Kirche nur auf Grundlage der gelesenen und gepredigten *ganzen* Heiligen Schrift kommen kann. In der *Vorrede für die Genfer Bibeldrucke* von 1546 machte er auf den unerschöpflichen Schatz der Bibel aufmerksam. Sie ist der „Schlüssel, der uns das Reich Gottes öffnet", ein „Spiegel, in welchem wir Gottes Angesicht betrachten" und das „Zeugnis seines guten Willens".[15] Außerdem bezeichnete er sie als „Weg", „Schule der Weisheit", „königliches Zepter" und göttlichen „Hirtenstab".[16] Calvin präzisierte seine Hochschätzung der Bibel, indem er sie benannte als „Instrument seines Bundes", den Gott „mit uns geschlossen hat, indem er durch seine freie Gnade die Verpflichtung eingegangen ist, durch ein ewiges Band mit uns verbunden zu sein".[17] Die Bibel ermöglicht den Menschen die Erkenntnis Gottes und ihre Selbsterkenntnis.[18] Durch ihr Zeugnis des göttlichen Willens lockt Gott die Menschen zu sich, indem er in ihnen das Vertrauen in seine väterliche Treue weckt. In der Predigt sah Calvin darum die wesentliche Grundlage zum Gemeindeaufbau. So entdeckte er etwa in den Psalmen „vielfältige und glänzende Reichtümer" und einen „Schatz"[19], der dem „Aufbau der Kirche"[20] zugute kommt. Geradezu „himmlische(r) Weisheit"[21] vermitteln die Psalmen und leiten zur Anrufung und zum Lob Gottes an. Dieser die Zeiten überdauernden und durch die Zeiten tragenden Worte bedient sich der Heilige Geist, um die Kirche zu leiten, um die Gemeinschaft mit Christus zu wirken, um

15 CO 9,823; Evangelische Bibelvorreden von der Reformation bis zur Aufklärung, hg. v. Jürgen Quack (Quellen und Forschungen zur Reformationsgeschichte 43), Tübingen 1975, 113–115, hier 113.
16 Ebd.
17 Ebd.
18 Inst. (1559) I,1,1–3; I,2,1f.
19 Vorrede (wie Anm. 1), 20f.
20 Vorrede (wie Anm. 1), 40f.
21 Vorrede (wie Anm. 1), 20f.

Menschen zu trösten und um sie in christlicher Freiheit ihr Leben gestalten zu lassen.[22]

Angesichts von Calvins Hochschätzung der Kirchenordnung und der Kirchenzucht *(disciplina)* fällt es auf, dass er in den Spuren der *Confessio Augustana* (CA VII) nur das unverfälscht (sincere) gepredigte Wort Gottes (mit dem darauf bezogenen Hören der Gemeinde) und die rechte Verwaltung der Sakramente nach Christi Einsetzung zu den Kennzeichen der Kirche *(notae ecclesiae)* zählte. Allerdings wurde schon bald in calvinisch geprägten Bekenntnissen der Geltung von Kirchenordnung und Kirchenzucht dadurch Rechnung getragen, dass sie als konstitutiv für das Wesen der Kirche benannt wurden.[23] Damit knüpften diese Bekenntnisse an Calvins Grundüberzeugung an, dass das Bekenntnis mehr als ein liturgischer Vollzug ist: Bekenntnis geschieht auch in der Heiligung, und deren Merkmal ist nicht zuletzt auch das Beispiel, das ein Mensch mit seinem Leben gibt. Calvin lag an der ethischen Integrität und Ausstrahlung der Gemeinde, der man ansehen soll, dass sich ihre Glieder in der Nachfolge des auferstandenen Herrn befinden und davon Zeugnis ablegen.

## *3. Dreifaches Amt Jesu Christi und der Gemeinde*

Als Haupt der Kirche, neben dem es kein irdisches Oberhaupt in der Kirche geben kann, übt Jesus Christus ein dreifaches Amt aus: als Prophet, Priester und König.[24] Es gehört zu den theologischen Innovationen Calvins, dass er aus der biblischen Vorstellung von den drei Ämtern des alttestamentlichen Gesalbten christologische und ekklesiologische Ableitungen entwickelt hat. Ihm zufolge vollzieht sich das Wirken des Gesalbten Jesus Christus dreifach: indem er das Evangelium offenbart (prophetisches Amt), indem er den Sünder mit Gott versöhnt (priesterliches Amt) und indem er als Auferstande-

22 CO 5,393.

23 Inst. (1559) IV,1,9 nennt zwei notae ecclesiae; Confessio Scotica (1560), Art. 18, Confessio Belgica (1561), Art. 29, sowie Confessio Hungarica (1562), Cap. V,7 nennen drei notae ecclesiae. Vgl. Christoph Strohm, Art. Recht und Kirchenrecht, in: Calvin Handbuch (wie Anm. 8), 392–401, hier 395–398.

24 Inst. (1559) II,15; Genfer Katechismus, Fragen 34–39, in: Calvin-Studienausgabe, Bd. 3 (wie Anm. 6), 24–27; vgl. Matthias Freudenberg, Das dreifache Amt Christi – eine „längst ausgepfiffene Satzung der Schultheologen“ (H.Ph.K. Henke)? Zum munus triplex in der reformierten Theologie und seiner Bedeutung für das ökumenische Gespräch, in: Reformierte Spuren. Vorträge der vierten Emder Tagung zur Geschichte des reformierten Protestantismus, hg. v. J. Marius J. Lange van Ravenswaay / Herman J. Selderhuis (Emder Beiträge zum reformierten Protestantismus 8), Wuppertal 2004, 71–96.

ner zur Rechten Gottes regiert (königliches Amt). Die Pointe dieser Lehre liegt in ihrer ekklesiologischen Dimension, der Teilhabe der Christen an diesen Ämtern Christi. So habe Christus „diese Salbung [zum Propheten] nicht für sich allein" empfangen, „sondern für seinen ganzen Leib, damit in der immerwährenden Verkündigung des Evangeliums die Kraft des Geistes sich entsprechend auswirke".[25] In Analogie zur geistgewirkten Mitteilung der drei Ämter an Christus erklärte Calvin die Christen zu Teilhabern an Christi Ämtern.[26] Das Ziel von Calvins Argumentation liegt in der Mitteilung der Ämter Christi an und des Nutzens für die Gemeinde. Diese sieht in Christi Ämtern die Begründung für ihr eigenes Handeln. Die Gemeinde als Leib Christi hat Gemeinschaft mit Christus, Anteil an ihm und versteht ihr Dasein als Dienst. Vom Gedanken der Teilhabe der ganzen Gemeinde an den Ämtern Christi abgeleitet ist die Entfaltung des vierfachen Amtes im Sinne von institutionalisierten Funktionen.

## *4. Die Kirche und ihre Ordnung*

Calvin war der Überzeugung, dass sich christliche Freiheit und kirchliches Gestalten in einer verpflichtenden Ordnung vollziehen sollen.[27] Das geschieht unter der Voraussetzung, dass nicht die Kirche selbst das Reich Gottes und darum auch keine Kirchenordnung ewig ist. Calvin und die von ihm inspirierten Kirchenordnungen brachten zum Ausdruck: In den hier umschriebenen Ordnungen und Lebensvollzügen wollen wir dem Evangelium von Jesus Christus entsprechen. Insofern haben Kirchenordnungen Zeugnischarakter, indem sie Zeugnis vom Herrn der Kirche im konkreten kirchlichen Leben ablegen und zugleich der Auferbauung der Gemeinde *(ad ecclesiae aedificationem)* dienen.[28] Calvin trat dafür ein, dass die Kirche auch äußerlich immer als das erkannt werden muss, was sie ist: als Volk Gottes, als Gemeinde Jesu Christi, als Stadt auf dem Berg, als wanderndes Gottesvolk. Dass Christus in seiner Kirche *allein* herrschen sowie ihre Botschaft, Gestalt und Ordnung bestimmen muss, ist sein Hauptanliegen. Die Ordnung darf von keinen fremden Satzungen oder Gesichtspunkten, auch nicht durch Beliebigkeit, beeinflusst sein.

25 Inst. (1559) II,15,2.

26 Genfer Katechismus, Fragen 40–45, in: Calvin-Studienausgabe, Bd. 2 (wie Anm. 3), 26–29.

27 Vgl. Calvins Genfer Kirchenordnung (1541/61), in: Calvin-Studienausgabe, Bd. 2 (wie Anm. 3), 227–279.

28 Inst. (1559) IV,10,32.

Das zeigt sich besonders an Calvins Bestimmung der kirchlichen Ämter, bei der er einen anderen Weg ging als Luther, der in seiner Schrift *An den christlichen Adel deutscher Nation* (1520) zwar programmatisch den Gedanken des allgemeinen Priestertums der Glaubenden entwickelte, faktisch jedoch das Pfarramt und die Obrigkeit zu den Trägern und Konstanten der Kirchenverfassung machte.[29] Calvin hingegen entwickelte eine in Eph 4,11 begründete Ämterstruktur. Die Ämter verstand er als gegliederte Dienste und Werkzeuge Christi, der allein in der Kirche regiert.[30] Eine Generation weiter als Luther kämpfte er nicht mehr so sehr gegen die Hierarchie der Papstkirche, sondern wollte das bisher Erreichte konsolidieren und zugleich gegen die Übergriffe der Obrigkeit sichern – darin übrigens unterschied er sich vom staatskirchlichen Zürcher Modell. In der *Genfer Kirchenordnung* (1541/61) sollte die Kirche zeichenhaft etwas von der Herrschaft des Auferstandenen sichtbar machen. Schon die bloße Existenz der Kirche ist ein Vorzeichen von Christi eschatologischem Sieg, und das sollen die unterschiedlichen Dienste innerhalb der Kirche abbilden. Es geht um den sichtbaren Zusammenhalt der Gemeinde, der es erforderlich macht, dass es Dienste nur im Plural gibt. Seit Calvins Kirchenordnung wurden regelmäßig unterschieden die Dienste der *Pastoren* (Evangeliumspredigt und Sakramentsverwaltung; Gemeindeleitung und Kirchenzucht zusammen mit den Ältesten im Konsistorium), der *Doktoren* (Schriftauslegung, Lehre und Unterricht), der *Ältesten* (Gemeindeleitung und Kirchenzucht mit den Pastoren im Konsistorium) und der *Diakone* (Fürsorge für die Armen und Verwaltung des Armenguts).[31] Die kollegiale Leitung der Gemeinde – Calvin sprach in einer schönen Metapher vom Zusammenklingen der verschiedenen Dienste *(sicut varii toni in musica suavem melodiam conficiunt)*[32] – bedeutet nicht Herrschaft über, sondern Dienst an der Gemeinde, von der die Berufung in diese Dienste ausgeht.

Ein Instrument, um den Zusammenhalt der Gemeinde zu gewährleisten, ist die Kirchenzucht.[33] Inzwischen sind die Akten des für die Kirchenzucht

29 WA 6,404–469.
30 Inst. (1559) IV,3,1.
31 Genfer Kirchenordnung, in: Calvin-Studienausgabe, Bd. 2 (wie Anm. 3), 238–259; vgl. Inst. (1559) IV,4,1.
32 Kommentar zu Eph 4,11–14, CO 51,196; vgl. Johannes Calvin, Auslegung der kleinen Paulinischen Briefe, übers. v. Otto Weber (Johannes Calvins Auslegung der Heiligen Schrift, N.R. 17), Neukirchen-Vluyn 1963, 163. Dazu: Georg Plasger, Die Dienste in der Gemeinde. Impulse aus der Ämterlehre Calvins für die gegenwärtige Diskussion um Amt und Ordination, in: EvTh 69 (2009), 133–141.
33 Genfer Kirchenordnung, in: Calvin-Studienausgabe, Bd. 2 (wie Anm. 3), 264–279; vgl. Inst. (1559) IV,12.

zuständigen Konsistoriums zum Teil veröffentlicht[34]; ihnen lässt sich entnehmen, dass das Konsistorium die Aufgabe hatte, das Verhalten der Kirchenmitglieder zu beobachten und zu gewährleisten, dass jeder nicht nur der christlichen Lehre zustimmte, sondern auch ein christliches Leben führte. Das Recht des kollegial aus Ältesten und Pfarrern zusammengesetzten Konsistoriums bestand darin, Ermahnungen auszusprechen, auch den – allerdings selten praktizierten – Ausschluss vom Abendmahl zu veranlassen und schwierige Fälle an den Kleinen Stadtrat weiterzuleiten. Der häufigste Fall waren die Ermahnungen. Die Protokolle zeigen Calvin als einen Pfarrer, der sich darum bemühte, die Beziehungen der Gemeindeglieder zu ihren Verwandten und Nachbarn, aber auch zur gesamten Gemeinde zu klären und zu bessern. Das Konsistorium sollte letztlich zur Versöhnung und zum Frieden beitragen. Calvin sprach von einer Zurechtweisung *(correction)*, um die Gemeinschaft zu erhalten. Der Hintergrund der Kirchenzucht ist das Anliegen, die Menschen zu einem besseren und verantwortlichen Leben anzuhalten und die Einheit der Gemeinde sicherzustellen. Insofern ist Kirchenzucht nach Calvins Konzept kein Machtmittel, sondern praktische Seelsorge, die zur Besserung anleitet. Es geht in ihr um den Ernst der Nachfolge. Calvins Grundgedanke der Kirchenzucht und die moderne Seelsorgelehre begegnen sich übrigens darin, dass sie entsozialisierte Menschen in die Gemeinschaft mit anderen führen wollen, damit diese wieder lebens- und handlungsfähig werden.

Ordnungen haben auch ihre Grenzen – das wusste der gelernte Jurist Calvin. Und die kirchliche Identität hängt letztlich nicht von einer bestimmten Ordnung ab. Prinzipiell ist die Kirche frei, ihr Leben in der Weise zu gestalten, die am besten ihrem Auftrag dient. Das bedeutet aber nicht, dass die Möglichkeiten unbegrenzt sind.

## *5. Calvins Initiativen für Gottesdienst, Bildung und Diakonat*

Der Grundakt kirchlichen Lebens ist der Gottesdienst. Zu Beginn seiner Genfer Zeit beklagte Calvin in den *Artikeln zur Ordnung der Kirche* von 1537: „Die Gebete der Gläubigen sind bei unserer Art zu beten ja derart kalt, dass uns dies tief beschämen muss. Die Psalmen können uns dazu ermu-

34 Thomas A. Lambert / Isabella M. Watt (Hg.), Registres du Consistoire de Genève au temps de Calvin, Vol. 1–3 (1542–1548), Genève 1996–2004; vgl. Robert M. Kingdon, A New View of Calvin in the Light of the Registers of the Geneva Consistory, in: Wilhelm H. Neuser / Brian G. Armstrong (Hg.), Calvinus sincerioris religionis vindex, Kirksville 1997, 21–33. Calvin thematisiert die Kirchenzucht in Inst. (1559) IV,12.

tigen, unsere Herzen zu Gott zu erheben. Sie können in uns das Verlangen entfachen, seinen herrlichen Namen anzurufen und durch unser Lob zu erheben."[35] Was hier programmatisch anklingt, begründet eine neue Gottesdienstgestalt, für die die Predigt und die Psalmen kennzeichnend sind. In der Bereimung und Vertonung der Psalmen entdeckte Calvin eine besonders geeignete Weise, um verbindlich von Gott und zu Gott zu reden. Am Ende dieses liturgisch innovativen Weges stand 1562 der Genfer Psalter. In der *Gottesdienstordnung* von 1542 stellte Calvin fest: „Wenn wir sie [sc. die Psalmen] singen, so sind wir sicher, dass Gott uns die Worte in den Mund legt, als ob er selbst in uns sänge, um seine Ehre zu erhöhen."[36]

Zu den weiteren Lebensäußerungen der Kirche gehören christliche Bildung und Katechetik. Die Lehre des Evangeliums zu vermitteln, zählte Calvin zu den zentralen kirchlichen Aufgaben, für die neben den Pastoren vor allem die Doktoren zuständig waren. Nach seiner Überzeugung kann sich nur da wahre Gottes- und Selbsterkenntnis durchsetzen, wo der dreieinige Gott verkündigt und seine Lehre im Unterricht weitergegeben wird. Diesem Ziel dienen u.a. die Katechismen, indem sie Kriterien für die christliche Lehre zur Verfügung stellen. Grundsätzlich ging Calvin davon aus, dass Unterricht und Lehre Erkenntnis, Ermahnung und Fortschreiten bedeuten, um die Kirche zu bauen und Menschen im Glauben zu stärken.[37]

Weiter trug Calvin Sorge dafür, dass ein gemeindliches Diakonat eingerichtet wurde, um den Armen, Flüchtlingen und sonstigen Bedürftigen Hilfe zukommen zu lassen. Im Dienst der Diakone fand dieser Impuls seinen institutionellen Ausdruck, wobei die Praxis dankbarer Liebe eine Angelegenheit der ganzen Gemeinde war. Was Calvin u.a. in seinen *Predigten über das Deuteronomium* (1555/56) anmahnte – die Sensibilität der Reichen für das Geschick der Armen –, wurde zur geistlichen und diakonischen Herausforderung der Gemeinde: Sie soll die Armen nicht als Arme an sich, sondern als ihre Armen erkennen: „Es ist wirklich nicht ohne Grund, dass unser Herr sagt: ‚Dein Armer, dein Bedürftiger, der im Lande weilt.' [...] Es sind unsere Armen, das heißt: die, die solchermaßen Mangel leiden – unser Herr ist's, der sie uns darbietet."[38] Es muss verhindert werden, dass der Arme ver-

35 Artikel zur Ordnung der Kirche (1537), in: Calvin-Studienausgabe, Bd. 1.1: Reformatorische Anfänge 1533–1541, hg. v. Eberhard Busch u.a., Neukirchen-Vluyn 1994, 124f.

36 Genfer Gottesdienstordnung (1542), in: Calvin-Studienausgabe, Bd. 2 (wie Anm. 3), 158f.

37 Vgl. dazu ausführlich Matthias Freudenberg, Art. Katechismen, in: Calvin Handbuch (wie Anm. 8), 204–212.

38 Predigt über Dtn 15,11–15, in: Calvin-Studienausgabe, Bd. 7: Predigten über das Deuteronomium und den 1. Timotheusbrief 1554–1556, hg. v. Eberhard Busch u.a., Neukirchen-Vluyn 2009, 72f.

schwiegen und dem Reichen gleichsam entzogen wird. Jeder in der Gemeinde und besonders diejenigen, die Bedienstete haben, sollen sich fragen: „Was wollte ich, vernünftigerweise, wenn ich an ihrer Stelle stünde? Doch nichts anderes, als mein Gewissen mir zeigt. Denn wenn es auch keinen Richter gibt, mich zu verurteilen, und keinen Rechtsapparat, mich anzuklagen, sollte da nicht mein Gewissen genügen, mich zu überführen? So sehen wir, wie dieses Gesetz, so speziell es auch für Israels Lebensordnung gedacht war, doch heute noch für uns eine Lehre enthält, die uns nützlich ist: Wir sollen mit denen, die bei uns in Diensten stehen, so umgehen, dass sie nicht übers Maß hinaus gepresst werden und wir sie nicht grausam behandeln. Kurz, wir sollen menschlich sein und jedem nach seinem Bedürfnis wohltun und zeigen, dass wir sein Wohl im Auge haben."[39] In Straßburg und Genf liegen die Wurzeln für eine diakonische Kirche, in der Einrichtungen zur Linderung der Not entstanden.

## 6. *Calvins Seelsorgepraxis*

Calvin lag die Sorge um Menschen in seelischer Not besonders am Herzen. In Briefen und Predigten zeigt sich sein Grundgedanke, das Leben der anderen im Horizont der beständigen Sorge Gottes um sie wahrzunehmen. Immer wieder versetzte er sich sensibel in die oft abgründige Situation von Menschen hinein.[40] Eine bewegende Lektüre sind seine Briefe an Gemeinden, die dem hugenottischen Martyrium entgegengingen wie die Gemeinden des Languedoc. Sie tröstete er mit dem Satz: „Auch wenn alles zerstört und verloren ist, hat Gott noch unbegreifliche Wege, seine Kirche wieder aufzurichten, gleichsam durch eine Auferweckung von den Toten."[41] Calvin hat tragfähige Einsichten in die Seelsorge und ihre Praxis entwickelt. Er bemühte sich darum, die reformatorische Theologie von der göttlichen Barmherzigkeit für die Seelsorge an Kranken, Sterbenden, Gefangenen und Angefochtenen fruchtbar zu machen. Das muss man auf dem Hintergrund seines Menschenbildes sehen: Nach Calvin ist der Mensch ein über sich und seinen Ort in der Geschichte reflektierendes Wesen. Er existiert als Gleich-

39 Predigt über Dtn 15,11–15 (wie Anm. 38), 77.

40 Vgl. dazu auch Hans Scholl, Johannes Calvin, in: Geschichte der Seelsorge in Einzelporträts, Bd. 2: Von Martin Luther bis Matthias Claudius, hg. v. Christian Möller, Göttingen/Zürich 1995, 102–126.

41 Brief an die Gemeinden des Languedoc vom September 1562, in: Johannes Calvins Lebenswerk in seinen Briefen. Eine Auswahl von Briefen Calvins in deutscher Übersetzung von Rudolf Schwarz, Bd. 3, Neukirchen 1962, 1197.

nis seines Schöpfers und ist sogar der „Spiegel der Herrlichkeit Gottes".[42] Calvins Seelsorge ist geprägt von der Wahrnehmung des Menschen als Geschöpf, das mit vielfältigen Gaben zur Ehre Gottes geschaffen ist, und von der Wahrnehmung des Menschen, der als gebrochene Gestalt vor Gott mit leeren Händen dasteht und auf sein Erbarmen angewiesen ist.

Calvin unterstrich deutlich, dass die Seelsorge eine herausragende Tätigkeit der Pfarrer ist. Zu ihrer Gestaltung gab er Empfehlungen, so etwa für den Krankenbesuch: „Wir haben verfügt, dass niemand drei ganze Tage lang krank im Bett liegen darf, ohne dies einen Pfarrer wissen zu lassen."[43] Zum Gefangenenbesuch erklärte er: „Wir haben [...] verfügt, dass an einem bestimmten Tag in der Woche Zusammenkünfte mit den Gefangenen stattfinden sollen, damit sie Zuspruch und Ermahnung erhalten."[44] Ungeachtet der besonderen Verpflichtung der Pfarrer hielt Calvin die Seelsorge ebenso wie die Diakonie aber auch für eine Angelegenheit der ganzen Gemeinde. Ein wichtiger Grundpfeiler von Calvins Seelsorge liegt in der Überzeugung, dass die Sorge um den Menschen und die wahre Gottesverehrung zusammengehören. Die Ehre Gottes kann nicht gesucht werden ohne die Sorge um den Menschen. Und die Seelsorge kann nicht richtig wahrgenommen werden, wenn und wo Gott nicht anerkannt wird: „Wo Gott erkannt wird, wird auch Menschlichkeit gepflegt" *(ubi ergo cognoscitur Deus, etiam colitur humanitas)*.[45] Wenige Beispiele mögen seine Seelsorgepraxis illustrieren.

Calvin erkannte schon früh, dass das Sterben der Ernstfall des Lebens ist. Später sprach er von der Lebensaufgabe, sich auf das künftige Leben vorzubereiten, und rief zum Nachdenken über die Zukunft des eigenen Lebens auf.[46] Ein eindrucksvolles Dokument für Calvins Einfühlungsvermögen in einen sterbenden Menschen und dessen Angehörige ist ein Brief, den er einer Frau aus dem französischen Hochadel schrieb, die um ihre in Genf verstorbene Freundin trauerte. Diese Frau hat Calvin in ihrem Sterben begleitet und berichtete nun brieflich davon: „Gegen fünf Uhr morgens ging ich zu ihr. Nachdem sie sehr geduldig zugehört hatte, was ich ihr dem Ernste der Stunde entsprechend sagte, sprach sie: ‚Die Stunde nähert sich; ich muss

42 Inst. (1559) I,15,4; vgl. Kommentar zu Ps 8,2, in: Calvin-Studienausgabe, Bd. 6 (wie Anm. 1), 54f.

43 Genfer Kirchenordnung, in: Calvin-Studienausgabe, Bd. 2 (wie Anm. 3), 264f.

44 Ebd.

45 Kommentar zu Jer 22,16, CO 38,388; vgl. Johannes Calvins Auslegung des Propheten Jeremia, übers. v. Ernst Kochs (Johannes Calvins Auslegung der Heiligen Schrift, N.R. 8), Neukirchen 1938, 332.

46 Vgl. Anm. 11.

die Welt verlassen; [...] ich bin sicher, dass mein Gott mich in sein Reich heimholen wird. [...] Ich vertraue mich ihm an, ihm als meinem Vater.' Manchmal sagte sie auch: ‚Ich kann nicht mehr.' Worauf ich ihr antwortete: ‚Gott wird für Sie können. Er hat es Ihnen ja bis hierher gut gezeigt, wie er den Seinen hilft.'"[47] Mit anderen seelsorglich zu reden heißt demnach, Gott ins Gespräch einzubeziehen und ihm die letzte Sorge um den Menschen in Not oder an der Grenze des Lebens zu übertragen. Dieser Einblick in Calvins Seelsorgepraxis hat auch eine persönliche Seite: Einen Monat vor dem Brief, am 29. März 1549, starb nach langer Krankheit seine Frau Idelette de Bure.

Nachdem einer seiner Studenten an der Pest verstorben war, schrieb Calvin dessen Vater einen Trostbrief und empfahl ihm, seine Trauer nicht zu unterdrücken: „Solche Lebensklugheit lernen wir in Christi Schule nicht, dass wir die uns von Gott gegebenen menschlichen Gefühle ablegen und aus Menschen Steine werden."[48] Calvin bekannte, dass er selber über dessen Tod bedrückt war und mehrere Tage geweint habe – es war, „wie wenn ich selbst halbtot wäre".[49] Und als er einen neuen Ausbruch der Pest befürchtete, fragte er: „Was bleibt uns übrig, als unsere Zuflucht zu nehmen zum Beten und Weinen?"[50] So reagiert ein Seelsorger, der sich im Angesicht des Todes seine eigene Hilflosigkeit eingesteht und zugleich an den Trost im Gebet erinnert. Calvin hat sich und anderen verdeutlicht: Wer nur mit sich selber beschäftigt ist, kann nicht um einen anderen Menschen trauern und kann auch keinen anderen Menschen trösten. Zur Kraft der Seelsorge gehört die Empathie, auch das Weinen mit den Weinenden. Er selbst nahm sich davon nicht aus – wusste er doch, dass er selber auf Stärkung und Trost angewiesen war, wenn er seinen evangelischen Landsleuten in Frankreich schrieb: „Zugleich empfehle ich mich herzlich Eurer Fürbitte."[51] Damit stellte Calvin die Seelsorge am Einzelnen in den Rahmen der ganzen Gemeinde und verpflichtete diese, für ihre Pfarrer und für die weltweite Christenheit zu beten und so geistliche Verantwortung zu übernehmen.

47 Brief an Madame de Cany vom 29.4.1549, in: Scholl (wie Anm. 40), 112f. (= Calvin-Lesebuch, hg. v. Matthias Freudenberg / Georg Plasger, Neukirchen-Vluyn 2008, 175).

48 Brief an Monsieur de Richebourg vom April 1541, in: Johannes Calvins Lebenswerk in seinen Briefen, Bd. 1, hg. v. Rudolf Schwarz, Neukirchen 1961, 190 (= Calvin-Lesebuch [wie Anm. 47], 174).

49 Calvins Lebenswerk, Bd. 1 (wie Anm. 48), 185.

50 Brief an Martin Bucer vom 15.10.1541, in: Calvins Lebenswerk, Bd. 1 (wie Anm. 48), 208.

51 Brief an die Evangelischen in Frankreich vom 24.7.1547, in: Calvins Lebenswerk, Bd. 1 (wie Anm. 48), 397.

Neben den Briefen bieten Calvins Predigten einen Einblick in sein seelsorgliches Gespür. In ihnen zeigt sich seine Leidenschaft für eine wirkliche Gemeinschaft in der Kirche und unter den Christenmenschen: „Gott hat uns alle nach seinem Bild geschaffen, so dass ein jeder an seinem Nächsten mit Staunen merken muss: Wir sind ein Fleisch. Wie verschieden auch Gesichter und Geister sein mögen, diese von Gott bei uns gestiftete Einheit können wir nicht [...] aufheben. Bliebe uns dies ins Gedächtnis geprägt, ein jeder lebte friedlich mit seinem Nächsten."[52] Dass der andere Mensch kein Fremder ist, sondern ein Teil meiner selbst, dass das Du zum Ich gehört, wie es später Martin Buber treffend beschrieben hat[53] – das Bewusstsein dafür fördert nicht nur die soziale Integrität der Gemeinde, sondern auch die seelische Balance im Einzelnen und im Zusammenleben bzw. im Zusammenwachsen der Gemeinde. Paradiesische Zustände konnte Calvin damit nicht schaffen. Das Imperfekte, das Unfertige kennzeichnet weiter das Leben diesseits von Eden. Das erkannte Calvin nüchtern an – auch im Blick auf sein eigenes Wirken. Darum wissend, sollen wir keine Scheu haben, Gott „auch angefangene oder halbfertige Werke, an denen noch manches auszusetzen ist, anzubieten".[54] Das christliche Leben schließt das Fragmentarische ein – auch deshalb, weil am Ende Gott den Menschen vollendet und ganz macht.

## *7. Ortsgemeinde, Ökumene und die Einheit der Kirche*

So sehr sich Calvin seiner Genfer Gemeinde verpflichtet sah, so sehr richtete er seine Aufmerksamkeit auf die Kirchen in ganz Europa. Von Genf aus wuchs ein Verständnis der Kirche, das den Gaben ihrer einzelnen Glieder viel zutraut und das kollegiale Zusammenwirken der Dienste in der Gemeinde hochschätzt. Dabei bezeichnete Calvin keineswegs nur die universale Kirche, die die Christen aller Zeiten und Orte miteinander verbindet, als Kirche. Vielmehr sind die partikularen Gemeinden selber Kirche im eigentlichen Sinn. So wenig Calvin im römisch-katholischen Sinn von einer Weltkirche träumte, so sehr war er an der ökumenischen Einheit der einzelnen Kirchen interessiert. Christus selber würde man in Stücke reißen, wenn man die eine Kirche in ihrer vorausgesetzten Einheit in mehrere Kirchen trennen würde.[55] So ist es kein Wunder, dass Calvin besonders gereizt

52 Predigt über die Seligpreisungen vom 20.10.1560, in: Erwin Mülhaupt, Johannes Calvin. Diener am Wort Gottes. Eine Auswahl seiner Predigten, Göttingen 1934, 178.

53 Martin Buber, Ich und Du (1923), Gütersloh [14]2005.

54 Inst. (1559) III,19,5.

55 Inst. (1559) IV,1,2f.

auf Divergenzen oder Abspaltungsprozesse in der eigenen Genfer Gemeinde oder in anderen Kirchen reagierte, galt es doch, dass sich die biblisch bezeugten Bindekräfte der Kirche auch empirisch durchsetzten.

Nicht nur biographisch, sondern auch theologisch verarbeitete er die Erfahrung, dass die Kirche in der Welt fragil und Feinden ausgeliefert ist. Aber so wenig das in Jesus Christus beschlossene Heil aus der Welt zu schaffen ist, so wenig kann die Kirche zunichte gemacht werden: „Die unter dem Kreuz kämpfende Kirche wird dennoch siegen, teils in Hoffnung, teils mit gegenwärtigem Erfolg."[56] So existiert die Kirche unter einem doppelten Vorzeichen: als gefährdete, fehlbare und vorläufige Gemeinschaft, die in der Wiederkunft Christi ihre Grenze hat, und als Gemeinschaft derer, die sich in der Hoffnung auf Gottes Bewahrung nicht irremachen lassen.

## *8. Wirkungen auf das reformierte Kirchenverständnis*

Durch sein Studium juristisch geschult, hob Calvin das Recht Gottes auf seine Geschöpfe hervor[57] und entwickelte die Kirchenordnung unter dem Gesichtspunkt des Gebrauchs des Gesetzes in den Wiedergeborenen *(usus in renatis)*.[58] Eine dem Evangelium gemäße Kirchenordnung bekam ausgehend von Calvin in den reformierten Kirchen einen hohen Stellenwert.[59] Mit dem Instrumentarium der Kirchenordnung erhielten auch aus einer historischen Notwendigkeit heraus u.a. die Kirchen in Frankreich und in den Niederlanden ihre Struktur. Schließlich existierten sie als Kirchen unter dem Kreuz und konnten auf keine staatliche Unterstützung bei der Ordnung des kirchlichen Lebens zählen – das Gegenteil war der Fall.

Calvins Konzept einer Kirchenverfassung, die die konsistorial-kollegiale Leitung der Kirche vorsah, bestimmte durch den Einfluss seines Nachfolgers Theodor Beza zunächst die französische Kirche.[60] Dies lässt sich an der *Kirchenordnung (Discipline ecclésiastique)* der französischen Protestanten von 1559 ablesen, die eine konsistoriale bzw. presbyteriale Leitung der Kirche in Verbindung mit dem synodalen Moment – der Einrichtung von Pro-

56 Kommentar zu Sach 2,5, CO 44,155.
57 Vgl. Strohm (wie Anm. 23), 394f.
58 Inst. (1559) II,7,12–17.
59 Vgl. die konstruktiven Aussagen in Inst. (1559) IV,1–13.20.
60 Vgl. Strohm (wie Anm. 23), 397; Robert M. Kingdon, Geneva and the Consolidation of the French Protestant Movement 1564–1572. A Contribution to the History of Congregationalism, Presbyterianism and Calvinist Resistance Theory (THR 92), Genève 1967.

vinzial- und Generalsynoden – einrichtete.[61] Wie in der Genfer Kirchenordnung wurden die Ämter der Pastoren, Doktoren, Ältesten und Diakone zu den regelmäßigen Diensten in den Gemeinden erklärt. Dabei geriet Calvins theologisches Denkmodell des prophetischen, priesterlichen und königlichen Dienstes der Gemeinde zugunsten der funktionalen Ämterlehre in den Hintergrund. Statt auf die prophetisch, priesterlich und königlich begabte ganze Gemeinde fokussierte sich das kirchliche Leben auf die vier bzw. drei institutionalisierten Ämter. Hinter dieser Entwicklung stand offenbar die historische Notwendigkeit, klaren Leitungsstrukturen und Ordnungsgedanken den Vorrang vor der Aktivierung der ganzen Gemeinde zu geben.

Gemeinsam mit der Kirchenordnung wurde die auf einem Entwurf Calvins beruhende *Confessio Gallicana* auf der Pariser Synode 1559 beschlossen – ein Bekenntnis, das weit über Frankreich hinaus gewirkt hat und auch in den hugenottischen Flüchtlingsgemeinden in Deutschland in Geltung stand. Laut Hugenottenbekenntnis beruht die Ordnung der Kirche nicht auf menschlicher, sondern allein auf der Autorität Jesu Christi, die nach biblischem Zeugnis die Einrichtung der Dienste der Pastoren, Ältesten und Diakone nach sich zieht. Wie in anderen calvinischen Texten findet sich auch hier eine funktionale Bestimmung der Kirche. Die drei Ämter sollen sicherstellen, dass „die reine Lehre ihren Lauf nimmt, die Laster gebessert und unterdrückt werden und damit die Armen und alle anderen Angefochtenen in ihren Nöten unterstützt und die Versammlungen gehalten werden".[62] Neben dem Fortschrittsgedanken, „alle Zeit ihres Lebens [...] immer weiter voranzuschreiten"[63], begründete die Regelung, dass „niemand sich aus eigener Autorität eindrängen darf zur Gemeindeleitung"[64] und dass alle Pastoren „dieselbe Autorität und die gleiche Macht haben unter einem einzigen Haupt [...] Jesus Christus"[65] – ein Grundzug auch späterer reformierter Kirchenordnungen.

61 Discipline ecclésiastique von 1559, in: Reformierte Bekenntnisschriften, Bd. 2/1: 1559–1563, hg. im Auftrag der Evangelischen Kirche in Deutschland von Andreas Mühling / Peter Opitz, Neukirchen-Vluyn 2009, (57–73)74–83; Text in dt. Übers. in: Evangelische Bekenntnisse. Bekenntnisschriften der Reformation und neuere Theologische Erklärungen, hg. v. Rudolf Mau, Bd. 2, Bielefeld 1997, 201–205.

62 Confessio Gallicana, Art. 29, in: Reformierte Bekenntnisschriften (wie Anm. 5), 119; vgl. Calvins Entwurf „Bekenntnis der in Frankreich zerstreuten Kirchen (Confessio Gallicana)", Art. 25, in: Calvin-Studienausgabe, Bd. 4: Reformatorische Klärungen, hg. v. Eberhard Busch u.a., Neukirchen-Vluyn 2002, 64f.

63 Art. 27, in: Reformierte Bekenntnisschriften (wie Anm. 5), 118f.

64 Art. 31, in: Reformierte Bekenntnisschriften (wie Anm. 5), 120.

65 Art. 30, in: Reformierte Bekenntnisschriften (wie Anm. 5), 119f.

In den Niederlanden und in Schottland hat sich ebenfalls das Genfer Kirchenmodell nicht zuletzt aufgrund der Ausbildung der führenden Köpfe Philipp van Marnix van St. Aldegonde und John Knox in der Genfer Akademie durchgesetzt. Mit einer Kirchenordnung *The First Book of Discipline* von 1560 war die *Confessio Scotica* verbunden und knüpfte an die calvinische Formung des Kirchenbegriffs durch den Erwählungsgedanken an: „[Die Kirche] ist die eine Versammlung und Menge der von Gott erwählten Menschen, die [...] Gott verehren und ihm anhängen durch den wahren Glauben an Jesus Christus“, wobei Gott „allein weiß, welche er erwählt hat“.[66] Den Erwählten schenkt Gott die Gabe des Beharrens *(donum perseverantiae)*, um auch in kritischen Situationen für die Kirche durchzuhalten.[67] Ein weiteres Merkmal, das Calvins Intention aufnahm, ist die pneumatologische Bestimmung der Kirche: „Durch die Heiligung des Heiligen Geistes“ kommt es überhaupt erst zur Gemeinschaft mit dem dreieinigen Gott.[68] Wie in der Kirchenordnung wurde auch im Bekenntnis als dritte *nota ecclesiae* die Kirchenzucht angeführt, „durch die Verfehlungen unterdrückt und Tugenden gefördert werden sollen“.[69]

In der Kurpfalz geschah die Wende hin zur reformierten Konfessionalisierung u.a. unter dem Einfluss des von Calvin ausgebildeten Caspar Olevian in der *Kirchenordnung der Kurpfalz* von 1563. Olevian war maßgeblich dafür verantwortlich, dass Calvins Modell der Kirchenzucht als kirchliche, von den Pastoren und Ältesten auszuübende Aufgabe eingeführt wurde.[70] Im *Heidelberger Katechismus*, dem zentralen Bestandteil der Kurzpfälzer Kirchenordnung, findet sich ein Rückgriff auf Calvins Lehre von den drei Ämtern Christi, an denen die Christen Anteil bekommen, und zwar „durch den Glauben“ – nicht durch den Heiligen Geist, wie es Calvin betont hatte.[71] Gegenüber den institutionanlisierten Ämtern traten hier wieder die Lebensäußerungen aller Glieder am Leib Christi hervor: im Bekennen, im dankbaren Leben und im Streiten gegen das Böse.[72] Die Frage 54 nahm Spuren der calvinischen Erwählungslehre – nun allerdings in christologischer

66 Confessio Scotica, Art. 16, in: Reformierte Bekenntnisschriften (wie Anm. 5), 138.
67 Art. 25, in: Reformierte Bekenntnisschriften (wie Anm. 5), 149.
68 Art. 16, in: Reformierte Bekenntnisschriften (wie Anm. 5), 138.
69 Art. 18, in: Reformierte Bekenntnisschriften (wie Anm. 5), 140.
70 Darin liegt der Unterschied zu dem von Thomas Erastus favorisierten Zürcher Modell, das die Kirchenzucht als obrigkeitliche Sittenzucht sah; vgl. Strohm (wie Anm. 23), 398.
71 Heidelberger Katechismus, Frage 32, in: Reformierte Bekenntnisschriften (wie Anm. 5), 161; vgl. Genfer Katechismus, Frage 41, in: Calvin-Studienausgabe, Bd. 2 (wie Anm. 3), 26f.
72 Heidelberger Katechismus, Frage 32, in: Reformierte Bekenntnisschriften (wie Anm. 5), 161.

Zuspitzung – auf, indem von Christi Erwählung seiner Gemeinde die Rede ist. Außerdem knüpfte der Heidelberger Katechismus an Calvin mit dem Gedanken der Christusgemeinschaft in der Kirche und der Bewahrung der Glaubenden bis in Ewigkeit an – eine Bewahrung, die sich dem Haupt der Kirche, Jesus Christus, verdankt.[73]

Zwei folgenreiche Kirchenordnungen führten sodann auf deutschem Boden die presbyterial-synodale Ordnung ein: die *Beschlüsse des Weseler Konvents*[74] und die *Artikel der Emder Synode*[75]. Im Verlauf der Auseinandersetzungen zwischen Habsburg und den Niederlanden sowie deren Rekatholisierung flüchteten zwischen 1568 und 1572 viele Niederländer, unter ihnen vor allem Calvinisten, und fanden Aufnahme am Niederrhein, in der Pfalz, in Ostfriesland und in England, wo sie jeweils eigene reformierte Flüchtlingsgemeinden gründeten. Das Ziel des Weseler Konvents von 1568 war es, in Anlehnung an Calvins Vorstellungen den Gemeinden eine einheitliche presbyteriale Ordnung zu geben und sie durch eine überörtliche synodale Struktur miteinander zu verbinden. Die Beschlüsse des Konvents beschrieben das Leben der Einzelgemeinden anhand der vier Ämter der calvinischen Kirchenordnung und der kollegialen Gemeindeleitung durch die Pastoren und Ältesten im Konsistorium. Wichtig waren die Einrichtung einer Classicalsynode (Kurpfalz, Jülich, Ostfriesland, Wesel) und einer Provinzial- bzw. Gesamtsynode (Emden 1571) – Einrichtungen, die Impulse der französischen *Discipline ecclésiastique* aufnahmen und kongregationalistische Tendenzen hin zur vollständigen Gemeindeautonomie abwehrten.

1571 bestätigte in Emden die erste Gesamtsynode der niederländischen Gemeinden unter dem Kreuz und der Flüchtlingsgemeinden die Beschlüsse von Wesel in allen wesentlichen Punkten und formte sie zu einer Kirchenordnung. Diese verzichtete auf das schon in Wesel nicht mehr mit klarem Profil versehene Amt der Doktoren und sah die direkte Pastoren- und Ältestenwahl durch die Einzelgemeinde vor, allerdings nur „mit Zustimmung der Classicalversammlung oder zweier oder dreier benachbarter Pasto-

73 Heidelberger Katechismus, Frage 54, in: Reformierte Bekenntnisschriften (wie Anm. 5), 165f.

74 Die Beschlüsse des Weseler Konvents von 1568, hg. u. ins Deutsche übertragen v. J.F. Gerhard Goeters, Düsseldorf 1968; vgl. Hellmut Zschoch, Die presbyterial-synodale Ordnung – Prinzip und Wandel; in: MEKGR 55 (2006), 199–217.

75 Acta Synodi ecclesiarum Belgicarum habitae Embdae (1571), in: Bekenntnisschriften und Kirchenordnungen der nach Gottes Wort reformierten Kirche, hg. v. Wilhelm Niesel, Zollikon-Zürich 1938, 277–290; dt. Übers.: Die Akten der Emder Synode von 1571, in: Emder Synode. Beiträge zur Geschichte und zum 400jährigen Jubiläum, bearb. u. redigiert v. Elwin Lomberg, Neukirchen-Vluyn 1973, 49–66.

ren".[76] Genannt seien noch zwei weitere wichtige Regeln der Emder Synode: Keine Gemeinde darf sich die Herrschaft über eine andere anmaßen.[77] Und: Die Classical- und Provinzialsynoden sollen nur dann Entscheidungen in Gemeindeangelegenheiten treffen, wenn sich in den Presbyterien keine Einigung erzielen ließ – es handelt sich um den Subsidiaritätsgedanken.[78] Damit schrieb die Emder Synode Grundsatzentscheidungen Calvins fort und stärkte den Zusammenhalt der Gemeinden im presbyterianischen Sinne. Dem faktisch bis heute vielfach in reformierten Kirchen vorhandenen kongregationalistischen Gedanken wurde in dieser Fortschreibung der calvinischen Kirchenordnung ein Korrektiv gegeben zugunsten der Kollegialität und der Stärkung der synodalen Instanzen.

Die in Wesel festgelegte und in Emden beschlossene Kirchenorganisation mit den Ebenen Gemeinde, Classis (eine Neuerung über Calvin hinaus) und Gesamtsynode war nicht nur für die reformierten Kirchen in den Niederlanden von Dauer, sondern prägte auch die deutschen reformierten Gemeinden zunächst in Jülich-Kleve-Berg-Mark. Weitere deutsche Gemeinden schlossen sich der presbyterial-synodalen Kirchenordnung an, schufen Presbyterien als Leitungsorgane und traten u.a. der niederländischen Classis zu Wesel bei. Sukzessive fanden sich die Emder Artikel in allen Ordnungen reformierter Kirchen wieder und sperrten sich gegen hierarchische Kirchenstrukturen. Später bildeten 1610 deutsche reformierte Gemeinden in Duisburg eine eigene Gesamtsynode, behielten aber die kirchlichen Regelungen des Weseler Konvents und der Emder Synode bei. Diese Ordnung erwies sich als so dauerhaft, dass sie zwei Jahrhunderte später nach dem Wiener Kongress in Verhandlungen mit Preußen 1835 als Rheinisch-Westfälische Kirchenordnung offiziell durchgesetzt werden konnte. Nach diesem Vorbild haben sich zahlreiche Landeskirchen im 19. Jahrhundert presbyterial-synodale Ordnungen gegeben, die ihre Blüte nach dem Wegfall des landesherrlichen Kirchenregiments 1918 entfalteten – dies allerdings in lutherischen Landeskirchen in Verbindung mit der episkopalen Führungsstruktur des Bischofsamts. Insofern prägen die Beschlüsse von Wesel und Emden die Evangelische Kirche in Deutschland bis heute und bereichern diese mit einem entscheidenden calvinischen Akzent.

76 Akten der Emder Synode, Art. 13 (wie Anm. 75), 51. In Wesel wurde die Prediger- und Ältestenwahl durch kollegiale Wahlgremien mehrerer Nachbargemeinden erwogen.
77 Akten der Emder Synode, Art. 1 (wie Anm. 75), 49: „Keine Gemeinde soll über andere Gemeinden, kein Pastor über andere Pastoren, kein Ältester über andere Älteste, kein Diakon über andere Diakone den Vorrang oder die Herrschaft beanspruchen, sondern sie sollen lieber auch dem geringsten Verdacht und jeder Gelegenheit aus dem Wege gehen."
78 Akten der Emder Synode (wie Anm. 75), 62f.

Bis in die Formulierungen hinein stehen die Verfassungsgrundsätze der Evangelisch-reformierten Kirche (ERK) auf dem Boden der Emder Beschlüsse: Gegründet allein auf Jesus Christus, den sie bezeugt, versteht sie sich als „Gemeinschaft von Schwestern und Brüdern"; als „bekennende evangelische Gemeindekirche" verneint die Ordnung die Hierarchisierung in Gemeinden und unter Gemeindegliedern, schreibt die Kirchenleitung durch Presbyterien und Synoden fest, regelt die Wahl der Pfarrer und Pfarrerinnen durch die Gemeinde und bekräftigt das Subsidiaritätsprinzip: „Die Gemeinden ordnen ihre Angelegenheiten selbständig. Den Synoden wird vorgelegt, was in der Gemeinde nicht hat entschieden werden können."[79] Einen etwas anderen Akzent setzt die Verfassung der Lippischen Landeskirche. Zwar versteht sie sich ebenfalls als Kirche, die sich von den einzelnen Gemeinden her aufbaut, wobei diese keinen „Vorrang oder Herrschaft" übereinander haben.[80] Von der Leitung der Kirche aber heißt es, dass sie „durch die Kirchenvorstände und die Landessynode" erfolgt.[81] Gemeinsam tragen die Gemeinden und die Landeskirche die Verantwortung für Wortverkündigung, Sakramentsverwaltung sowie die weiteren kirchlichen Lebensäußerungen. Das Subsidiaritätsprinzip wird hier zugunsten einer Kollegialität modifiziert, die nicht nur innerhalb der Leitungsorgane, sondern auch zwischen ihnen gilt.

## *9. Einflüsse auf die Synoden von Barmen 1934*

In der Person des Verfassers des *Bekenntnisses der Freien reformierten Synode* vom 4. Januar 1934, Karl Barth, liegt die entscheidende Brücke zur calvinischen Ekklesiologie. Barth sah sich schon früh Calvin theologisch verpflichtet und folgte seinen ekklesiologischen Grundentscheidungen. Nicht die bisherigen verfassten Kirchenleitungen und die durch die Deutschen Christen beherrschten Synoden sollten beanspruchen, die Kirche Jesu Christi zu leiten. Vielmehr verstand sich die Freie reformierte Synode als Leitungsgremium für die reformierten Gemeinden. Calvinische Linien, vermittelt mit Anklängen an den *Heidelberger Katechismus*, sind in diesen Leitgedanken zu sehen: Unter der „Hoheit des einen Herrn der einen Kirche"[82] hat die „Kirche [...] ihren Ursprung und ihr Dasein ausschließlich aus der

79 Verfassung der Evangelisch-reformierten Kirche vom 9.6.1988 i.d.F. vom 24.11.2006, § 4 (4).

80 Verfassung der Lippischen Landeskirche vom 17.2.1931 i.d.F. vom 27.11.2007, Art. 2 (1).

81 Art. 2 (2).

82 Bekenntnis der Freien reformierten Synode Barmen, Abschnitt I,3, in: Reformierte Bekenntnisschriften (wie Anm. 5), 233.

Offenbarung, aus der Vollmacht, aus dem Trost und aus der Leitung des Wortes Gottes".[83] Weiter nimmt die Kirche in der Welt einen Dienst wahr.[84] Dieses funktionale Verständnis der Kirche spiegelt sich in ihrem Auftrag, „durch Predigt und Sakrament die Botschaft von Gottes nahe herbei gekommenem Reich auszurichten".[85] Programmatischen Charakter hat schließlich die Bestimmung der Kirche als „vom Herrn selbst berufene(r) [...] *Gemeinde*", ihre Einheit, die Absage an die Beliebigkeit der Gestalt der Kirche[86] und die Aussage: „Die Gemeinden tragen einzeln und in ihrer Gesamtheit vor ihm die Verantwortung dafür, dass der Dienst der Verkündigung, der Dienst der Aufsicht und die die Verkündigung begleitenden Dienste der Lehre und der Liebe in ihrer Mitte ihre berufenen Träger finde und von diesen recht ausgeübt werde."[87] In kirchenpolitisch brisanter Situation bewährte sich die calvinische Ekklesiologie auch darin, dass ein kirchliches Führeramt und eine die Einheit der Kirche zerstörende Beschränkung auf eine bestimmte Rasse abgelehnt wurden.[88]

Die *Barmer Theologische Erklärung* vom 31. Mai 1934 unterstrich das Wesen der Kirche als Gemeinde (These 3), maß ihrer Ordnung Zeugnischarakter zu (These 3) und verstand die kirchlichen Ämter nicht hierarchisch, sondern als „Ausübung des der ganzen Gemeinde anvertrauten und befohlenen Dienstes" (These 4).[89] Damit wurde der Versuch gemacht, die klassischen vier bzw. drei Ämter der Gemeinde und die Lehre vom dreifachen Amt Christi einander anzunähern. Bedingt durch die Erfahrungen des Kirchenkampfes und der Bekenntnissynoden wuchs zumindest in wesentlichen Teilen der Evangelischen Kirche in Deutschland nach 1945 das Bewusstsein für die Tragfähigkeit einer solchen presbyterial-synodalen Kirchenleitung, die sich theologisch und nicht dem Zeitgeist verpflichtet sah.

## *10. Ökumenische Rezeption am Beispiel des Belhar-Bekenntnisses 1982/86*

Auf dem Weg über die Barmer Bekenntnisse gelangte Calvins Verständnis der Kirche auch in die Bekenntnisse junger reformierter Kirchen in Asien

83 Abschnitt II,1, in: Reformierte Bekenntnisschriften (wie Anm. 5), 233.
84 Abschnitt III,1.3, in: Reformierte Bekenntnisschriften (wie Anm. 5), 234f.
85 Abschnitt IV,1, in: Reformierte Bekenntnisschriften (wie Anm. 5), 235.
86 Abschnitt V,1f., in: Reformierte Bekenntnisschriften (wie Anm. 5), 237.
87 Abschnitt V,2, in: Reformierte Bekenntnisschriften (wie Anm. 5), 237.
88 Abschnitt V,2f., in: Reformierte Bekenntnisschriften (wie Anm. 5), 237.
89 Barmer Theologische Erklärung vom 31.5.1934, Thesen 3f., in: Reformierte Bekenntnisschriften (wie Anm. 5), 243f.

und Afrika. Dies lässt sich am Beispiel des *Belhar-Bekenntnisses* der Generalsynode der südafrikanischen Nederduits Gereformeerde Sendingskerk (NGSK) von 1986 zeigen. Angesichts der Apartheid nahm die Synode kritisch u.a. gegen die ungerechte Spaltung auch innerhalb der Kirche Stellung und trat für die Einheit der Kirche ein. Diese Einheit wurde im Bekenntnis nicht nur als Gabe Gottes konstatiert, sondern in besonderer Weise als Aufgabe expliziert: Unter dem „Wirken des Geistes Gottes" sei es eine Aufgabe, die Einheit sichtbar zu machen und alles, was diese Einheit bedroht, zu bekämpfen, da „es Sünde ist, wenn die sichtbare Einheit nicht als eine kostbare Gabe angestrebt wird".[90] Mit Nachdruck wurden die Möglichkeiten, „dieser Einheit des Volkes Gottes" sichtbare Gestalt zu geben, benannt.[91] Am Beispiel des Belhar-Bekenntnisses zeigt sich zugleich, dass der calvinische Leitgedanke der Einheit in seiner theologischen Substanz gewahrt, aber auch kontextualisiert werden kann. In einer konkreten Herausforderung entfaltete er seine Kraft noch einmal neu – und zwar im Rahmen einer ethisch engagierten Ekklesiologie. So sind seit Barmen und dann in neueren Bekenntnissen innovative Anknüpfungen an Calvin erkennbar, etwa in der ideologiekritischen Ablehnung des Führergedankens in der Kirche oder in der prophetischen Sendung der ganzen Gemeinde. Könnte es darum nicht sein, dass diejenigen reformierten Kirchen, die als erste von Calvin gelernt haben, entscheidende Impulse von den Kirchen aus der weltweiten Ökumene erhalten, deren Begegnung mit Calvin vergleichsweise jung ist? Nicht zuletzt solche Transformationen reformierter Theologie werfen ein Licht auf die immense Leistungsfähigkeit der calvinischen Ekklesiologie.

90 Belhar-Bekenntnis (1986), Art. 2, in: Reformierte Bekenntnisschriften (wie Anm. 5), 269–271, hier 270.
91 Ebd.

# Calvins lebensbejahende Eschatologie

*von Georg Plasger*

Der Titel wartet bereits mit einer vielleicht provokanten These auf: Calvins Eschatologie sei als lebensbejahend zu charakterisieren. Die These ist deshalb irritierend, weil spätestens seit Ernst Troeltsch (1865–1923) die Lebensfeindlichkeit und die asketische Lebensweise als typisch für Calvin gelten: „Die innerweltliche Askese des Protestantismus ist hier [sc. bei Johannes Calvin] an sich nicht stärker entwickelt als im Luthertum; aber äußert sie sich dort mehr in der Kreuzseligkeit und in der Leidensbereitschaft, in der passiven Ertragung der Welt und der gehorsamen Ergebung in ihre Ordnungen, so äußert sie sich hier, dem aktiven Geist des Ganzen entsprechend, als bewußte Unterordnung alles Weltlichen, alles Natürlichen und Politischen, des Erwerbes und der Kindererzeugung, der Wissenschaft und der Bildung unter die Zwecke der Herstellung und Ausbreitung des Reiches der Heiligen."[1] Nach Troeltsch ist diese weltversagende Form, ja die Welt mit Gewalt zu ihrem eigentlichen Glücke zwingende Lebensform in seiner Prädestinationslehre gegründet, die ihrerseits nur eschatologisch zu verstehen ist.

Troeltsch hat seine wirkungsgeschichtlich mächtigen Äußerungen zu Calvin auf knappem Raum wiedergegeben – in der kritischen Ausgabe sind es 13 Seiten – und das auch nur wenig durch Belege gesichert. Deswegen könnte man geneigt sein, seine Aussagen nicht überzubewerten. Aber sie haben ein breites Echo gefunden.

## *1. Interpretationen zu Calvins Eschatologie*

### *1.1 Martin Schulze, Meditatio futurae vitae*

Zunächst ist auf die 1901 entstandene und 1971 nachgedruckte kleine Studie des in der Ritschl-Schule zu beheimatenden Martin Schulze (1866–1943) zu reflektieren: „Meditatio futurae vitae. Ihr Begriff und ihre herrschende Stellung im System Calvins". Diese Studie kommt zum Ergebnis, dass bei

1 Ernst Troeltsch, Protestantisches Christentum und Kirche in der Neuzeit (1906/1909/1922), hg. v. Volker Drehsen, Berlin / New York 2004, 203f.

Calvin in einer ihm selbst vielleicht nicht einmal klaren Weise platonische Einflüsse so stark geworden sind, dass er die Gegenwart nicht recht würdigen werden kann. Und das unterscheide ihn vehement von Martin Luther. „Das Heilsgut ist bei ihm [sc. Calvin] wesentlich Gegenstand der Erwartung, und die Stellung zur Welt erhält im Zusammenhange damit eine Wendung ins Asketische."[2] Und weiter: „Verachtung, gründliche Verachtung des gegenwärtigen und Verlangen, ernstliches heisses Verlangen und Streben nach dem zukünftigen Leben, das ist die Doppellosung für das christliche Leben."[3] Schulze sieht in der das gesamte Werk Calvins durchziehenden futurischen Eschatologie den Grund, dass er sich eigentlich gar nicht auf das Leben hier auf Erden einlassen kann; das Leben hier auf Erden könne Calvin nur als „Durchgangspunkt"[4] sehen und sich deshalb nicht einlassen auf die Dinge diese Welt. Und das entlarvt Schulze als durch Erasmus vermittelten Platonismus.

Ohne in eine ausführlichere Diskussion mit Schulze eintreten zu wollen, ist er doch mindestens an einer Stelle deutlich im Blick auf seine eigene Motivation. Schulze gehört – ich habe eben darauf hingewiesen – im weiteren Sinne zur Ritschl-Schule. Und damit hinein in ein optimistisches Menschenbild im ausgehenden 19. und beginnenden 20. Jahrhundert. Reich Gottes, ein zentraler Begriff für die Ritschl-Schule, ist im Diesseits zu verorten – das Jenseits ist Spekulation, hat aber nicht Priorität: „Wie weit liegt doch der Sinn, in welchem Calvin von einem regnum Christi spirituale redet, ab von demjenigen, was man sich heutzutage unter der ‚geistigen Herrschaft Christi' vorzustellen pflegt!"[5]

Wer so futurisch argumentiert, der kann nach Schulze diese Welt nicht ernst nehmen. Zwar redet, so auch Schulze, Calvin zuweilen von dem Wirken Gottes hier auf Erden – aber doch nur, um dieses als Vorbereitung und Stärkung hin auf die Ewigkeit zu sehen.

Als Kind seiner Zeit liest Schulze Calvin, so wie wir alle als Kinder unserer Zeit nie kontextlos lesen. Auch deshalb übersetzt er Calvins *„regnum Christi spirituale"* auch mit „geistiges Reich Christi", *spirituale* also mit „geistig" – nicht mit „geistlich". Der Heilige Geist als Subjekt ist hier nicht im Blick – vielleicht eine kleine Problemanzeige. Adolf Zahn (1834–1900) schreibt einmal in einer Studie über die Urteile katholischer und protes-

2 Martin Schulze, Meditatio futurae vitae. Ihr Begriff und ihre herrschende Stellung im System Calvins. Ein Beitrag zum Verständnis von dessen Institutio, Aalen 1971 (Neudruck der Ausgabe Leipzig 1901), 3.
3 Schulze (wie Anm. 2), 4.
4 Schulze (wie Anm. 2), 71.
5 Schulze (wie Anm. 2), 40f.

tantischer Historiker im 19. Jahrhundert über Calvin (allerdings bevor der Schulze-Text erschienen ist, aber in der Sache wohl zutreffend): „Bei den Ritschlianern schreibt immer einer dem andern seine Irrtümer ab."[6]

### *1.2 Hiltrud Stadtland-Neumanns Analyse der Bergpredigt-Interpretation Calvins*

Hiltrud Stadtland-Neumann hat 1966 ihre bei Otto Weber geschriebene Dissertation mit dem Titel: „Evangelische Radikalismen in der Sicht Calvins. Sein Verständnis der Bergpredigt und der Aussendungsrede"[7] veröffentlicht. Sie sieht Calvin in der Bergpredigt-Auslegung durchgehend im Gespräch mit den Täufern. Und die Täufer vertreten eine wörtliche Auslegung der Bergpredigt, die sie auch zu radikalen Forderungen führt. Stadtland-Neumann zitiert de Quervain zustimmend: „Die Wiedertäufer sind die christlichen Antimilitaristen des 16. Jahrhunderts [...] Sie wollen wirklich ernst machen mit dem Gebote: Du sollst nicht töten. Sie wollen zu sich reden lassen die Worte Jesu aus der Bergpredigt, ihren revolutionären Klang wieder heraushören".[8] Calvin ist in seiner Bergpredigt-Auslegung den Täufern nicht gefolgt – und das versteht Stadtland-Neumann als Problem, ja noch mehr, Calvin übersieht „die wirkliche Intention der Bergpredigt".[9] Calvin lese die Bergpredigt durch die paulinische Brille, er nehme damit die Bergpredigt nicht ernst – im Unterschied zu den Täufern, die das, wenn auch vielleicht etwas sehr gesetzlich, getan hätten –, und sie fragt: „Warum werden allen Radikalismen evangelischer Forderungen, sofern die Täufer ihnen nachzukommen suchen, die Spitzen abgebrochen"?[10]

Die Antwort auf diese Frage findet Stadtland-Neumann schließlich in der rein futurisch angelegten Eschatologie Calvins. Ihr Spitzensatz lautet, dass Calvin „die Gegenwart so sehr auf die Zukunft hin [bewegt], daß sie vor ihr zu einem unplastischen Streifen wird, der nur durchquert werden muß."[11]

Und weil die Gegenwart nur Durchgangsort ist, so hatte ja auch schon Schulze gesagt, darf man sich nicht zu sehr für die Gestaltung einsetzen –

6 Adolf Zahn, Studien über Johannes Calvin. Die Urteile katholischer und protestantischer Historiker im 19. Jahrhundert über den Reformator, Gütersloh 1894, 86.

7 Hiltrud Stadtland-Neumann, Evangelische Radikalismen in der Sicht Calvins. Sein Verständnis der Bergpredigt und der Aussendungsrede (Matth. 10), Neukirchen-Vluyn 1966.

8 Alfred de Quervain, Calvin. Sein Lehren und Kämpfen, Berlin 1926, zitiert nach: Stadtland-Neumann (wie Anm. 7), 10.

9 Stadtland-Neumann (wie Anm. 7), 12.

10 Stadtland-Neumann (wie Anm. 7), 13.

11 Stadtland-Neumann (wie Anm. 7), 129.

das lenkt den Blick vom eigentlichen Ziel, der eschatologischen Herrlichkeit, ab. In der Begründung sieht Stadtland-Neumann eine Differenz zu Schulze – für sie ist es nicht platonisches, sondern paulinisches Denken, welches hier die Probleme bereitet, aber im Ergebnis stimmen sie überein.

Nun wird man Hiltrud Stadtland-Neumann nicht dem Neuprotestantismus zuordnen können, vielmehr eher einem reformerischen reformierten Protestantismus der fünfziger bis achtziger Jahre des letzten Jahrhunderts. Von daher hat sie andere Lesevoraussetzungen als Schulze oder Troeltsch – ihre nicht ausgesprochene Voraussetzung ist die, dass die Intention der Bergpredigt natürlich tendenziell radikal zu verstehen sei und Calvin diese, wenn er sie anders liest, nur umgebogen haben kann. Hier liegt ein hermeneutisches Problem vor. Wenn Ausgangspunkt die Frage nach der Übereinstimmung Calvins mit der „richtigen" Exegese ist und ein positives Ergebnis nur als die Übereinstimmung mit der eigenen Deutung stattfindet, kann Calvins eigenes Anliegen nicht mehr aufgenommen werden.

## *2. „Meditatio futurae vitae" als Teil der Heiligungslehre Calvins*

Calvin hat in seiner Institutio keine eigene Eschatologie geschrieben. Gleichwohl ist seine Theologie – das haben auch die beiden eben benannten Interpreten richtig gesehen – von eschatologischen Grundgedanken durchzogen, ja, Calvin ist durch und durch von der Hoffnung auf Gottes herrliche Zukunft bewegt.

Das zentrale Kapitel in Calvins Institutio, das diesen Gedanken zum Ausdruck bringt, ist Institutio III,9, überschrieben mit „Meditatio futurae vitae" – Vom Trachten nach dem zukünftigen Leben.

Weil dieser Abschnitt aber in einem größeren Gedankengang Calvins zu verorten und also nicht isoliert zu lesen ist, ist es sinnvoll, den Zusammenhang wahrzunehmen und von dort aus Hinweise zur Interpretation dieses Kapitels zu bekommen.

### *2.1 Die Einordnung in die Heiligungslehre Calvins*

Calvins Lehre von der Heiligung wird in Buch III in den Kapiteln 6–10 der Lehre von der Rechtfertigung vorgeordnet und erhält so bei Calvin einen prominenten Platz. Allerdings ist zu beachten, dass Calvins Heiligungsverständnis, anders als im späteren Puritanismus, nicht mit Ethik gleichgesetzt werden darf. Die Heiligung thematisiert das Leben mit Christus, die communio cum Christo, im Leben – und die Ethik oder genauer: Die Frage des Gehorsams den Geboten Gottes gegenüber, ist dann von dort aus zu reflektieren.

Ich versuche einmal den Gedankengang der Heiligungslehre knapp nachzuzeichnen. Calvin beginnt mit einem Blick auf das Leben der Christen, die die Gnade Jesu Christi durch den Heiligen Geist im Glauben empfangen haben. Zum Glauben gehört das christliche Leben, die Nachfolge Jesu Christi. „Wie Gott, unser Vater, sich in seinem Christus selber mit ihm versöhnt hat, so hat er uns auch in ihm das Ebenbild vorgezeichnet, nach dem wir nach seinem Leben gestaltet werden sollen.“[12] Das führt aber nicht zur Forderung einer zu verlangenden Perfektion – wenn Perfektion Kennzeichen der Christen wäre, gäbe es keine Christen, sagt Calvin –, sondern es geht um eine Bewegung auf das Ziel hin. Diese Bewegung der Christen, so Calvin, sieht bei den meisten so aus, „dass sie nur wankend und hinkend, ja auf dem Boden kriechend, vorankommen“.[13]

Wonach sollen die Christen sich denn ausrichten, auch wenn sie sich selber nur als Kollektiv von Wankelgestalten verstehen können? Calvins Antwort ist im darauf folgenden Abschnitt mit Selbstverleugnung – *„abnegatio nostri“* – formuliert. Zu Recht verweist Christoph Strohm hier auf einen christologischen Hintergrund, wenn er schreibt: „Die christologische Begründung der Ethik, wie sie auch von Paulus entfaltet worden ist, geht von einer Partizipation des Christen am Leiden und Sterben Christi aus.“[14] Aber das ist doch nur die *eine* begründende Seite. In konkreter Umsetzung heißt das: „Die Gaben, die uns Gott gewährt hat, sind nicht unser Besitz, sondern Gottes Geschenk“[15], oder auch: Wir sollen „nicht die Bosheit der Menschen in Betracht ziehen, sondern in ihnen auf das Ebenbild achten; das bedeckt und vertilgt ihre Missetaten und reizt uns durch seine Schönheit und Würde, den Menschen zu lieben und ihm mit Freundlichkeit zu begegnen“.[16] Allein der Passus, aus dem das letzte Zitat entnommen ist, ist von beeindruckender Linienführung im Blick auf das Miteinander. Aber das ist ein anderes Kapitel.

Selbstverleugnung heißt also im Wesentlichen: Nicht sich selber höher zu achten als den anderen und als Gott, auch weil Gott durch den anderen

12 Johannes Calvin, Unterricht in der christlichen Religion, nach der letzten Ausgabe von 1559 übers. u. bearb. v. Otto Weber, im Auftrag des Reformierten Bundes bearb. u. neu hg. v. Matthias Freudenberg, Neukirchen-Vluyn 2008 (= Inst. [1559] III,6,3).

13 Inst. (1559) III,6,5.

14 Christoph Strohm, Ethik im frühen Calvinismus. Humanistische Einflüsse, philosophische, juristische und theologische Argumentationen sowie mentalitätsgeschichtliche Aspekte am Beispiel des Calvin-Schülers Lambertus Danaeus, Berlin 1996, 527.

15 Inst. (1559) III,7,4.

16 Inst. (1559) III,7,6.

zu uns kommt. Der niederländische Theologe Gerard den Hertog sagt dazu: „In der spezifischen abnegatio nostri, für die er plädiert, geht es um die Wiedergewinnung der wahren eschatologischen Freude und um die Freilegung der Sicht für Gottes unverdiente Güte in diesem Leben."[17] Warum aber, so lautet die Frage, auf die Calvin im darauf folgenden Abschnitt antwortet, gelingt es dem Menschen, dem Nachfolger Christi selbst dann, wenn man weiß, dass das Leben als Christ nur humpelnd und kriechend vorankommt und auch von eigenen Schwächen durchzogen ist, nicht, ein ruhiges christliches Leben zu führen? Calvin hatte zunächst von den selbstgemachten Schwierigkeiten geredet: Christen stehen sich selber im Wege. Aber nicht alle Schwierigkeiten, die ihnen begegnen, sind selbstgemacht. Warum gibt es soviel Trübsal? Weil der Herr Christus auch solche Trübsal erlitt und wir ihm in diesem Leben gleichgestaltet werden – lautet die erste Antwort. Und die zweite: Trübsal bringt Geduld und dadurch Glaubensstärkung. Und drittens: Trübsal hat erzieherischen Charakter: Es geht, so Calvin, dem Christen „genau wie mit widerspenstigen Pferden: Hat man sie einige Zeit müßig stehen lassen und dabei gut genährt, dann lassen sie sich hernach vor Wildheit nicht mehr bändigen, erkennen auch ihren Reiter nicht mehr an, dessen Befehl sie zuvor doch gehorcht haben! Von uns gilt immerfort und allgemein, was Gott an dem Volk Israel beklagt: Wenn wir dick und fett geworden sind, dann schlagen wir gegen den aus, der uns doch aufgezogen und ernährt hat!"[18] Diese verschiedenen Möglichkeiten sind – das ist wichtig – dogmatische Reflexionen, die auch von Calvin nicht ad personam zugesprochen werden: Dich wollte Gott erziehen, weil Du ... Vielmehr sind diese ein Hinweis darauf, dass Calvin den Christenmenschen, auch wenn sie in dieser Welt leiden, der Herrschaft des gnädigen Gottes nicht entzogen weiß, sondern dass Gott selber wirkt: „Der Herr hat es so gewollt, deshalb wollen wir seinem Willen folgen. Ja, mitten unter der Pein des Schmerzes, unter Seufzen und Tränen" – und also nicht ohne dies! – „muß doch immer wieder dieser Gedanke in uns aufkommen, der unser Herz dazu geneigt macht, eben das freudig zu ertragen, um des willen es sich so ängstigen läßt!"[19] Die Bitterkeit des Kreuzes soll durch geistliche Freude gemildert werden.[20]

17 Gerard C. den Hertog, Gottes heiligendes Handeln in uns: Abbau und Kreuztragen – in Freude?, URL: http://www.reformiert-info.de/2551-0-105-16.html (17.3.2009).
18 Inst. (1559) III,8,5.
19 Inst. (1559) III,8,10.
20 Vgl. Inst. (1559) III,8.11.

### 2.2 Die „*meditatio futurae vitae*" als trostvoller Ausblick

Und genau hier folgt das Kapitel von der „*meditatio futurae vitae*".[21] Der Gedanke des Trachtens nach dem zukünftigen Lebens darf nicht aus dem Kontext des christlichen Lebens herausgerissen werden, und schon gar nicht aus dem engen Kontext der Trübsal. Es beginnt eben auch mit dem Satz: „Welcherlei Trübsal uns aber auch drücken mag"[22] – das ist der Ausgangspunkt für die Betrachtung des zukünftigen Lebens. Denn es ist nötig, so Calvin, dass den Christen deutlich ist, welcher Zukunft sie – wir erinnern uns: humpelnd und kriechend – entgegenleben: Dem Kommen des ewigen Lebens. Vor den Augen der Christen „steht der Tag, an dem der Herr seine Gläubigen in die Ruhe seines Reiches aufnimmt, an dem er ‚alle Tränen abwischen wird von ihren Augen', an dem er sie mit dem Kleid der Herrlichkeit und der Freude antut, sie mit der unaussprechlichen Süßigkeit seiner Freuden weidet, an dem er sie zur Gemeinschaft an seiner erhabenen Herrlichkeit erhebt und sie endlich des Teilhabens an seiner Seligkeit würdigt!"[23] Das ist die Zukunft. Darauf gehen die Christen zu – Calvin geht durchaus von der Partikularität aus, denn die Gottlosen werden verstoßen werden. Diese Problematik, wieder ein eigenes Thema, steht heute aber nicht auf der Tagesordnung. Für Calvin jedenfalls ist diese Herrlichkeit, die nicht mehr von Trübsal, ja Tod geprägt ist, entscheidende Hoffnung. Wäre diese Hoffnung nicht da, wäre die Welt sich selbst überlassen, wäre der Tod die letzte Grenze des Lebens, dann wäre das Leben letztlich trostlos. Und deshalb kommen dann auch Sätze, die uns fast wie Todessehnsucht vorkommen. Zwar, so Calvin, sollen wir Gott überlassen, was die Grenze zwischen Tod und Leben ist. „Aber doch so, dass wir im Sehnen nach dem Tode brennen und fleißig nach ihm trachten, das Leben aber gegenüber der kommenden Unsterblichkeit verachten und wünschen, es um der Sündenknechtschaft willen hinzugeben, wenn es dem Herrn gefällt."[24]

Das Leben hier auf Erden ist im Vergleich mit der zukünftigen Herrlichkeit jämmerlich. Allerdings gibt es in dieser Welt durchaus Versuchungen, die diesen herrlichen Ausblick verstellen. Denn es hat „das gegenwärtige Leben gar viel Schmeichelndes, mit dem es uns betören, viel scheinbare Anmut und Lieblichkeit und Süßigkeit, mit der es uns locken will"[25] –

21 Vgl. auch David E. Holwerda, Eschatology and history: A Look at Calvin's eschtological vison, in: ders. (Hg.), Exploring the Heritage of John Calvin, Grand Rapids 1976, 110–139.
22 Inst. (1559) III,9,1.
23 Inst. (1559) III,9,6.
24 Inst. (1559) III,9,4.
25 Inst. (1559) III,9,2.

und auch deshalb, damit uns der Blick auf diese Ewigkeit, auf diese Zukunft erhalten bleibt, gibt es Dinge im Leben, die das Leben belasten. Dazu gehören, ich sage einmal, „kleinere Schwierigkeiten" – Calvin nennt als Beispiele die Bosheit der Ehegattin oder eine üble Nachkommenschaft –, aber auch Dinge, die das Leben zur Qual werden lassen: „den Verlust der Liebsten"[26] – hier ist wohl auch der Tod Idelette de Bures als eigene Erfahrung einzutragen. Und in solchen Erfahrungen ist zu lernen: „Dies Leben ist, wenn man es an und für sich betrachtet, unruhig, stürmisch und auf gar vielerlei Weise jämmerlich, dagegen in keiner Weise wirklich glücklich, und alles, was man als Güter dieses Lebens ansieht, ist unbeständig, flüchtig, eitel, mit vielen Übeln untermischt und durch sie verdorben."[27]

Keineswegs, so Calvin, soll dies dazu führen, einen Hass auf dieses Leben zu entwickeln – es „zählt mit Recht zu den Segnungen Gottes, die man nicht verachten darf".[28] Aber alles das, was in diesem Leben als Segnung verstanden werden kann – und für Calvin ist das vor allem die Tatsache, dass Gott in uns den Glauben weckt –, ist nur als „Vorgeschmack" zu verstehen.

Das Leben hier auf Erden ist im Vergleich mit der zukünftigen Herrlichkeit ein Jammertal – aber das erkennen nur diejenigen, die diesen Vergleich auch anstellen können. Die Tatsache, dass das Leben hier als „Elend", *miseria* schreibt Calvin, gesehen werden muss, entspringt diesem Vergleich. Die Relation ist Bedingung für die Erkenntnis – und das Wort „Vergleich" ist mit am häufigsten in diesem Kapitel gebraucht.

### *2.3 Die Hoffnung auf die Zukunft öffnet die Augen für die Gegenwart*

Und was passiert, nachdem Calvin von diesem Trachten nach dem zukünftigen Leben gesprochen hat? Es folgt die Reflexion über den rechten Gebrauch der irdischen Güter. Vom Blick in die Zukunft fällt der Blick in die Gegenwart. Wie gebrauchen wir die Gaben Gottes recht? Antwort: Indem wir sie dazu einsetzen, wozu sie geschaffen sind, nämlich zu „unserem Besten und nicht zu unserem Verderben".[29] Oder noch klarer – ich zitiere einmal einen etwas längeren Abschnitt: „Wenn wir nun also bedenken, zu welchem Zweck er die Nahrungsmittel geschaffen hat, so werden wir finden, daß er damit nicht bloß für unsere Notdurft sorgen wollte, sondern

26 Inst. (1559) III,9,1.
27 Inst. (1559) III,9,1.
28 Inst. (1559) III,9,3.
29 Inst. (1559) III,10,2.

auch für unser Ergötzen und unsere Freude! So hatte er bei unseren Kleidern außer der Notdurft auch anmutiges Aussehen und Anständigkeit als Zweck im Auge. Kräuter, Bäume und Früchte sollen uns nicht nur mancherlei Nutzen bringen, sondern sie sollen auch freundlich anzusehen sein und seinen Wohlgeruch haben. Wäre das nicht wahr, so könnte es der Prophet nicht zu den Wohltaten Gottes rechnen, daß ‚der Wein des Menschen Herz erfreut' und daß ‚seine Gestalt schön werde vom Öl' (Ps 104,15). Dann könnte uns die Schrift auch nicht immer wieder zum Lobpreis seiner Güte daran erinnern, daß er selbst solches alles den Menschen gegeben hat! Auch die natürlichen Gaben der Dinge selbst zeigen uns ausreichend, wozu und wieweit man sie genießen darf. Hat doch der Herr die Blumen mit solcher Lieblichkeit geziert, daß sie sich unseren Augen ganz von selber aufdrängt, hat er ihnen doch so süßen Duft verliehen, daß unser Geruchssinn davon erfaßt wird – wie sollte es dann ein Verbrechen sein, wenn solche Schönheit unser Auge, solcher liebliche Duft unsere Nase berührte? Wie, hat er denn nicht die Farben so unterschieden, daß die eine anmutiger ist als die andere? Wie, hat er nicht Gold und Silber, Elfenbein und Marmorstein solche Schönheit geschenkt, daß sie dadurch vor anderen Metallen und Steinen kostbar werden? Hat er nicht überhaupt viele Dinge über den notwendigen Gebrauch hinaus kostbar für uns gemacht?"[30] Natürlich ordnet Calvin auch das wieder ein, er bleibt nicht beim Schwelgen stehen, sondern sorgt sich auch um die aus der Schönheit wachsenden Begierden, die uns gefangen nehmen können – mir ist jetzt nur die Blickrichtung wichtig: Die *„meditatio futurae vitae"* bleibt nicht stehen beim Vergleich: Hier ist alles Elend, dort ist alles besser – sondern unter Voraussetzung dieses Bedenkens der zukünftigen Herrlichkeit fällt Licht auf die irdischen Gaben.

## *3. Der Geist als Zeuge des neuen Lebens*

Calvin hat in seinen Schriften den Begriff „Eschatologie" nicht verwendet. Das mahnt zur Vorsicht, nicht einseitige Implikationen dessen, was wir in der traditionellen Dogmatik unter „Eschatologie" verstehen, in Calvin einzutragen.

Dass Calvin die Dimension der futurischen Eschatologie kennt, haben wir eben vernommen: Die *„meditatio futurae vitae"* beschreibt das Sehnen nach einer noch nicht eingetretenen Gegenwart, weil der Herr noch nicht wiedergekommen ist, die Herrlichkeit noch nicht da ist.

30 Inst. (1559) III,9,2.

Damit sind aber die Dimensionen der Eschatologie nicht ausreichend beschrieben, weil dann die Zeit-Perspektive die einzige wäre, auf die die Frage der Eschatologie zu reflektieren wäre. Bei Calvin, das ist deutlich, gehört die Zeit unbedingt hinein in ein Bedenken des Eschatons – und auch daran wird schon deutlich, dass Calvins Eschatologie sich nicht auf eine individualistische Hoffnung reduzieren lässt, die danach fragt, was mit dem einzelnen Menschen nach dessen Tod geschieht. Calvin kommt hier zu deutlichen und hoffnungsvollen Sätzen, aber die Zukunft des Einzelnen ist von der Zukunft der Welt nicht zu trennen – der Herr kommt wieder. Hier übrigens sehe ich deutlich, dass Calvins Lehre von der Unsterblichkeit der Seele nicht einfach mit einem platonischen Konzept identifiziert werden kann – Calvin rechnet eben auch mit der Auferstehung des Leibes, des Körpers.

Das aber geschieht erst in Zukunft. Und jetzt? Ist die Eschatologie allein darauf ausgerichtet, dass sie Hoffnung für die Zukunft geben soll? Morgen oder übermorgen wird sich alles ändern, da wird alles gut werden [...].

Das dritte Buch der Institutio steigt ein mit der grundsätzlichen Frage, in welcher Weise das von Christus erworbene Heil auch den Menschen zugutekommt. Und die Beantwortung heißt: Absonderung. Absonderung von der Welt. Diese wirkt der Heilige Geist. Christus war „bei seinem Kommen in ganz besonderer Weise mit dem Heiligen Geiste ausgerüstet [...]: er sollte uns dadurch von der Welt absondern und zur Hoffnung auf das ewige Erbe sammeln. Daher heißt der Geist der ‚Geist der Heiligung', weil er uns nicht bloß mit der allgemein wirkenden Kraft, wie sie an der Menschheit und auch an der ganzen übrigen Kreatur in Erscheinung tritt, belebt und erhält, sondern weil er die Wurzel und der Same des himmlischen Lebens in uns ist."[31]

Der Heilige Geist ist die Wurzel und der Same des himmlischen Lebens in uns. Und indem er Menschen, ich verkürze jetzt sehr, zu Christen macht, indem er den Widerstand des menschlichen Herzens bricht – nach Calvin übrigens eine der schwersten Aufgaben für den Heiligen Geist – und uns den Glauben schenkt, nimmt er uns aus der Welt heraus, trennt er die Christen von der Welt.

Die Christen sind neue Kreatur. Weil Christus auferstanden ist. Im Kommentar zum Römerbrief schreibt Calvin: „Wo wir einmal im Glauben Christi Gnade ergriffen haben, ist damit das Leben in der Sünde selbst getilgt, so dass das geistgewirkte Neue, welches göttlich ist, nun das ganze Leben

31 Inst. (1559) III,1,2.

hindurch andauert, obgleich die Tötung des Fleisches in uns lediglich angefangen hat."[32]

Christen sind schon jetzt hier auf der Erde himmlische Wesen. Auch wenn sie sich noch nicht so recht himmlisch verhalten, sondern allenfalls erste Übungen vollbringen, ja nur kriechend vorankommen. Die Grundargumentation ist aber: Schon jetzt sind die Christen himmlisch. Der Glaube ist der Kanal, auf dem den Christen dies zuteil wird, und der Heilige Geist ist im Hauptberuf Kanalbauer – das ist nach Calvin das eigentliche Amt des Heiligen Geistes. „Wie wir sagten, daß sich in Christi Person die vollkommene Gerechtigkeit findet, so ‚tauft' er uns also auch ‚mit dem Heiligen Geiste und mit Feuer', damit wir seiner teilhaftig werden (Luk 3,16); er erleuchtet uns, daß wir seinem Evangelium glauben, er schenkt uns die Wiedergeburt zu neuem Leben, so daß wir neue Kreaturen werden (vgl. 2Kor 5,17); er reinigt uns von allem unheiligen Schmutz und weiht uns Gott zu heiligen Tempeln! (vgl. 1Kor 3,16f.; 2Kor 6,16; Eph 2,21)."[33]

Das ist nicht nur zukünftige Wirklichkeit, sondern das ist schon jetzt Realität. Wir Menschen sind, sofern wir Christen sind, von Gott bereits zu himmlischen Bürgern gemacht worden. Das kann man mit Calvin auch Rechtfertigung nennen.

In der Zukunft wird diese jetzt schon vorhandene Wirklichkeit mit dem Erleben identifiziert werden. Jetzt aber ist der Glaube immer wieder angefochten, Calvin sagt, wie Weber gut übersetzt, „eingewickelt", weil wir eben in dieser Welt Pilger sind. Es gibt Phasen der klareren Erkenntnis und Zuversicht – und eben andere, wo den Menschen die Hoffnung auf das, was sie bereits sind und offenbar sein werden, nicht klar vor Augen steht.

Deshalb, so Calvin immer wieder, ist der Heilige Geist jetzt schon gegenwärtig und teilt sich uns auf verschiedene Weise so mit, dass wir in den Erfahrungen, die wir machen, die wahre Dimension unserer unseren Tod überdauernden Gemeinschaft mit Christus erkennen können. Freilich sind diese Erfahrungen nie eindeutig, weil sie ganz unterschiedlich sind. Einerseits schenkt der Geist in diesem Leben bereits Fortschritte. Das können Schritte auf dem Wege eines besseren Lebenswandels sein – hier sind beispielsweise Calvins Auslegungen zu den paränetischen biblischen Texten spannend, z.B. zu Röm 12, weil es hier dann auch sehr schnell konkret wird. Der Heilige Geist schenkt hier auf Erden Zeichen des Fortschritts und stärkt im christlichen Leben, und also auch – das hatten wir schon – in der Selbstverleugnung.

32 Kommentar zu Röm 6,11, in: Calvin-Studienausgabe, Bd. 5.1: Der Brief an die Römer. Ein Kommentar, hg. v. Eberhard Busch u.a., Neukirchen-Vluyn 2005, 315.
33 Inst. (1559) III,1,4.

Andererseits wird uns hier auf Erden von Gott Trübsal zuteil – ich habe vorhin in der Reflexion des christlichen Lebens bei Calvin einige Gründe benannt, weshalb für Calvin auch die unschönen Widerfahrnisse dieses Lebens unter Gottes menschenfreundlicher Perspektive zu sehen sind.

Das alles, sowohl die geschenkten Fortschritte wie auch die uns von Gott zuteil werdende Trübsal, sollen uns der Güte Gottes gewiss machen: „Wenn uns auch nur ein wenig vom Lichte Gottes bestrahlt und uns seine Barmherzigkeit offenbart, so empfangen wir doch genug Erleuchtung, um zu fester Gewißheit zu kommen."[34]

Oder anders gesagt: Glaube und Hoffnung auf das ewige Heil sind unzertrennliche Begleiter[35], die ohne einander nicht existieren können: Der Glaube einschließlich der im Hier und Heute gemachten Erfahrungen lässt die vollständige Erfüllung von Gottes Verheißungen erwarten, „der Glaube ist das Fundament, auf dem die Hoffnung ruht"[36], umgekehrt gilt aber auch, dass die Hoffnung den Glauben erneuert und belebt – insbesondere in Zeiten der Anfechtung.

Christen sind schon auf dieser Welt eine neue Kreatur. Das aber erleben sie immer nur partiell. Das partielle Erleben aber stärkt die Hoffnung auf das zukünftige Leben, wie ebenso die Aussicht auf das, was kommen wird – oder besser: auf den, der kommen wird –, den Glauben zu stärken imstande ist.

## *4. Die Kirche als geistliches Reich Christi – unterwegs*

Martin Schulze hatte beklagt, dass bei Calvin alles Irdische nur als Vorbereitung auf das Jenseitige zu sehen sei, verbunden mit einer deutlichen Abwertung alles dessen, was hier zur Vervollkommnung dient. Richtig ist, dass Calvin in der Tat nicht ungebrochen von menschlichen Dingen als göttlichen sprechen kann. Aber es fällt doch auf, dass Calvin die Vorstellung des Reiches Gottes – oder wie er des Öfteren sagt: des geistlichen Reiches Christi – nicht allein ins futurische Jenseits verlegt. Sondern immer wieder benennt Calvin die Kirche als göttliches Reich. So parallelisiert Calvin im Kommentar zu 2 Kor 5,17 das Reich Christi und die Kirche[37], ja, im Kommentar zu Jes 45,18 formuliert Calvin, wenn der Bund, den Gott mit Noah

34 Inst. (1559) III,2,19.
35 Vgl. Inst. (1559) III,2,42.
36 Ebd.
37 Vgl. CO 50,69.

geschlossen hat, schon fest am Himmel zu sehen sei, gelte dies um so mehr von der Kirche. „Die Welt nämlich ist hinfällig und verdorben, die Kirche aber, das ist das Reich Christi, bleibt ewig."[38]

Dabei ist mit der Kirche keineswegs nur die unsichtbare Kirche gemeint, die hier nicht zu greifen ist, vielmehr gelte, so Calvin in Auslegung von Hebr 2,6: „So ist es deutlich, daß unter der ‚zukünftigen Welt' nicht bloß diejenige verstanden wird, auf welche wir nach der Auferstehung hoffen, sondern die, die mit dem Beginn des Reiches Christi ihren Anfang genommen hat; ihre Vollendung wird sie allerdings in der letzten Vollendung finden."[39]

Es kann nach Calvin nicht angehen, die Eschatologie rein futurisch zu verstehen. Das gilt insbesondere für die Existenz der Kirche. Thomas F. Torrance (1913–2007) schreibt treffend: „In einem tiefen Sinne ist das Reich Gottes in Christus ganz verwirklicht, und nichts bleibt zu tun übrig, als seine endgültige Manifestierung in Herrlichkeit und das beiläufige Werk des Gerichtes. Als der Leib dieses auferstandenen und erhöhten Christus hat die Kirche an seinem vollendeten Werk und an seinem Reich Anteil."[40]

Die hohe Wertschätzung der Kirche – bekanntlich bezeichnet Calvin sie in Aufnahme tertullianischer Terminologie als Mutter – unterscheidet ihn von allen anderen Reformatoren. Und bekanntlich geht ein großer Teil seines Bestrebens dahin, die Kirche zu ordnen, zu organisieren. Die differenzierte Ämterlehre bezeugt dies. Man kann in der Tat sagen, dass er sie von Bucer übernommen habe. Aber die Relevanz und die Konsequenz, mit der Calvin ekklesiologisch argumentierte und arbeitete, hat genau hier ihren Grund: in der eschatologischen Wertschätzung der Kirche. Sie ist das Reich Gottes – unvollendet, zugegeben, vielfach mit Runzeln, zugegeben –, aber sie ist als Leib Christi deutlich mehr, als vor Augen zu sehen ist. Eine empirische Sicht der Kirche kann ihr Geheimnis nicht zeigen. Die in den siebziger Jahren des letzten Jahrhunderts entstandene niederländische Studie „Vom Geheimnis der Gemeinde"[41] trägt dieser Erkenntnis Rechnung. Und wenn kirchliche Studien zur Lage der Evangelischen Kirche in Deutschland im 21. Jahrhundert meinen, woanders beim Kirchesein ansetzen zu können, kommt so etwas Kurzatmiges heraus wie im den meisten vermutlich bekannten Text „Kirche der Freiheit".

38 CO 37,81.

39 Johannes Calvins Auslegung der Heiligen Schrift in deutscher Übersetzung, 14. Bd.: Ebräerbrief und katholische Briefe, Neukirchen o.J., 20.

40 Thomas F. Torrance, Die Eschatologie der Reformation, in: EvTh 14 (1954), 334–358, hier 354.

41 Vom Geheimnis der Gemeinde. Eine Handreichung zum Glaubensgespräch, Gütersloh [2]1976.

Dabei geht es nicht darum, nicht klar zu analysieren und Strategien zu erwägen – und dann auch umzusetzen. Calvins Theologie und Praxis besteht in hohem Maße nicht alleine aus theologisch richtigen Erkenntnissen, sondern aus der Frage, wie eine rechte Gestaltung der Kirche auszusehen hat. Und die Lehre vom gegliederten Dienst in der Gemeinde ist Calvin zufolge das Entscheidende, weil alles andere weniger Raum in der Kirchenordnung einnimmt. Die Kollegialität der Dienste, die ihrerseits charismenorientiert zu verstehen sind –, nicht einer alleine kann alles, und auch nicht jeder kann alles – sind hier entscheidende Wegweisungen. Die Niederungen des kirchlichen Alltags – sie stehen nach Calvin in eschatologischer Perspektive.

Und deshalb gilt das, was ich eben im Blick auf den Glauben gesagt habe, auch für die Kirche: Das partielle Erleben der Kirche hier auf Erden als Gemeinschaft der Heiligen aber stärkt die Hoffnung auf das zukünftige Reich Gottes, wie ebenso die Aussicht auf das, was kommen wird – oder besser: auf den, der kommen wird –, die Kirche zu stärken imstande ist. Eberhard Mechels formuliert: „Das geistliche Reich ist nach Calvin der Raum der Erfahrung einer fragmentarischen Freiheit und einer fragilen Freiheit. In ihr haben wir sozusagen einen Vorgeschmack, eine Anzahlung auf die vollendete Freiheit im Reiche Gottes, im ewigen Leben.“[42]

## *5. Lebensbejahende Eschatologie*

Den Eingang des Vortrags haben zwei Interpretationen Calvins gebildet. Martin Schulze hatte Calvin eine lebensfeindliche Haltung unterstellt, weil die Erde nur Durchgangsstation und nicht endgültiger Ort sei. Schulze freilich setzt eigene Wertungsmaßstäbe voraus, an denen er Calvins Denken misst – und begrenzt: Wer Wirklichkeit nur hier auf Erden stattfinden lässt, setzt eigene Grenzen. Es ist ja auffällig, dass Calvin vom Reich Gottes in der Tat nur eschatologisch reden kann – aber so, dass die Kirche, und wir müssen bei Kirche immer die versammelte Gemeinde denken, als unsere Mutter, die uns hier auf Erden nährt, zu verstehen ist. Ich halte das nicht für lebensfeindlich – sondern für nötig.

Auch Stadtland-Neumann hatte Kritik an Calvin geübt, weil er die radikalen Forderungen des Gesetzes etwa in der Bergpredigt eschatologisch abbreche. Und die Behauptung, dass Calvin auch das Diesseits vom Jenseits her

42 Eberhard Mechels, Das Problem der menschlichen Freiheit im Calvinismus, in: Friedrich Hermanni / Peter Koslowski (Hg.), Der freie und der unfreie Wille. Philosophische und theologische Perspektiven, München 2003, 189–204, hier 193.

bestimmen lasse, kann sie nicht finden. Wer Calvins Theologie und Eschatologie rein futurisch versteht, wird zwar auch hier anders urteilen können, aber findet doch nicht allzu viele Aussagen. Ich möchte einmal knapp an einer Passage aus Calvins Bergpredigt-Auslegung erläutern, wie Calvin hier vorgegangen ist. Vor den sogenannten Antithesen findet sich bei Matthäus eine grundlegende Erörterung zum Gesetzesverständnis. Christus sagt dort, dass er nicht gekommen sei, das Gesetz oder die Propheten aufzulösen, sondern zu erfüllen. Und dann fordert er seine Jünger dazu auf, eine bessere Gerechtigkeit als die Pharisäer und Schriftgelehrten zu üben.

Calvins Ausgangspunkt ist die Aussage, dass das Gesetz in Christus erfüllt ist: „In ihm ist die Sache selbst zu erkennen, die vorher nur in Schattenbildern sichtbar war."[43] Wie aber gelingt es, dann in der Folge in den Geboten selber nicht nur den Wortlaut, sondern die Sache selber zu erkennen? Den Pharisäern – und hier sind unschwer Konnotationen ins 16. Jahrhundert hinein zu ziehen – wirft Calvin vor, allein den Buchstaben gesehen und damit das Gesetz rein äußerlich verstanden zu haben. Wer die Gebote jetzt von Christus her zu verstehen sucht, achtet auf ihren Wesenskern. Und das geschieht dann, wenn die Liebe als des Gesetzes Erfüllung in den Blick genommen wird: „Weil die Liebe des Gesetzes Erfüllung ist, sage ich, daß der Nächste verletzt wird, wenn man ihn in irgendeiner Weise lieblos behandelt."[44] Calvin beharrt darauf, dass die Gebote einer Interpretation bedürfen – und diese Interpretation ist bei Calvin geleitet vom Doppelgebot der Liebe. Damit werden in Calvins Augen die Gebote ernst genommen und nicht nivelliert.

Man könnte darüber streiten, ob eine radikalere Auslegung der Bergpredigt, wie es sie in der Geschichte immer wieder gegeben hat, dem biblischen Text näher kommt. Ich halte das nicht für angemessen. Calvin versteht die Gebote auch eschatologisch – weil von Christus her. Und weil er das Leben ist, bejaht er auch das Leben.

Es ist auffällig, dass der Neueinsatz eschatologischer Besinnung im ersten Viertel des 20. Jahrhunderts geradezu mit dem Protest gegen eine rein im Diesseits aufgehende These begann: Die einzige Möglichkeit, wirklich qualitativ von der Erde zu reden, ist, eschatologisch von ihr zu reden.

Ich schließe deshalb mit zwei Zitaten des frühen Karl Barth (1886–1968), des Theologen, der im Römerbrief die These aufgestellt hatte, „Christen-

43 Johannes Calvins Auslegung der Evangelien-Harmonie, 1. Teil, übers. v. Hiltrud Stadtland-Neumann / Gertrud Vogelbusch (Johannes Calvins Auslegung der Heiligen Schrift, N.R. 12), Neukirchen-Vluyn 1966, 181.

44 Calvins Auslegung der Evangelien-Harmonie (wie Anm. 43), 186.

tum, das nicht ganz und gar und restlos Eschatologie ist, hat mit Christus ganz und gar und restlos nichts zu tun".[45]

„Wir bejahen das Leben. Auch das regnum naturae, die große Vorläufigkeit, in deren Rahmen sich alles Denken, Reden und Handeln jetzt abspielt, kann ja immer regnum Dei sein oder werden, wenn nur wir im Reiche Gottes sind und Gottes Reich in uns."[46]

„Pessimistische Diskreditierung des Diesseits und unserer Tätigkeit im Diesseits haben wir gerade dann nicht zu befürchten, wenn wir die Stellung des Christen in der Gesellschaft letztlich mit Calvin unter den Gesichtspunkt der spes futurae vitae stellen. [...] Ja, gehemmt werden wir durch diesen Gesichtspunkt sowohl in unserer Naivität als in unserer Kritik der Gesellschaft gegenüber. Aber Hemmung bedeutet bekanntlich nicht Kraftverlust, sondern Kraftansammlung, heilsame Stauung der lebendigen Wasser zur Verhinderung törichter Vergeudungen und gefährlicher Überschwemmungen."[47]

45 Karl Barth, Der Römerbrief. 12. unveränderter Nachdruck der neuen Bearbeitung von 1922, Zürich 1978, 298.

46 Karl Barth, Der Christ in der Gesellschaft, in: Jürgen Moltmann (Hg.), Anfänge der dialektischen Theologie, Bd. 1, München 1962, 3–37, hier 27.

47 Barth, Christ in der Gesellschaft (wie Anm. 46), 36.

# Zwischen Innovation und Restauration

## *Zur Wirkungsgeschichte Calvins in Frankreich*

*von Nicola Stricker*

### *1. Einleitung*

Ich möchte der Frage der Wirkungsgeschichte Calvins in Frankreich nachgehen und anhand eines konkreten Beispiels beleuchten, welche Stellung Calvin innerhalb der Theologie der französischen Protestanten des 17. Jahrhunderts innehatte. War er der unumgängliche Hauptvater der reformierten Reformation? Oder gehörte er in gewisser Weise bereits der Prähistorie der reformierten Orthodoxie an?

Ein gewiss nicht repräsentatives, aber dennoch aussagekräftiges Urteil über Calvin findet sich bei dem Theologen Pierre du Moulin, der der reformierten Scholastik zuzuordnen ist: „[...] ich kenne kein Land und keine Stadt, in der die Reformation durch sein Amt begonnen hätte. Zwingli in der Schweiz, Melanchthon, Bucer und Oekolampad in Deutschland haben dort vor ihm gearbeitet. Von Deutschland ist das Evangelium in die Niederlande gekommen. Mit den Bischöfen von England zusammen haben Pietro Martire Vermigli und Bucer das Land nochmals gesäubert. In Frankreich hat Calvin sich fast nicht aufgehalten. Sogar in Genf hat das Evangelium vor Calvins Ankunft Früchte getragen.“[1] Im Klartext: Lasst uns die Rolle Calvins nicht überbewerten! Du Moulin warnt zudem davor, sich zu sehr auf den Reformator zu berufen, „weil unsere Gegner dann mit Recht sagen, dass sie uns nicht umsonst Calvinisten nennen, da seine Schriften uns als Orakel dienen und auf der Kanzel als unbezweifelbare Beweise verlesen werden und wir auf unserer Kanzel Lobreden zu seinen Ehren halten, wenn wir ihn einen

1 Pierre du Moulin, Examen de la doctrine de messieurs Amyrault et Testard [...] touchant la predestination et les poincts qui en dependent [...] Avec un advis d'un personnage desinteressé sur ledit Examen, Amsterdam 1638, 99f.: „[...] je ne sache aucun païs ny ville, ou la reformation ait commencé par son ministere. Zuingle en Suisse, Melancthon, Bucer & Ecolampade en Allemagne y ont travaillé devant luy. De l'Allemagne l'Evangile est passé és Paysbas. Martyr & Bucer avec les Evesques d'Angleterre ont repurgé le pays. En France Calvin n'y a quasi point fait de sejour. Mesme à Geneve l'Evangile y avoit fructifié devant que Calvin y arrivast.“

unvergleichlichen Autor nennen und jenen großen Mann, den man nie genug loben kann, der all die Auszeichnungen hat, die man bei den Propheten und Aposteln preisen kann."[2] Calvin in Ehren, aber in Maßen. Zumal für du Moulin andere reformierte Theologen wie Beza, Pietro Martire Vermigli oder Girolamo Zanchi jenem in der Lehre nicht unterlegen waren.[3]

Angesichts solch eines zurückhaltenden Urteils muss man sich fragen, vor welchem geschichtlichen und theologischen Hintergrund Calvins Bedeutung derart relativiert wird, dass ihm Theologen zur Seite gestellt werden, die heute zum Teil nur noch Spezialisten bekannt sind. Ist die Wirkungsgeschichte Calvins in Frankreich mit der in Form der *Confessio Gallicana* und der *Discipline ecclésiastique* von 1559 erfolgten „modellhafte(n) Umsetzung der Grundzüge von Calvins Kirchenordnungskonzeption im Rahmen einer presbyterial-synodal organisierten Kirche"[4] beendet? Wir werden sehen, dass es sich mitnichten so verhält. Das 17. Jahrhundert ist eine Zeit, in der das Erbe Calvins kritisch und innovativ reflektiert wird, nicht zuletzt in seiner umstrittensten Form: der Prädestinationslehre.

Im Zentrum der reformierten Auseinandersetzungen steht die Frage nach der angemessenen Erwählungs- und Verwerfungslehre. Angemessen bedeutet, dass die Lehre schriftkonform sein muss (es geht nicht darum, die Auslegung der Schrift durch eine geltende Lehre zu legitimieren). Bereits Calvin hat immer wieder die Schriftgemäßheit seiner Lehre der doppelten und absoluten Prädestination, nach der Gott unabhängig vom Vorwissen um die Taten der Menschen die einen zum ewigen Leben, die anderen zu ewiger Verdammnis bestimmt, gegen seine Gegner (wie Bolsec, Pighius und Siculo) verteidigt. Auch gegen die Bedenken der Basler, Berner und Zürcher Theologen, die in der doppelten Prädestination die Gefahr erkennen, dass Gott als Urheber der Sünde erscheint[5], betont er die Konformität seiner Lehre mit der Schrift. Dabei beruft er sich zur Stützung seiner Lehre auf

2 Du Moulin (wie Anm. 1), 99: „[...] pource que nos adversaires desormais auront raison de dire que non sans cause ils nous appellent Calvinistes; puis que ses escrits nous servent d'oracles, & sont leus en chaire pour preuves indubitables; & qu'en nos chaires nous faisons des Panegyriques en sa loüange, l'appellans autheur incomparable, & ce grand homme qu'on ne peut jamais assez loüer, qui est tout ce qu'on peut dire de plus excellent des prophetes & Apostres."

3 Vgl. ebd.

4 Peter Opitz, Ordonnances ecclésiastiques, Genf 1541/61, in: Reformierte Bekenntnisschriften, hg. im Auftrag der Evangelischen Kirche in Deutschland, Neukirchen-Vluyn 2006, Bd. 1/2: 1535–1549, 229–278, hier 235.

5 Vgl. Wilhelm H. Neuser, Einleitung, in: Johannes Calvin, De aeterna Dei praedestinatione / De la prédestination éternelle (I. Calvini Scripta ecclesiastica), Genf 1998, IX–XLII, hier XVIIf.

Eph 1,3–6, Röm 8,28–30; 9,6–20, Joh 6,44f. und 10,28f., in der Schrift *De aeterna Dei praedestinatione* von 1552 auch auf Gal 4. Calvin verwahrt sich insbesondere gegen den Vorwurf, über die Schrift hinauszugehen, und kritisiert theologische Lehren, die dies in seinen Augen tun: „Deshalb wollen wir uns zunächst vor Augen halten: Eine andere Erkenntnis der Vorbestimmung zu erstreben als die, welche uns im Worte Gottes entfaltet wird, das ist ebenso wahnwitzig, wie wenn einer weglos schreiten oder im Finstern sehen wollte."[6] Calvins dogmatischer Entwurf, die *Institutio*, will nichts weiter sein als eine Hilfe beim Lesen der Schrift, und seine Theologie, wie Rist[7] betont, ein reines Echo des biblischen Textes.

Calvins von der Schrift her entwickelte Lehre besagt, dass das Heil allein von der Barmherzigkeit Gottes abhängt, durch die die Gläubigen zu Gottes Kindern werden, aber die Erwählung in Jesus Christus in Gott einen ewigen Ratschluss voraussetzt, der dieser vorausgeht. Dieser ist doppelter Natur: „Unter Vorbestimmung verstehen wir Gottes ewige Anordnung, vermöge deren er bei sich beschloss, was nach seinem Willen aus jedem einzelnen Menschen werden sollte! Denn die Menschen werden nicht alle mit der gleichen Bestimmung erschaffen, sondern den einen wird das ewige Leben, den anderen die ewige Verdammnis vorher zugeordnet. Wie also nun der einzelne zu dem einen oder anderen Zweck geschaffen ist, so – sagen wir – ist er zum Leben oder zum Tode ‚vorbestimmt'."[8] Der Grund liegt im nicht weiter zu hinterfragenden Willen Gottes: „Wenn man fragt, warum Gott mit einem Teil Mitleid hat und warum er den anderen lässt und verlässt, gibt es keine andere Antwort, als dass es ihm so gefällt."[9] Auch für Luther ist die Unbegreiflichkeit der Prädestination nicht von der Hand zu weisen. Zwar wolle der geoffenbarte Gott das Heil aller, der verborgene Gott aber den Tod des Sünders, so dass der in der Schrift geoffenbarte universelle Heilswille Gottes der Ausführung des geheimen Heilsplans nicht entgegenwir-

6 Unterricht in der christlichen Religion, nach der letzten Ausgabe von 1559 übers. u. bearb. v. Otto Weber, im Auftrag des Reformierten Bundes bearb. u. neu hg. v. Matthias Freudenberg, Neukirchen-Vluyn 2008 (= Inst. [1559] III,21,2).

7 Gilbert Rist, „Modernité de la méthode de Calvin", in: Revue de Théologie et de Philosophie 1 (1968), 19–33, hier 21.

8 Inst. (1559) III,21,5.

9 Johannes Calvin, Deuxième sermon sur l'Epître aux Ephésiens, in: Ioannis Calvini Opera quae supersunt omnia I–LIX, Braunschweig 1863–1900, Vol. 51, 259–270, hier 259: „[...] si on demande pourquoy Dieu a pitie d'une partie, et pourquoy il laisse et quitte l'autre, il n'y a autre response, sinon qu'il luy plaist ainsi."

10 Vgl. Martin Luther, De servo arbitrio, in: D. Martin Luthers Werke. Kritische Gesamtausgabe, 68 Bde., Weimar 1883–1999, Bd. 18 (1908), 551–787, hier 684f.

11 Wolfhard Pannenberg, Systematische Theologie, Bd. 3, Göttingen 1993, 483.

ke.[10] Die Schroffheit der reformatorischen Lehren ist laut Pannenberg[11] darauf zurückzuführen, dass Luther und Calvin aufgrund der „pelagianischen" Aufweichung der Prädestinationslehre in der Scholastik zur rigorosen augustinischen Lehre tendierten.

Der wohl häufigste Vorwurf, welcher der Lehre Calvins gemacht wurde, war, dass eine Prädestination *ab aeterno* Gott zum willkürlichen Tyrannen mache. Dieser Vorwurf findet sich unter anderem bei Bolsec, der 1551 in Genf in der *Congrégation* die doppelte Prädestination bestreitet.[12] Auch Coornhert verwirft die absolute Prädestination und betont gegen Calvin und Beza, dass der Mensch die allen angebotene Gnade empfangen oder ablehnen könne.[13] Calvins Nachfolger Beza hatte dessen Prädestinationslehre noch verschärft. Anders als Calvin macht Beza die Prädestinationslehre zum Teil der Gotteslehre[14] und lehrt ausdrücklich, dass das Prädestinationsdekret der Ehre Gottes diene und noch vor Gottes Entschluss zur Schöpfung stehe. In dieser Perspektive werden die Schöpfung der Welt und des Menschen, dessen Fall und Sündhaftigkeit zum Mittel, das Prädestinationsdekret zu verwirklichen.[15]

Auch Arminius – im Übrigen in diesem Jahr ebenso Jubilar wie Calvin (es ist der 400. Todestag des Niederländers) – lehnt die absolute Prädestination ab und lässt die Erwählung auf dem Vorwissen um dem Glauben des Menschen gründen. So beginnt das 17. Jahrhundert gleich mit einer Auseinandersetzung von internationalem Ausmaß und mit weitreichenden Folgen für die reformierte Theologie.

## *2. Die arminianische Krise bis zur Synode von Dordrecht*

Zur Vorgeschichte der einflussreichen Synode von Dordrecht (1618/19) gehört der Streit zwischen den beiden niederländischen Theologieprofessoren Arminius und Gomar. Letzterer vertrat wie Beza die Auffassung, dass Gott vor dem Vorwissen um den Sündenfall zur Verherrlichung seiner Gerechtigkeit und seiner Barmherzigkeit beschlossen hat, die einen zu ver-

12 Vgl. François Wendel, Calvin, sources et évolution de sa pensée religieuse, Genf [2]1985, 62. Zur Bolsec-Affäre vgl. Bernard Cottret, Calvin, Paris 1998, 218–222.
13 Über Coornhert vgl. Henk Duits, Ein Trompeter der „Wahrheit": Dirck Volckertszoon Coornhert, unermüdlicher Streiter für Toleranz und gegen Tyrannei, in: Horst Lademacher / Renate Loos / Simon Groenveld (Hg.), Ablehnung – Duldung – Anerkennung: Toleranz in den Niederlanden und in Deutschland. Ein historischer und aktueller Vergleich, Münster / New York / München / Berlin 2004, 142–164.
14 Darauf weist bereits Alister E. McGrath, A Life of John Calvin, Oxford 1990, 214, hin.
15 Vgl. François Laplanche, Orthodoxie et prédication. L'œuvre d'Amyraut et la querelle de la grâce universelle, Paris 1965, 25.

dammen und die anderen zu erlösen. Christus ist demzufolge nur für die Erwählten gestorben und nicht für alle Menschen. Die Anhänger der Lehre von Arminius sprachen sich 1610 mit der „Remonstranz" – einer in fünf Punkten verfassten Erklärung – öffentlich gegen diese rigide Prädestinationslehre aus[16]: 1. Punkt: Gott hat beschlossen, alle zu retten, die durch die Gnade zum Glauben kommen und in diesem bleiben, und die zu verdammen, die sich nicht bekehren und von Christus getrennt bleiben. 2. Punkt: Jesus Christus ist für alle Menschen gestorben und für jeden im Einzelnen, so dass er allen durch den Tod am Kreuz die Versöhnung und die Vergebung der Sünden verdient hat. Der 3. und 4. Punkt haben die Gnade zum Thema, die heilsnotwendig ist, aber nicht unwiderstehlich. 5. Punkt: Jesus Christus verlässt die nicht, die an ihn glauben und in diesem Glauben bestehen bleiben.

Erst später werden die Arminianer die Verlierbarkeit der Gnade lehren.[17] Die Kontraremonstranten halten ihnen entgegen, dass Glaube und Beharren im Glauben eine Wirkung der Erwählung seien, nicht ihre Ursache. Der Tod Christi ist nur für die Erwählten wirksam, die Gnade unwiderstehlich. Nach jahrelangem Streit werden die Anhänger von Arminius auf der Synode von Dordrecht verurteilt, deren Beschlüsse für die Definition reformierter Orthodoxie grundlegend werden.

Die Canones von Dordrecht folgen der Lehre, nach der das Dekret der Prädestination den Sündenfall voraussetzt, ohne jedoch die Anhänger Bezas zu verurteilen, die es vom Vorwissen um den Sündenfall unabhängig machen und dem Dekret der Schöpfung vorhergehen lassen. Für diese beiden Richtungen tauchen nach Dordrecht die Begriffe „infralapsarisch" und „supralapsarisch" (im Sinne von Beza) auf. Eine Anwendung dieser Begriffe zur Charakterisierung von Prädestinationslehren hält Mahlmann jedoch für problematisch: „Da dem Sprachgebrauch auch jetzt noch primär sachliche Varianten zugeordnet werden, ist der heute übliche etikettierende Sprachgebrauch nicht nur anachronistisch, sondern auch simplifizierend auf die ihnen vorausliegenden theologischen Konzeptionen angewendet und geeignet, deren

16 Nachzulesen bei Alexander Schweizer, Die protestantischen Centraldogmen in ihrer Entwicklung innerhalb der reformierten Kirche. Zweite Hälfte: Das 17. und 18. Jahrhundert, Zürich 1856, 66–70.

17 Dass die arminianische Position mit der Zeit extremer und heterodoxer wurde, führt Brian G. Armstrong, Calvinism and the Amyraut Heresy: Protestant Scholasticism and Humanism in Seventeenth-Century France, Madison 1969, 133, auf die äußerst rigide Haltung der holländischen Orthodoxie zurück.

18 Theodor Mahlmann, Art. „Prädestination. V. Reformation bis Neuzeit", in: TRE 27 (1997), 132.

Argumentation mehr zu verdecken als zu erhellen."[18] Versuche, diese Begriffe zur Kennzeichnung der Lehre Calvins anzuwenden, sind äußerst fragwürdig: Während Laplanche[19] von einer infralapsarischen Lehre ausgeht, qualifiziert Senofonte[20] die Lehre Calvins als supralapsarisch, wobei aus seinen begrifflichen Erläuterungen allerdings hervorgeht, dass er die supralapsarische Lehre in erster Linie mit der Lehre der doppelten Prädestination und die infralapsarische mit der Theorie der einfachen Prädestination gleichsetzt.[21] Grislis hingegen betont, dass Calvin bisweilen eine infralapsarische Perspektive einnimmt, meistens jedoch supralapsarisch argumentiert.[22]

Was nun die Canones von Dordecht anbelangt, so bestätigen diese, dass der Tod Christi die Sünden der Welt ausreichend sühnen kann, Gott aber beschlossen hat, dass die Heilswirksamkeit seines Todes sich nur auf die Erwählten erstreckt, denen allein der rechtfertigende Glaube gegeben ist.[23] Die Canones wenden sich damit gegen eine universelle Erlösung, wie sie die Arminianer vertreten, und proklamieren den Partikularismus des göttlichen Heilswillens. Die deutliche Absage an die arminianischen Thesen und die persönliche Verurteilung der Remonstranten sollte durch die Einladung und Teilnahme ausländischer Theologen noch unterstrichen werden.[24]

## *3. Dordrecht und Frankreich*

Den französischen Protestanten war die Teilnahme an der Synode von Dordrecht von Ludwig XIII. untersagt worden, der zu jener Zeit gegen Spanien mit protestantischen Nationen (z.B. der protestantischen Republik der Niederlande) paktierte, nach Innen aber die Reformierten, die in der ersten Hälfte des 17. Jahrhunderts etwa 5 % der Bevölkerung ausmachen, mit har-

19 Laplanche, Orthodoxie (wie Anm. 15), 277.

20 Ciro Senofonte, Pierre Bayle dal calvinismo all'illuminismo, Neapel 1978, 73.

21 Senofonte (wie Anm. 20), 138f.

22 Egil Grislis, Seneca and Cicero as Possible Sources of John Calvin's View of Double Predestination: An Inquiry in the History of Ideas, in: In Honor of John Calvin. 1509–64. Papers from the 1986 International Calvin Symposium McGill University, hg. v. Edward J. Furcha, Montreal 1987, 28–63, hier 50–52.

23 Vgl. Dordrechter Canones von 1619, Art. III und VIII, BSRK, 849.

24 Diese ausländischen Delegierten kamen aus England, der Pfalz, Hessen, Genf, Basel, Bern, Schaffhausen, Zürich, Bremen, Emden und Nassau-Wetterau.

25 Vgl. Frans Pieter van Stam, The Controversy Over the Theology of Saumur, 1635–1650. Disrupting Debates among the Huguenots in Complicated Circumstances, Amsterdam/Maarssen 1988, 6. Van Stams ausgezeichneter und detaillierter Studie verdankt der vorliegende Beitrag sehr viel.

ter Hand regierte.[25] 1620 übernahm die Nationalsynode in Alès die Lehre der Canones. Präsident der Synode war der eingangs erwähnte Theologe Pierre du Moulin, zu jener Zeit Pfarrer in Paris, genauer in Charenton – da das kirchliche Leben gemäß des Edikts von Nantes ja nicht in Paris sein durfte – und Autor einer anti-arminianischen Erklärung, die bei der Synode von Dordrecht verlesen worden war. Jedes Mitglied der Synode von Alès musste einen Eid schwören, mit dem die Lehre der Arminianer zurückgewiesen wurde.[26] Eine Übersetzung der Canones lag allerdings erst der Synode in Charenton von 1623 vor[27], die erklärte, dass die Artikel von Dordrecht auf dem Wort Gottes gründeten und in Einklang mit der Confession de Foi von 1559 stünden. Man werde nie von ihnen abweichen.[28]

In Frankreich kam es allerdings nie zu einer so umfangreichen Kampagne gegen vermeintliche Arminianer – mit Massenverurteilungen und Amtsenthebungen – wie in den Niederlanden. Nach der Synode von Dordrecht verließen etwa 200 Remonstranten die Niederlande, von denen ein Teil in Paris aufgenommen wurde, was die Regierung sehr unterstützte. Der Grund dafür mag der sein, den Elie Benoît in seiner Geschichte des Edikts von Nantes von 1693 äußert: Vermutlich ging es schlicht und einfach darum, mit der Unterstützung einer Richtung, die in den Niederlanden zur Zersplitterung des protestantischen Lagers geführt hatte, einen Keil zwischen die Protestanten im eigenen Land zu treiben.[29] Die Toleranz der Pariser Kirche ist nicht zuletzt darauf zurückzuführen, dass die Arminianer als Privatpersonen ohne kirchliche Funktion kamen.[30]

26 Actes ecclesiastiques et civils de tous les synodes nationaux des Eglises reformées de France, par M*** [Jean Aymon] théologien et jurisconsulte réformé, Vol. 2, La Haye 1736, 145: „Je N.N. Jure & Proteste devant Dieu & cette Sainte Assemblée, que je reçois, aprouve & embrasse tous les Dogmes, & toutes les Choses qui ont été décidées au Synode de Dort, comme étant conformes à la Parole de Dieu, & à la Confession de nos Eglises. [...] Je declare aussi et je proteste que je rejette, & condamne la Doctrine d'Arminius, parce qu'elle fait dependre de la volonté de l'Homme, les Decrets de l'Election de Dieu, dont elle extenuë la Grace à laquelle il ôte son Eficacité; elle eleve l'Homme, & les Forces du Libre Arbitre, ce qui la detruit & fait revivre le Pelagianisme, & est un Masque avec lequel le Papisme pourroit se deguiser, pour se glisser parmi nous, outre qu'elle nous ôte toutes les Assdûrances de la Vie & DU Bonheur Eternel."

27 Vgl. Actes ecclesiastiques (wie Anm. 26), 298ff.

28 Actes ecclesiastiques (wie Anm. 26), 322.

29 Elie Benoit, Histoire de l'Edit de Nantes, Vol. II, Delft 1693, 422: „On peut s'étonner d'où venoit cette faveur, que la Cour vouloit faire aux Arminiens. Il ne semble pas qu'elle eût autre raison que de diviser, en laissant un libre cours à une doctrine qui avoit fait naître une si grande division dans les Provinces Unies."

30 Vgl. van Stam (wie Anm. 25), 20.

## *4. Der Streit um Amyraut*

Auch hier steht die Prädestination im Zentrum der Auseinandersetzungen. Nach Laplanche[31] erklären die bitteren Kämpfe in den Niederlanden zum Teil die Hitzigkeit des nachfolgenden Konflikts in Frankreich. Es kann im Rahmen dieses Vortrags nicht darum gehen, den Konflikt in all seinen Einzelheiten nachzuzeichnen. Das ist bereits in den Studien von Laplanche, Armstrong und van Stam geschehen.[32] Ich möchte mich auf einige wesentliche Momente und Aspekte beschränken, die insbesondere die Nähe bzw. Distanz der Gegner zu Calvin erkennen lassen.

### *4.1 Saumur*

Saumur war in der ersten Hälfte des 17. Jahrhunderts eine der drei führenden protestantischen Akademien Frankreichs und zur Zeit Amyrauts die größte.[33] Gegründet wurde sie 40 Jahre nach der Akademie von Genf, nämlich 1599 von Philippe Duplessis-Mornay, der neben zwei so rigoros orthodoxen Theologen wie du Jon und Gomar auch den liberalen schottischen Theologen Cameron berief, der von 1618–1620 und 1623 in Saumur lehrte und 1625 in Montauban bei einem Handgemenge zwischen militanten und politischen Protestanten ums Leben kam.

Auf den Plan gerufen, um die orthodoxe Lehre gegen den Arminianer Tilenus zu verteidigen, der gegen die Annahme der Canones von Dordrecht durch die französischen reformierten Kirchen protestiert, erkennt Cameron rasch die Schwachstellen im eigenen System: die Vereinbarkeit der Prädestinationslehre mit dem, was die Schrift über die das Heil aller Menschen wollende Liebe Gottes aussagt. Gegen Beza, in dessen Lehre Cameron die Wendung der reformierten Theologie zum Schlechten erkennt[34], behauptet er, dass Gott als erstes beschließt, die gefallene Menschheit aufzurichten.[35] Ein zweiter Ratschluss besiegelt die Sendung des Sohnes für alle, die an ihn glauben. Ein drittes Dekret besiegelt die Gabe der Gnade, aus der der Glaube und die Reue kommt, an einige Erwählte, ein viertes ist der Entschluss, alle zu retten, die geglaubt haben. Gott hat also einen bedingten Willen, alle die zu erlösen, die glauben, und allen die glaubensnotwendi-

31 Laplanche, Orthodoxie (wie Anm. 15), 34.

32 Die bibliographischen Angaben finden sich in den vorangehenden Fußnoten.

33 Vgl. van Stam (wie Anm. 25), 16; die anderen beiden waren Montauban und Sedan (ab 1642 französisch); vgl. Armstrong (wie Anm. 17), xviii.

34 Vgl. Armstrong (wie Anm. 17), 159.

35 Das Resumé der Lehre Camerons erfolgt nach Laplanche, Orthodoxie (wie Anm. 15), 51f.

gen äußeren Mittel zu geben (Predigt des Evangeliums, Bezeugung Gottes durch Schöpfungswerke). Andererseits hat er aber den absoluten Willen, nur den Erwählten das glaubensnotwendige innere Mittel zu geben, die Gnade.

Dass Gott einerseits die Erlösung aller Menschen will (vgl. 1 Tim 2,4), es andererseits Errettete und Verlorene geben soll (vgl. 1 Kor 1,18), stellt nicht nur die protestantische Theologie vor Probleme. Angesichts dieses Dilemmas hatte sich bereits Thomas von Aquin der Unterscheidung zweier göttlicher Willen bedient: Der Wille, alle Menschen zu erlösen, wird durch die Forderungen der göttlichen Gerechtigkeit modifiziert und erzeugt den Willen, die Erwählten aus Barmherzigkeit zu erlösen und die Verworfenen aufgrund der Ansprüche der Gerechtigkeit zu verdammen.[36] Im 17. Jahrhundert versucht Malebranche eine Versöhnung der beiden geoffenbarten Wahrheiten, indem er den Vorrang der Gesetze der göttlichen Weisheit geltend macht: Gott will wahrhaftig das Heil aller Menschen, er tut für sie innerhalb des ihm gemäßen Handelns alles, was er kann, er erlöst so viele, wie er kann, ohne dass sein Handeln gegen die Regeln seiner Weisheit verstößt.[37]

Bei Cameron wird nun die Schwierigkeit gelöst durch die Annahme eines nicht absoluten universellen Heilswillens, dessen Verwirklichung vom Glauben des Menschen abhängt, der nur durch das absolute Erwählungsdekret geschenkt wird. Diese und andere Elemente der Lehre Camerons übernimmt sein Schüler Moyse Amyraut, um sie – wie wir sehen werden – in engem Dialog mit dem Denken Calvins weiterzuentwickeln.

Mit dem Dreigespann Moyse Amyraut, Josué de la Place, einem Gegner der traditionellen Erbsündenlehre, und Louis Cappel du Tilloy – der die Vokalzeichen und Akzente des hebräischen Textes als Spätschöpfungen der Masoreten ab dem 5. Jahrhundert erkannt hatte, dessen Ergebnisse aber, wie auch die von Ideen von de la Place, 1675 in der Formula consensus Helvetica verurteilt wurden[38] – erlangt die Akademie von Saumur internationalen Ruhm. Nach dem Tod dieser drei Theologen (Cappel 1658, Amyraut 1664 und de la Place 1665) lehren in Saumur noch der Amyraut-Schüler Pajon, der seinen Lehrer allerdings an Innovation noch weit übertraf, der Genfer Philosophieprofessor Jean-Robert Chouet, der den Kartesianismus

36 Vgl. Thomas v. Aquin, Summa Theologiae, I, q. 19, a. 6, cura et studio sac. P. Caramello cum textu ex recensione Leonina, Vol. 1, Turin/Rom 1952–1956, 112.

37 Nicolas Malebranche, Traité de la nature et de la grâce, Ier Discours, IIe partie, article 46, in: ders., Oeuvres, édition établie par Geneviève Rodis-Lewis avec la collaboration de Germain Malbreil, Vol. 2, Paris 1992, 47.

38 Eine kurze Darstellung des exegetischen Wirkens von Cappel findet sich in François Laplanche, Tradition et modernité au XVIIe siècle. L'exégèse biblique des protestants français, in: Annales de l'Ecole des Hautes Etudes en Sciences Sociales mai-juin, n. 3 (1985), 467f.

an der Akademie einführt, und Isaac d'Huisseau, dessen Bemühen um Einigung der zerstrittenen Konfessionen anhand des methodischen Zweifels nach Descartes 1670 zu seiner Absetzung durch die Synode des Anjou führte. Zu ihren besten Zeiten hatte die Akademie mit dem Collège zusammen etwa 400 Schüler aus der Umgebung, aber auch aus dem Ausland (v.a. aus Genf, Schottland, den Niederlanden und Deutschland). Im Januar 1685 schlossen sich ihre Tore für immer.

### *4.2 Etappen und Gegner*

Camerons Lehren hatten außer einigen Theologen in den Niederlanden, namentlich den Franzosen André Rivet und seinen Kollegen in Leiden, niemanden beunruhigt. Er selbst hatte Rivet versichert, von ganzem Herzen den Canones anzuhängen und von den Arminianern nicht als einer der ihren anerkannt zu werden.[39] Der Konflikt entzündete sich erst, nachdem Amyraut Ende 1634 seine Schrift zur Prädestination, den *Brief traitté de la predestination et de ces principales dependances*, in Saumur veröffentlicht hatte. Grund des, wie van Stam[40] betont, etwas hastig geschriebenen Buches waren die Schwierigkeiten eines katholischen Adligen nach seiner Bekehrung zum reformierten Glauben aufgrund seiner Heirat. 1635 hagelte es die ersten Kritiken, denn Amyraut vertritt hier einen hypothetischen Universalismus: Gott will das Heil aller Menschen, unter der Voraussetzung, dass sie glauben. Ohne Glauben bleibt die universelle Gnade unwirksam.[41] Indem er wie Cameron das Dekret der Prädestination nicht nur dem Vorwissen um den Fall, sondern auch dem der Erlösung nachstellt, versucht der hypothetische Universalismus Amyrauts, die Rigidität der Prädestinationslehre durch die Hervorhebung einer allen Menschen bestimmten, wenngleich nur sub conditione fidei wirksamen Gnade zu mildern.[42] Im Unterschied zu den Arminianern verneint er jedoch, dass es in der Macht des Menschen stehe, von dieser Erlösung Gebrauch zu machen.

1636 erschien dann das nächste Buch Amyrauts, die *Six Sermons*, in denen er demonstrieren will, dass er bereits im *Brief traitté* Calvin gefolgt ist: Jeder

39 Vgl. Gaston Bonet-Maury, „Trois lettres inédites de John Cameron", Bulletin de la Société de l'Histoire du Protestantisme Français 50 (1901), Lettre à André Rivet, 2.5.1622, 163f.
40 van Stam (wie Anm. 25), 40.
41 Vgl. Moise Amyraut, Brief traitté de la predestination et de ses principales dependances, Saumur 1634, 89f.: „[...] la grace est universelle & presentée à tous les hommes [...]. Et partant ces paroles, Dieu veut le salut de tous les hommes, reçoivent necessairement ceste limitation, pourveu qu'ils croyent."
42 Vgl. Elisabeth Labrousse, Pierre Bayle: hétérodoxie et rigorisme, Paris [2]1996, 410f.

wisse, so schreibt er, „wie niederträchtig die Art ist, in der die Feinde dieses Gottesdieners seine Lehre vortragen“[43], in der Art nämlich, dass Calvin Gott zum grausamsten aller Tyrannen mache. Dies will Amyraut richtigstellen und dabei betonen, dass seine Lehre und Terminologie genuin calvinisch („celle de Calvin mesme“)[44] ist.

Das Buch enthält auch einen 70-Seiten-Essay über die Lehre Calvins *Eschantillon de la doctrine de Calvin, touchant la predestination*, der eine große Rolle spielt, da er den eingangs genannten Theologen Pierre du Moulin auf den Plan rief. Hier wird klar: Amyraut ist ein Experte des Reformatoren, dessen Verteidigung gleichzeitig ein Angriff der Gegner ist. Armstrong[45] hebt hervor, dass die Kenntnis, die Amyraut von Calvin besitzt, und seine Identifikation mit dem Denken des Reformators einzigartig seien, da zu dieser Zeit der Calvinismus sich auf internationalem Niveau von Calvin entfernt habe. So verweist etwa du Moulin, der in Amyraut einen Arminianer sieht, der Calvins Lehre verfremdet, nie auf den Reformator, wenn es um Vorsehung oder Prädestination geht, eher noch auf Thomas. Nun gilt die Theologie Calvins zwar nicht als normativ, aber Calvin genießt weiterhin das Ansehen als einer der besten Interpreten der *norma normans* protestantischer Theologie, der Schrift.

Mit Hilfe von insgesamt 35 Zitaten aus verschiedenen Schriften Calvins will Amyraut in seiner Schrift u.a. nachweisen, dass Gott in Calvins Kommentar von Röm 5,18 allen Menschen eine gemeinsame Gnade zukommen lasse, die allen angeboten werde, aber sich in der Wirkung nicht auf alle erstrecke. So lehre Calvin eine doppelte Barmherzigkeit; die eine sei universell, da sie Gott dazu bringe, allen zu vergeben, die bereuen, die andere sei partikular, weil sie die Voraussetzung wahrer Reue nur in einigen ermögliche.[46] Diese Unterscheidung entspricht Camerons Unterscheidung von vorausgehender und nachfolgender Liebe *(antecedens – consequens)*.[47] Der Wille aber, den Glauben in den Menschen zu schaffen, ist Erwählung.[48]

43 Moise Amyraut, Preface au lecteur, in: ders., Six sermons de la nature, estendue, necessité, dispensation, et efficace de l'Evangile, Saumur 1636: „Car chacun sçait combien odieuse est la maniere en laquelle les ennemis de ce serviteur de Dieu proposent sa doctrine.“

44 Ebd.

45 Armstrong (wie Anm. 17), XVIII.187.

46 Vgl. Moise Amyraut, Eschantillon, in: ders., Brief traitté de la predestination, avec l'Eschantillon de la doctrine de Calvin sur le mesme suiet; et La response a M. de la Grace et autres questions de theologie, Saumur 1658, 203–206.

47 Vgl. Armstrong (wie Anm. 17), 193.

48 Vgl. Moise Amyraut, Sermon sur les paroles du Prophete Ezechiel, chap. 18 v. 23, in: ders., Sermons sur divers textes de la Sainte Ecriture, 63: „[...] cette volonté de creer la foy dans les hommes, que nous appellons l'eslection“.

Trotz einiger Verstehensschwierigkeiten, die für Amyraut auch daran liegen, dass der Reformator kein in sich geschlossenes System biete, beziehe sich Calvins Konzept der Prädestination auf den gefallenen Menschen und nicht auf den Menschen im status integritatis, „en l'integrité de sa nature"[49]. Klarer sei seine Unterscheidung zwischen Gott als Gesetzgeber, der seine Gnade allen anbietet, und als Vater, der dafür sorgt, dass die Erwählten ihrer wirklich teilhaftig werden. Amyraut verweist ebenfalls auf Calvins Aussage, dass Christus ausreichend für alle gelitten habe, aber die Wirkung und der Nutzen seines Todes nur den Erwählten zukomme. Begriffe, die man bei ihm, Amyraut, kritisiere, kämen auch bei Calvin vor, etwa der der universellen Gnade („grace universelle"). Spätestens nach diesem Essay soll den Gegnern Amyrauts klar sein: Wer ihn angreift, greift implizit auch Calvin an. Und wer würde das wagen? Du Moulin, dessen Aussagen zu Calvin diesen Vortrag eingeleitet haben, nahm die Herausforderung an und organisierte den Widerstand gegen die Theologie Amyrauts. Unterstützung für Amyraut kam aus Paris, insbesondere von Daillé, der gegen André Rivets Vorwürfe die Konformität von Amyrauts Ideen mit den Canones von Dordrecht geltend machte und betonte, dass für manche Arminianer Amyrauts Lehre identisch sei mit der von Calvin.[50]

Von der 1637 in Alençon stattfindenden Nationalsynode versprachen sich alle Parteien etwas: Die meisten Gegner wollten die Verurteilung Amyrauts, andere – wie die Genfer Vénérable Compagnie – empfahlen, über heikle Themen zu schweigen oder, sofern dies nicht mehr möglich war, am besten der Einfachheit des Bekenntnisses und der Beschlüsse von Dordrecht zu folgen.[51] Van Stam kommentiert: „Amyraut might appeal to John Calvin but a greater authority was here."[52]

Die Befürworter Amyrauts, aber auch manche Gegner hofften auf die Möglichkeit der Koexistenz der beiden Lehren. Sie verwiesen darauf, dass es auch bei der Synode von Dordrecht zwei Schulen gegeben habe (Infra- und Supralapsarismus), die beide Platz gefunden hätten. In der Tat wurde Amyraut mit wenigen Auflagen bedacht (v.a. Unterlassen bestimmter Ausdrücke wie „decret conditionnel").[53] So kehrte er, der gemeinsam mit Testard

49 Amyraut, Eschantillon (wie Anm. 46), 202.

50 Vgl. van Stam (wie Anm. 25), 72.

51 Vgl. den Brief der Compagnie vom 26.4.1637, in: Actes ecclesiastiques (wie Anm. 26), 610.

52 van Stam (wie Anm. 25), 103.

53 Vgl. Actes ecclesiastiques (wie Anm. 26), 574.

seine Orthodoxie beteuert hatte[54], nach diesem salomonischen Urteil[55] in Ehren zu seinen Aufgaben zurück.

Eine nächste Etappe ist 1638 der heimliche Druck von du Moulins Angriff auf Amyraut und Testard durch den Amsterdamer Arminianer Etienne de Courcelles: das *Examen de la doctrine de messieurs Amyraut et Testard, l'un Pasteur et professeur en theologie à Saumur, l'autre Pasteur à Blois, touchant la predestination et les poincts qui en dependent, par Pierre du Moulin, Pasteur et professeur en theologie à Sedan, avec un advis d'un personage desinteressé sur ledit examen*, Amsterdam 1638. De Courcelles nennt Amyrauts Bewunderung für Calvin maßlos, der Reformator wird zum Götzen[56] – obwohl sich Amyraut weiter von Calvin entferne als seine anderen Schüler. Du Moulins Wertschätzung der Dordrechter Canones hingegen mache diese statt der Schrift zum Prüfstein.[57] Als Individuen fehlbar, seien Theologen im Kollektiv wohl kaum unfehlbar.[58]

Als 1640 in Amsterdam ein 38seitiges anonymes Pamphlet gegen die reformierte Verwerfungslehre[59] erscheint, das insbesondere auf Calvin Bezug nimmt, greift Amyraut erneut zur Feder und antwortet 1641 mit einer magistralen Verteidigung der Lehre Calvins, der *Doctrinae Ioannis Calvini de absoluto reprobationis decreto defensio*, die er seinem ehemaligen Gegner auf der Nationalsynode von Alençon (1637), J.M. de Langle, widmet und in der zwar die Canones von Dordrecht kaum erwähnt werden, aber eine gewisse Übereinkunft mit du Moulin bewiesen werden soll.[60] In der erweiterten Übersetzung[61] finden sich weitere Autoritäten zur Stützung der eigenen Thesen, v.a. Bucer, Musculus und Bullinger, dem die doppelte Prädestination bekanntermaßen Bauchschmerzen bereitete.[62] Amyraut übt milde Kritik an

54 Vgl. Actes ecclesiastiques (wie Anm. 26), 572.

55 D. Ligou, Histoire des protestants en France, Toulouse 1977, 137, spricht von einem „jugement de Salomon".

56 Advis, in: Du Moulin (wie Anm. 1), 156: „[...] je recognois volontiers que le sieur du Moulin a tres-grande raison de reprendre le sieur Amirault des loüanges excessives qu'il luy donne en ses sermons. Car il passe toute mesure en cecy, & peu s'en faut qu'il n'en fasse une idole".

57 Advis (wie Anm. 56), 158.

58 Ebd.

59 De absoluto reprobationis decreto, versio ex anglico, Amsterdam 1640. Darin heißt es u.a. auf S. 19: „Iustitiae etiam divinae repugnare videtur doctrina de absoluto decreto" und auf S. 38: „[...] merito ille qui fidem suam & intellectum Synodo Dordrechtanae non plene mancipaverit, de veritate ejus dubitare possit."

60 Vgl. van Stam (wie Anm. 25), 168.

61 Moise Amyraut, Defense de la doctrine de Calvin. Sur le sujet de l'election et de la reprobation, Saumur 1644.

62 Vgl. Brief von Heinrich Bullinger an Calvin vom 1.12.1551, in: CR 14, Nr. 1565, 215.

Bezas Supralapsarismus, in dem Gott die Sünde des Menschen völlig außer Acht lasse.

Die *Defensio* stieß auf allgemeine Zustimmung, selbst bei André Rivet. Als die Beziehungen zwischen Rivet und Amyraut sich wieder verschlechterten, ließ Amyraut Teile des Briefs mehrmals veröffentlichen, am ausführlichsten in seinen *Dissertationes theologicae quatuor* von 1645. Die dritte Dissertatio[63] ist zugleich eine Antwort auf den Angriff des Leidener Theologieprofessors Spanheim auf die Befürworter der „grace universelle". Eindeutig lehre die Schrift, so Amyraut, eine universelle Ausrichtung der Erlösung durch Christus durch den bedingten Willen und zugleich eine partikulare Zuwendung seines Verdienstes durch den das Wirken des Heiligen Geistes betreffenden absoluten Willen. Ist die Voraussetzung der Erlösung, der Glaube, nicht gegeben, so bleibt die Erlösung durch Christus *„in suspenso"*[64].

Auch die Nationalsynode von Charenton 1644 hat einen positiven Ausgang für Amyraut, der seine Orthodoxie erneut beweisen kann. Aber neben der neuen Debatte mit Spanheim bleibt die Bedingtheit des universellen Willens Gottes weiterhin Zielscheibe von du Moulins Kritik: „Monsieur Amyraut lehrt, dass Gott den Glauben, ohne den niemand erlöst werden kann, nicht allen geben will, und zeigt damit deutlich genug, dass er sie nicht alle erlösen will, auch wenn er vorgibt, das Gegenteil zu lehren."[65]

Doch ebenso plötzlich, wie er angefangen hatte, war der Konflikt 1650 nach dem persönlichen Eingreifen von Henri-Charles de la Trémouille und einer offiziellen Einigung (Acte de Thouars 1649) zwischen Amyraut und seinen wichtigsten innerfranzösischen Gegnern, die sich verpflichteten, nicht mehr über die strittigen Themen zu schreiben, beendet.[66]

### *4.3 Die Prädestinationslehre Amyrauts: alter Wein in neuen Schläuchen?*

Als 1653 die Provinzsynode des Bas Languedoc Kritik an der Theologie von Saumur übt, schreibt der Pariser Pfarrer Mestrezat in einem Brief an zwei dortige Pfarrer, Arvieu (Nîmes) und Vals (Sommières): Heute wird neue

63 Moise Amyraut, Doctrinae de gratia universali [...] defensio, in Dissertationes theologicae quatuor, Saumur 1645.

64 Armstrong (wie Anm. 17), 210.

65 Pierre du Moulin, Esclaircissement des controverses Salmuriennes, Genève 1649, 94: „M. Amyraut enseignant, que Dieu ne veut pas donner la foy à tous, sans laquelle nul ne peut estre sauvé, monstre assez, qu'il ne veut pas les sauver tous, combien qu'il face semblant d'enseigner le contraire".

66 Das überraschende Ende schildert im Detail van Stam (wie Anm. 25), 377ff.

Lehre genannt, was in Wirklichkeit die alte ist.[67] Bereits 1635 war von der neuen Theologie von Saumur die Rede. Guillaume Rivet sprach von gefährlichen Neuerungen, während Daillé von Beginn an abstritt, dass Amyrauts Ansatz neu war. Auch der arminianische Gegner Amyrauts, De Courcelles, sah unter dem Deckmantel einer neuen Methode eine Lehre kaschiert, die sich im Grunde nur wenig von der du Moulins unterschied.

Für Amyraut war die reformierte orthodoxe Theologie eine Verdrehung der Theologie Calvins. Amyraut findet bei Calvin eine Lehre vom zweifachen Willen, einem universellen und bedingten sowie einem partikularen und absolut unbedingten. In der Tat, auch Calvin bekräftigt, dass Gott alle zur Buße aufruft und ihnen verspricht, sie anzunehmen, unter der Bedingung, dass sie ernsthaft bereuen. In der Institutio (III,20,43) ist explizit von zwei Willen die Rede, einem verborgenen, mit dem Gott die Welt regiert, und einem, auf den sich der bewusste Gehorsam des Menschen bezieht, also der geoffenbarte Wille. Im Grunde ist der Wille Gottes aber, wie Amyraut mit Calvin bestätigt, nur einer, der jedoch aufgrund unserer Schwäche zweifach gedacht werden muss. In der Offenbarung seines bedingten Willens hat sich Gott unserem Geist angepasst. Daher die Anthropomorphismen der Schrift, die einen klagenden, wünschenden, mitleidigen Gott zeigen. Auch bei Calvin finden wir diese Akkommodationslehre, die quasi ein pädagogisches Instrument Gottes ist, um sich dem Menschen mitzuteilen. Armstrong betont allerdings, dass bei Amyraut die Akkomodation weitreichender gedacht ist als bei Calvin.[68]

Obwohl Amyraut – wie Calvin, als dessen Interpret er sich versteht – die Prädestination nicht nur als eine absolute (das heißt unabhängig vom Vorwissen um die menschlichen Taten), sondern auch als eine doppelte (Prädestination zum Heil und zur Verdammnis) begreift, betont er – in seinem Bestreben, die Härten der Prädestinationsthematik abzuschwächen – die Universalität der göttlichen Heilsversprechen. Dies – wie er selbst zugibt – weitaus mehr als der Reformator, und bezeichnet die Verwerfung als einen rein negativen Beschluss Gottes, die massa perditionis sich selbst zu überlassen. Alle Menschen sind bedingt *(pourveu qu'ils croyent)* zum Heil prädestiniert. Aber nur die Erwählten sind absolut zum Glauben prädestiniert, während den Ungläubigen die Glauben schaffende Gnade verweigert wird und sie ihrer Ungläubigkeit überlassen werden, wie sie es im Übrigen aufgrund ihrer Boshaftigkeit, die Amyraut nicht als physische, sondern als moralische Unfähigkeit bezeichnet, verdienen. Diesen rein negativen Beschluss findet

67 Wiedergegeben nach van Stam (wie Anm. 25), 405, Anm. 108.
68 Armstrong (wie Anm. 17), 205.

man nicht in der Theologie des Reformators. Auch Calvin erkennt in der Boshaftigkeit die direkte Ursache der Verwerfungswürdigkeit. Dennoch betont der Reformator vor allem die Entsprechung aller Ereignisse mit dem verborgenen Willen Gottes. Er macht aus der Verwerfung einen positiven Beschluss und sieht in der Verhärtung der Herzen der Verworfenen eine Handlung des göttlichen Zorns zum Ruhme Gottes.[69]

Amyraut erkennt an, dass Gott nach Calvin den Sündenfall gewollt habe, aber er bestreitet, dass Calvins Lehre supralapsarisch ist, und minimiert die Bedeutung der Tatsache, dass Calvin bisweilen das Prädestinationsdekret vor dem der Schöpfung erfolgen lässt. Er weist zu Recht darauf hin, dass Calvin über die Reihenfolge der Dekrete selbst keine Rechenschaft abgibt.[70] Amyraut selbst sieht in der Rede von aufeinanderfolgenden Dekreten ein Zugeständnis an den schwachen menschlichen Verstand, der sich die Gleichzeitigkeit dessen, was in Gottes Verstand beschlossen wird, nicht vorstellen kann.[71]

Beide Theologen betonen die Unerklärlichkeit des Prädestinationsdekrets. Auf den unerklärlichen absoluten Willen lässt sich keine Theologie aufbauen. Aus diesem Grund gehört Prädestination nicht in die Gotteslehre, wie bei Beza und der protestantischen Orthodoxie, sondern ist eine *ex post facto*-Erklärung der Gnade. Erst vom Glauben an Christus aus lässt sich die Prädestination betrachten, das Dekret, durch das der Glaube entstanden ist. Beginnt man mit dem Dekret, so ist die Erwählungslehre, wie Calvin und im Anschluss an ihn Amyraut hervorgehoben haben, ein fatales Labyrinth. Vielmehr muss man mit dem beginnen, was Gottes Liebe in Christus offenbart und durch das Evangelium verkündet. Die heilsnotwendige Voraussetzung ist und bleibt der Glaube. Die glauben, glauben aufgrund von Erwählung. Wir müssen also nicht fragen, ob wir erwählt sind, so Amyraut[72], sondern können aufgrund des Glaubens, den wir in uns spüren, davon ausgehen, dass wir erwählt sind. Den Glauben gilt es also zu bedenken. Die enorme Bedeutung, die der Glaube im Denken Amyrauts erhält, ist eine klare Rückkehr zur reformatorischen Theologie.[73]

In gewisser Weise bewegt sich Amyrauts Theologie daher zwischen Innovation und Restauration. Innovation, weil er sich in der Calvin-Interpretation viele Freiheiten nimmt und ihn in Weiterführung der Ideen Camerons

69 Inst. (1559) III,24,12–14.
70 Vgl. Amyraut, Defense (wie Anm. 61), 579f.
71 Vgl. Amyraut, Defense (wie Anm. 61), 582.
72 Amyraut, Defense (wie Anm. 61), 242.
73 Vgl. Armstrong (wie Anm. 17), 268.

weiterdenkt; Restauration, weil hier in gewisser Weise Calvin und mit ihm die reformatorische Lehre wieder ins Bewusstsein der reformierten Theologie gerückt wird, gegen die scholastischen Auswüchse der reformierten Orthodoxie.

## *5. Schlusswort*

In einem späten Artikel urteilt Laplanche[74]: Die Schule von Saumur entferne sich nicht von der Orthodoxie, weil sie sowohl die doppelte Prädestination als auch die Allmacht der Gnade anerkenne. Ihr Bestreben, die orthodoxe Lehre menschlicher zu machen, habe aber zu einem „système bâtard" geführt, das die nächste Generation (Claude, du Bosc, Gaussen) kaum überdauert habe. So kritisiert der protestantische Frühaufklärer Pierre Bayle um 1700, dass die von den universalistischen Calvinisten (Cameron, Amyraut, Louis Tronchin) vertretene Unterscheidung zweier Willen Gottes – von denen der geoffenbarte Wille die Erlösung aller will, aber dem absoluten Willen, der sich in der Erwählung und Verdammung äußert, weichen muss – keine Verstandnishilfe bietet: „Was! Das unendliche Wesen sollte etwas wünschen, das es nicht erreichen kann?"[75] Einer Anfechtung dieses Mysteriums durch die Vernunft – so Bayle – kann man nur die paulinische Aussage über die Unergründlichkeit der Beschlüsse Gottes und Unerforschbarkeit seiner Wege (Röm 11,33) entgegensetzen.[76] So ist es nicht verwunderlich, dass die Prädestinationslehre im heterodoxen und vernunftorientierten Pajonismus keinen Platz mehr hat.

Für den modernen Calvinismus wird die mit der Prädestinationslehre verbundene Vision einer von einem unendlich guten Schöpfer verdammten Masse der Verworfenen immer unhaltbarer.[77] Nicht umsonst hat die reformierte Theologie dieses Theologumenon letztlich zu großen Teilen preisgeben müssen.[78] Zu eklatant sind die Schwierigkeiten, die sich aus den Spe-

74 Laplanche, Tradition et modernité (wie Anm. 38), 478f.

75 Pierre Bayle, Réponse aux questions d'un provincial, in: ders., Œuvres diverses, hg. v. Elisabeth Labrousse, Vol. 3, Hildesheim 1966, 823b: „Quoi! l'Etre infini est-il sujet à souhaiter quelque chose dont il ne vient point à bout?"

76 Vgl. Pierre Bayle, Dictionaire historique et critique, 4 Bde., Amsterdam/Leiden 1740, art. Arminius, rem. E.

77 Jacques Solé, Le débat entre protestants et catholiques français de 1598–1685, Vol. 3, Paris 1985, 1491.

78 In seiner Dogmatik stellt Brunner fest: „Einzig innerhalb der streng calvinistischen Theologie in Holland (Kuyper und seine Schüler) und in Amerika wird an der calvinistischen

kulationen über Erwählungs- und Verwerfungsdekret ergeben. Brunners Urteil etwa ist vernichtend: „Die Lehre vom doppelten Dekret ist aber nicht nur in der Bibel nicht bezeugt, sondern sie ist mit der biblischen Botschaft unvereinbar.“[79] Barth hat noch einmal den großangelegten Versuch[80] unternommen, neben einer Kritik und Absage an die Spekulationen bezüglich der Erwählung (etwa die Theorie der Dekrete) die Prädestinationslehre christologisch umzuformen, indem er in Jesus Christus den erwählenden Gott und erwählten Menschen erkennt, in dessen Person Erwählung und Verwerfung zusammenfallen.[81] Für ihn geht es bei der Prädestination um das göttliche Handeln und die Souveränität Gottes, nicht um „Quantitäten von ‚Erwählten‘ und ‚Verworfenen‘“[82]. Doch das ist ein anderes Kapitel calvinischer Wirkungsgeschichte.

Lehre vom doppelten Dekret, meist in der abgeschwächten Form der Dordrechter Artikel, festgehalten.“ (Emil Brunner, Dogmatik, Bd. 1: Die christliche Lehre von Gott, Zürich/Stuttgart [3]1960, 352).

79 Brunner, Dogmatik (wie Anm. 78), 337.

80 Karl Barth, Kirchliche Dogmatik, Bd. II/2, Zürich [3]1948, 1–563.

81 Zur Kritik Brunners an Barth vgl. Brunner, Dogmatik (wie Anm. 78), 353–357.

82 Karl Barth, Der Römerbrief (1922), Zürich [12]1978, 332.

# Calvin, Psalm 110 und Melchisedek

## *Auslegung und Quellen von Hieronymus bis Bucer**

*von Görge K. Hasselhoff*

Der 110. Psalm gehört zu den Psalmen, die eine große Bedeutung für die christliche Theoriebildung seit dem neutestamentlichen Zeitalter haben. Besonders bedeutsam sind hierbei die Verse 1 und 4. Vers 1 wird in einem Streitgespräch Jesu thematisiert und auf diesen bezogen (vgl. Mk 12,35–37 parr.); Vers 4 mit der Nennung Melchisedeks kommt im Hebräerbrief eine bedeutende hermeneutische Funktion zu. In diesem Artikel soll insbesondere die Bedeutung des 4. Verses und Melchisedeks bei Johannes Calvin nachgegangen werden und die Frage nach seinen möglichen Quellen in der Geschichte der christlichen Bibelauslegung beleuchtet werden.

### *1. Zur Verwendung von Psalm 110 bei Calvin, insbesondere von „Melchisedek"*

#### *1.1 Psalmenkommentar*

Der Psalmenkommentar ist ein eher spätes Werk Calvins, erschienen im Jahr 1557.[1] In seiner Vorrede, die häufig wegen der autobiografischen Anmer-

* Um Anmerkungen ergänztes und nur unwesentlich erweitertes Vortragsmanuskript meines Beitrags auf der „7. Emder Tagung zur Geschichte des reformierten Protestantismus", Emden 22.–24. März 2009; eine ausführlichere Studie wird in meinem Buch „Johannes Calvin interkulturell gelesen" (Nordhausen: Bautz, voraussichtlich Winter 2009) erscheinen. Ich danke den Veranstaltern für die Einladung und den Hörerinnen und Hörern für weiterführende Anmerkungen; die Arbeit wurde ermöglicht im Rahmen meiner Tätigkeit als Fellow im IKGF „Dynamiken der Religionsgeschichte zwischen Asien und Europa" an der Ruhr-Universität Bochum (Sprecher Volkhard Krech).

1 Zu dem Psalmenkommentar vgl. neben den entsprechenden Abschnitten in den Biografien insbesondere Wulfert de Greef, Calvijn en zijn uitleg van de Psalmen. Een onderzoek naar zijn exegetische methode, Kampen 2006; Peter Opitz, Calvin als Ausleger der Psalmen, in: Calvin-Studienausgabe, Bd. 6: Der Psalmenkommentar. Eine Auswahl, hg. v. Eberhard Busch u.a., Neukirchen-Vluyn 2008, 1–16 (mit Lit.); zur Theologie der Auslegung: Herman J. Selderhuis, Gott in der Mitte. Calvins Theologie der Psalmen, Leipzig 2004.

kungen ausgewertet wurde[2], gibt Calvin einige Anmerkungen zur Methode und zu den von ihm verwendeten Quellen.[3] Demnach habe er etwa 1554 in der Genfer Schule die Psalmen ausgelegt, die Auslegung aber nicht veröffentlichen wollen, weil es ja bereits den Kommentar Bucers[4] sowie die Auslegung des Wolfgang Musculus (Müslin, 1497–1563)[5] gebe. Auch die angefertigten Mitschriften haben Calvin nicht überzeugen können, das Werk aus der Hand zu geben. Dennoch hatte er begonnen, einige Kommentierungen selbst zu verschriftlichen. Um zu verhindern, dass unautorisierte Mitschriften veröffentlicht werden, hat Calvin schließlich doch angefangen, den Kommentar selbst zu schreiben. In der Auslegung selbst habe er sich bemüht, immer die einfache Auslegungs- bzw. Lehrweise *(modo simplex docendi)* anzuwenden. Dabei habe er auch die Widerlegung anderer Auslegungen nur im Ausnahmefall vorgenommen. Hauptanliegen sei es schließlich, am Aufbau der Kirche mitzuwirken. So viel in aller erforderlichen Kürze zu der Einleitung; wenden wir uns nun der Auslegung von Psalm 110 nach dem Psalmenkommentar zu.

Calvin eröffnet die Auslegung – wie alle Auslegungen – mit einer kurzen Zusammenfassung, worum es in dem Psalm gehe: „Gleich an erster Stelle versichert David, dass Christus die höchste Gewalt von Gott gegeben ist samt der unbesiegbaren Macht, mit der er alle [seine] Feinde, woher sie sich auch erheben, zu Boden wirft oder unter seinen Gehorsam zwingt. Sodann fügt er hinzu, dass Gott die Grenzen dieses Königtums in ihrer Breite und Länge ausweiten will. Drittens zeichnet Christus nicht weniger die Würde eines Priesters wie die eines Königs aus, und zwar aufgrund eines feierlichen Eidschwurs. Schließlich soll ein neues Priestertum kommen, welches mit seinem Anfang nur der zeitlichen Ordnung der Leviten ein Ende machen soll; es selbst aber soll ohne Ende dauern."[6]

2 So z.B. in der lesenswerten Einführung von Christoph Strohm, Johannes Calvin. Leben und Werk des Reformators, München 2009; die Vorrede wird auch in zahlreichen weiteren biografischen Abrissen ausgewertet; einige der Neuerscheinungen im Gefolge des Calvin-Jubiläumsjahres werde ich in einem Rezensionsartikel in der Zeitschrift für Religions- und Geistesgeschichte (voraussichtlich Bd. 61 [2009]) besprechen.

3 Der folgende Abschnitt folgt der Vorrede in: CO 31,13–35; vgl. Calvin-Studienausgabe, Bd. 6 (wie Anm. 1), 18–41.

4 Das bedeutet übrigens, dass Calvin nicht zwangsläufig die vierte Auflage von 1554 (so Opitz [wie Anm. 1], 8 mit Verweis auf Ganoczy), sondern möglicherweise auch schon eine frühere Auflage dieses Kommentars kannte und benutzte.

5 Bei dem Kommentar handelt es sich um: Wolfgang Musculus, In sacrosanctum Davidis Psalterium commentarii; accessere etiam de juramento et usura appendices duae, cum locuplete rerum et verborum indice, Basel (Basileae): J. Hervagium 1563; der Kommentar ist bis zum Beginn des 17. Jahrhunderts mehrfach nachgedruckt worden.

6 Calvin-Studienausgabe, Bd. 6 (wie Anm. 1), 317,3–13 (Übers.: Christian Link), Ergänzung in Klammern vom Übersetzer.

Die nachfolgende Auslegung ist dreigeteilt, zunächst behandelt Calvin die Verse 1–3, dann den Vers 4 und schließlich die Verse 5–7.

Ausgangspunkt ist ein Wort Jesu, demzufolge dieser Psalm auf ihn zu beziehen sei (vgl. Mk 12,35 parr.). Zudem spreche das apostolische Zeugnis im Hebräerbrief (1,13 usw.) dafür. Zwar sei bereits in David das Königtum Christi vorgebildet, aber der doppelte Bezug König-Priester sei allein Christus vorbehalten. Auch, da David mit dem prophetischen Geist begabt war[7], ergebe sich eine Auslegung auf diesen. Die Prophezeiung beziehe sich auf die zukünftige Herrschaft Christi, das Anliegen ist gleichwohl ein seelsorgerliches: „Kurz gesagt: David stärkt hier die Herzen der Frommen, dass sie ungeachtet der tollkühnen Verwegenheit [ihrer Feinde], die sich zum Ansturm auf das Reich Christi erheben, und mitten im furchtbaren Aufruhr nicht schwankend werden, denn Gottes unüberwindliche Macht wird sich zum Schutz der Herrlichkeit dieses heiligen Thrones aufmachen. Sooft wir also in mannigfachen Stürmen hin- und hergerissen werden, sollen wir lernen, uns auf diese Zusage zu verlassen. Denn mag die Welt sich noch so wahnsinnig aufführen, ihre Hände reichen nicht so weit, Christus von der Rechten des Vaters loszureißen. Schließlich regiert Christus nicht für sich selbst, sondern zu unserem Heil, so dass wir unter der Obhut dieses unbesiegbaren Königs sicher und wohlbehalten sein werden.“[8]

Das Ziel der Auslegung der ersten drei Verse ist es, zu einem „heiligen Lebenswandel“[9] der Gläubigen anzuleiten.

Darauf folgt die Auslegung von Vers 4: „Dieser Vers bringt völlig zur Gewissheit, dass hier von niemand anderem die Rede ist als von Christus.“[10] Dass „die Juden“ das Wort *cohen* als *princeps* verstünden, sei schwach und frivol: *nimis dilutum est adeoque frivolum*. Vielmehr müsse gefragt werden, was denn die Intention sei, wenn David Christus als Fürsten und Priester nach der Art Melchisedeks bezeichne *(ex ratione M.)*. Hierzu gebe ja schon Mose in Genesis 14 Auskunft, der Melchisedek als denjenigen bezeichne, der Gott auf die einzig angemessene Art verehrt habe. Die Familie Davids dagegen habe sich eines doppelten Amtes nicht würdig erwiesen, wie sich am leprösen Usia zeige. Der Unterschied sei klar und deutlich: „Bei dem neuen König wird der Dienst des Priestertums mit Krone und Thron ver-

7 Vgl. CO 31,161; Calvin-Studienausgabe, Bd. 6 (wie Anm. 1), 320,18.

8 Calvin-Studienausgabe, Bd. 6 (wie Anm. 1), 325,8–19 (Übers.: Link), Ergänzung in Klammern vom Übersetzer.

9 So in der Übersetzung von Link; Calvin schreibt: „sed vera sanctitate velle coli“ (CO 31,163; Calvin-Studienausgabe, Bd. 6 [wie Anm. 1], 328,7).

10 Calvin-Studienausgabe, Bd. 6 (wie Anm. 1), 329,15f. (Übers.: Link).

bunden sein."[11] Zudem sei Melchisedek ja ein Priesterkönig eines unbedeutenden Fleckens gewesen. Selbst wenn man das bestreiten wolle, gebe es noch ein weiteres Indiz für den Bezug auf Christus: den Eid Gottes. Auch dieser sei in seiner Vorbildfunktion angeführt, um zu zeigen, dass nur in außergewöhnlichen Situationen überhaupt geschworen werden solle. Zu dem Ungewöhnlichen gehört, dass Gott das levitische Priestertum abgeschafft habe.

Das sperrige Wort *divrati* des hebräischen Textes, was nach einigen Auslegern mit *secundum verbum meum* wiederzugeben sei, möchte Calvin unter Absehung des *yud* mit *ratio* wiedergeben. Da im Übrigen die meisten Schriftsteller der älteren Kirche den Fehler gemacht hätten, nicht die Auslegung des Hebräerbriefs als das wahre Interpretament anzuwenden, seien sie der Halluzination aufgesessen (wörtlich: *hallucinati sint*), dass mit der Melchisedek-Christus-Typologie etwas anderes intendiert sei. Deren Fehlinterpretation sei diejenige gewesen, dass in Melchisedek typologisch das Abendmahl vorabgebildet sei. Brot und Wein seien jedoch schlicht als Wegzehrung für Abraham und seine Mitstreiter zu verstehen. (Daraus erkläre sich auch, dass es beim Abendmahl nicht um Brot und Wein, sondern um Gemeinschaft unter Gläubigen – *communicatio inter fideles* – gehe.) Das hebräische *le'olam* schließlich sei der abschließende Hinweis auf das immerwährende Priestertum Christi.

An diese ausführliche Erklärung von Vers 4 schließt Calvin noch eine sehr kurze Erklärung der übrigen Verse an, indem er sie auf die zukünftige Herrschaft Jesu auslegt und zugleich auf ein geduldiges Ausharren der Gläubigen unter den gegenwärtigen Bedrückungen auslegt.

Bevor ich mich der Frage nach Calvins Quellen zuwende, sei ein Seitenblick auf die Auslegung der Figur Melchisedeks in Calvins weiteren Schriften gestattet.

## *1.2 Melchisedek bei Calvin*

### *1.2.1 Institutio*

In der letzten Ausgabe der Institutio aus dem Jahr 1559 greift Calvin fünfmal auf Melchisedek und Psalm 110,4 zurück, dreimal im zweiten Buch „Von der Erkenntnis Gottes als des Erlösers in Christo" und zweimal im vierten Buch „Von den äußeren Mitteln oder Beihilfen, mit denen uns Gott zu der Gemeinschaft mit Christus einlädt und in ihr erhält". Die Verwendungsweisen sind in vier der fünf Fälle derjenigen im Psalmenkommentar

11 Calvin-Studienausgabe, Bd. 6 (wie Anm. 1), 329,37–331,2 (Übers.: Link).

sehr ähnlich. So dient Melchisedek als Beleg für die Erwählung des einen Hohepriesters Jesus Christus, der nicht durch eine äußerliche Salbung erwählt wird (Inst. [1559] II,7,2); in seiner Figur liegt die Begründung des priesterlichen Amtes Jesu Christi (Inst. [1559] II,15,6), die Ablehnung einer Fortdauer eines menschlichen Priestertums (Inst. [1559] IV,19,28)[12] und die begründete Polemik gegen die typologische Auslegung der Abraham-Melchisedek-Perikope auf das Abendmahl (Inst. [1559] IV,18,2)[13]. Lediglich die ausführliche Abhandlung über die Verschiedenheit von Altem und Neuem Testament, die mit einer Auslegung einzelner Abschnitte des Hebräerbriefes verbunden ist (Inst. [1559] II,11,4), geht über die Auslegung im Psalmenkommentar hinaus, wenngleich sie dort sachlich mitgedacht ist.[14]

### *1.2.2 Weitere Schriften*

In einer Reihe weiterer Schriften und in sehr unterschiedlichen Kontexten kommt Calvin auf Melchisedek zu sprechen, hier beschränke ich mich zunächst auf die Kommentare zu den relevanten Stellen.

Zu den einschlägigen Stellen im Kommentar zum Hebräerbrief von 1549 kommt Calvin zweimal ausführlicher auf Melchisedek und Psalm 110,4 zu sprechen, bei dem ersten Zitat in der Erklärung zu Hebr 5,6, in der sich schon zwei Elemente der späteren Auslegung des Psalmenkommentars finden (nämlich Erklärungen zu *cohen* bzw. *cohanim* und zu *al-divrati*, die gleichwohl deutlich kürzer sind; der Fokus liegt hier noch auf der Doppelfunktion Melchisedeks), sowie sehr ausführlich in der Auslegung von Hebr 7, in der es um den vielfältigen Vergleich von Melchisedek und Jesus Christus geht.[15]

Auch die Auslegung im Genesiskommentar von 1554 weist, obgleich es sich um einen Kommentar ad litteram handelt, einige Besonderheiten auf[16]: Calvin hebt hervor, dass zu den Geheimnissen dieses Textes gehöre, dass Abram sich dem Melchisedek unterwerfe *(submisit)*. Dass Melchisedek Abram gesegnet habe, sei Ausdruck des Wirkens des Heiligen Geistes, durch

12 Diese Nennung kommt in der 2. Auflage von 1539 hinzu, vgl. CO 1,1086.

13 Diese Nennung findet sich bereits in der Erstfassung der Institutio von 1536, Kap. 4 „Von den Sakramenten" (CO 1,132) und bleibt dann Bestandteil aller weiteren Auflagen (vgl. CO 1,1024).

14 Hier ist allenfalls bemerkenswert, dass in den vorangehenden Auflagen der Name Melchisedek nicht fällt; vgl. CO 1,821.

15 Ohne die sich über mehrere Druckseiten erstreckende Kommentierung (vgl. CO 55,82–96) hier referieren zu können, sei lediglich auf die Besonderheit hingewiesen, dass es sich für Calvin um *similitudines*, also Ähnlichkeiten bzw. Gleichheiten, handelt, nicht um Typologien!

16 Zum Folgenden vgl. CO 23,200–204.

den er sein Priestertum erhalten habe: *dum Spiritus ratum habet eius sacerdotium.*[17] Gleichwohl habe ja auch der Apostel, also der Verfasser des Hebräerbriefs, sich über die Vater- und Mutterlosigkeit des Melchisedek gewundert; diese Genealogielosigkeit zeige jedoch nur umso heller die Wunder Gottes. Auffällig ist, dass Calvin eine Polemik gegen Hieronymus anführt, dessen *deliria* („Wahnwitze") er hier übergehen werde.[18] Die nachfolgenden Auslegungen sind im Duktus ähnlich denen im Hebräerbriefkommentar mit einer besonderen Betonung von Zehntem und Segen und einer erneuten Ablehnung des Bezugs auf die Messe.

Ein weiterer Text zu Melchisedek bei Calvin ist für alle weiteren Fragen interessant. Vom 22.–24. Februar 1560 predigte Calvin über die Melchisedek-Perikope der Genesis. Diese Predigten sind in weiten Teilen die französische Erklärung dessen, was inzwischen aus den anderen Texten bekannt sein dürfte. Aber es gibt eine signifikante Abweichung. Im Blick auf das Vater- und Mutterlossein Melchisedeks folgt eine anonym gehaltene Polemik: „Aucuns ont estimé que ce fust Sem, mais il n'y a nulle verisimilitude en cela. Et qu'ainsi soit, Abram eust-il si longuement attendu de veoir le patriarche Sem, dont il estoit descendu? Il n'y a nulle doute qu'au premier coup il ne se fust adressé à luy, et que mesme il n'eust habité en sa compaignie, car il estoit roy de Salem. Et Abram se povoit venir renger sous un umbre, mais il a tracassé par toute la terre, et cependant nulle mention de Melchisedec."[19]

Das hieran Wichtige ist der Verweis darauf, dass es Ausleger gebe, die in Melchisedek Shem (Sem) erkennen wollen. Der Gattung Predigt entsprechend gibt Calvin keinen Urheber dieser Aussage an, aber aus dem Genesiskommentar ergibt sich, dass es sich um Hieronymus handeln könnte.

### *1.3 Eine kurze Zusammenfassung des bisher zu Calvin Gesagten*

Ich hoffe, ausreichend gezeigt zu haben, dass Calvin die Melchisedektexte auf dem Hintergrund seines Hebräerbriefverständnisses interpretiert. Wichtig ist dabei, dass Melchisedek als Gleichnis *(similitudo)* für Christus angesehen wird.[20] Bedeutung kommt dabei sowohl der Schwurformel von Psalm

17 CO 23,200.

18 Vgl. CO 23,201: „Omitto deliria quae Hieronymus ad Evagrium [gemeint ist Evangelum, s.u.] coacervat: ne lectoribus sine fructu molestus sim, deoque putidus."

19 Jean Calvin, Sermons sur la Genèse Chapitres 11,5–20,7, ed. Max Engammare (Supplementa Calviniana XI/2), Neukirchen-Vluyn 2000, 703,1–5.

20 Insofern ist de Greef (wie Anm. 1), 282, zu korrigieren, der sich nur auf den Wortlaut der Gleichsetzung beruft und die Gleichsetzung auf die Auslegung von Psalm 110 beschränken möchte.

110,4 als auch der Erzählung von Genesis 14,18–20 zu. Es stellt sich nun die Frage, welche Quellen Calvin hier verarbeitet.

## *2. Vorgänger in der Psalmenauslegung Calvins*

### *2.1 Das Beispiel Bucer*

Als einzigen Kommentar, den er benutzt habe, nennt Calvin selbst den von Martin Bucer (1491–1551). Nun ist es interessant zu sehen, wie dieser seinen Kommentar zu Psalm 110,4 gestaltet. Dabei ist vorweg eine Anmerkung zu dem Kommentar zu machen. Dieser erschien erstmals im Jahr 1529 und erlebte zu Lebzeiten Bucers noch zwei weitere Auflagen (1532; 1547 sowie eine posthume 1554; 1553 erschien zudem eine französische Übersetzung in Genf), bis zur dritten Auflage jedoch nur unter dem Pseudonym Aretius Felinus.[21] Calvin wird den Kommentar in Straßburg kennengelernt haben, weswegen ich annehme, dass er nicht, wie die Bearbeiter der Studienausgabe annehmen, die vierte[22], sondern die zweite oder dritte Ausgabe verwendete. Darauf deutet im Übrigen auch das Datum der französischen Übersetzung, die vor der vierten Auflage vorlag.

In seinem Kommentar zu dem fraglichen Vers zu Melchisedek nun sucht Bucer, wie in allen Auslegungen, die wörtliche Bedeutung zu ergründen. Sein Interpretament ist dabei die Auslegung der beiden Nennungen im Hebräerbrief. Genannt werden in der Auslegung fast alle Elemente, die auch Calvin in seinen Kommentaren nennt: Wer Melchisedek war, dass der Name des Ortes Salem mit Frieden zu übersetzen sei, dass über Melchisedek wenig gewusst werde, dass in Melchisedek der Typos Christi zu sehen sei, dass aber nicht das Abendmahl, sondern eine Verpflegung des Abraham im Blick sei, und dass das Selbstopfer Christi das Entscheidende zur Einsetzung in das himmlische Priestertum sei. Dann aber folgt eine Anmerkung, die eine echte Weiterführung ist: Bucer nennt einige Auslegungen jüdischer Kommenta-

21 Die Auflagen werden bibliographiert bei Johann Wilhelm Baum, Capito und Butzer, Straßburgs Reformatoren: Nach ihrem handschriftlichen Briefschatze, ihren gedruckten Schriften und anderen gleichzeitigen Quellen dargestellt, Elberfeld 1869 (ND Nieuwkoop 1967), 593 als Nr. 19; im Folgenden zitiert nach der 4. Aufl.: Sacrorvm Psal-/morvm libri qvinqve, ad ebrai-/cam veritatem genvina / uersione in Latinum traducti: primum appensis bona fide sententijs, / deinde pari diligentia adnumeratis uerbis, tum familiari / explanatione elucidati. // Nunc denuo, non paulo maiore quam antea, & fide & di-/ligentia emendati. // Aretio Felino / autore. / [...] / Basileæ per Ioan. Heruagium 1547 [ULB Bonn 4° Ga 702].

22 Vgl. Anm. 4.

toren.[23] Dazu wird zunächst David Kimchi (ca. 1160 – ca. 1231) angeführt, der die Stelle so deute, dass der Schwur Gottes „Du bist Priester“ Ausdruck des herrscherlichen Primats *(princeps)* und des König-Seins in Ewigkeit sei. Das *al divrati* bedeute deswegen, wenn er ein König der Gerechtigkeit sein wolle, schaffe er dem ganzen Volk Recht und Gerechtigkeit. Abraham ibn Ezra (ca. 1089–1164) dagegen interpretiere das *al divrati* als Sitte und Ritus Melchisedeks. Damit werde ein Gleichnis dafür gegeben, dass so, wie Abraham einen Teil seiner Beute an Melchisedek gegeben habe, das Volk die den Feinden abgenommene Beute (in Form der Waffen) dem David dargebracht habe. Rashi (ca. 1040–1105) dagegen verstehe diese Stelle so, dass David Melchisedek ähnle, weil beide Priester und Herrscher des Höchsten seien. Diese Bewertungen der mittelalterlichen jüdischen Exegeten werden abgeschlossen mit einem Rückbezug auf den zuvor schon angeführten Hebräerbrief, der die Sache selbst so auslege, dass, wenn man Christus nicht kenne, man nichts auf die rechte Weise verstehen könne. Daher sei mit dem *divrati* wiederholt, was schon mit dem *malki* (mein König) im Namen Melchisedek zum Ausdruck gebracht werde. Dergleichen Paragogen fänden sich häufiger in der Schrift.[24]

Nun ist es müßig zu fragen und zu suchen, welche Elemente Calvin von Bucer übernommen haben könnte, solange es sich um die gemeinsame Grundlage des Hebräerbriefes handelt, auf dessen Grundlage die Auslegung der Figur Melchisedeks vorgenommen wird. Gleichwohl habe ich den Eindruck, dass es einen Aspekt gibt, den Calvin bei Bucer gefunden haben könn-

23 Zur Bedeutung jüdischer Kommentatoren für Bucer vgl. Görge K. Hasselhoff, „Ein ehemaliger Dominikaner als Reformator – Martin Bucer und die Juden“, in: Elias H. Füllenbach / Gianfranco Miletto (Hg.), Dominikaner und Juden / Dominicans and Jews. Personen, Konflikte und Perspektiven vom 13. bis 20. Jahrhundert / Personalities, Conflicts, and Perspectives from the 13th to the 20th Century (Quellen und Forschungen zur Geschichte des Dominikanerordens, N.F. 14), Berlin im Druck (das Manuskript wurde im Sommer 2007 abgeschlossen).

24 Vgl. Bucer, Sacrorvm Psalmorvm 1547 (wie Anm. 21), 521: „Hoc sacerdotium, ut est priore perfectius, ita durabit, dum tradet regnum simul & sacerdotium Deo & patri. Kimhi hunc uersum in hunc modum exponit: Iurauit Iehouah tu es sacerdos, id est princeps & rex in sempiternum. על דברתי, id est, propterea ut sis rex iustitiæ, facturus iudicium & iustitiam omni populo. A. Ezra autem על דברתי, iuxta morem & ritum Malcizedek interpretatur. Verum similitudinem in eo ponit, quod sicut Abraham prædæ partem decidit cum Malcizedeko, ita populus spolia relata ab hostibus obtulerit Dauidi. R. Shlomoh, in eo Dauidem Malcizedeco similem, quod sacerdos & princeps altissimi uterque fuerit. Epistola ad Ebræos rem ipsam exposuit: cum Christum ignorant, nihil huius possunt rite intelligere. In דברתי redundat, sicut & in מלכי. Istæ paragogæ non infrequentes sunt in scripturis.“ Weitere Beispiele für Bucers rabbinische Exegese gibt R. Gerald Hobbs, How Firm a Foundation: Martin Bucer’s Historical Exegesis of the Psalms, in: Church History 53 (1984), 477–491, hier 486–490.

te, nämlich die Polemik gegen anonyme jüdische Erklärer zum *cohen / sacerdos*, die er als schwach und frivol bezeichnet hatte. Bei Bucer wird diese Aussage dem Bibelexegeten David Kimchi zugeschrieben. Möglicherweise ist hier eine Quelle Calvins dingfest zu machen.

### *2.2 Das Beispiel Nicolaus von Lyra*

Es wäre interessant zu wissen, ob Calvin die *Postilla litteralis* des Nicolaus von Lyra (ca. 1270–1349), das Standardwerk zur Bibelauslegung spätestens seit Beginn des Buchdrucks, selbst studiert hat, oder ob er es nur aus zweiter Hand kannte.[25] Dem Register der Gesamtausgabe zufolge gibt es nur zwei Nennungen im Werk des Reformators, von der die eine ein Referat einer Aussage Michael Servets ist[26] und die zweite sich in einer allgemeinen Liste von bibelexegetischen Autoritäten findet.[27]

Zwar gibt es für Psalm 110 keine hier besonders hervorzuhebenden Ähnlichkeiten in der Auslegung, aber die von Calvin abgelehnte, bereits in der Alten Kirche belegte Analogie von Brot und Wein Melchisedeks zum Abendmahl wird auch hier bemüht.[28] Die weiteren Ausführungen von Nicolaus übergehe ich an dieser Stelle, weil sie für die hier verhandelte Fragestellung nicht weiterführen.

### *2.3 Das Beispiel Hieronymus*

Eusebius Sophronius Hieronymus (ca. 347–419/20) ist gewöhnlich eher als Übersetzer bzw. Redaktor der Vulgata bekannt, aber er hat auch Kommentare zu verschiedenen biblischen Texten, darunter den Psalmen, hinterlassen. Als echt gelten die kurzen „Anmerkungen zum Psalter" *(Commentarioli in Psalmos)* aus der Zeit vor 393.[29] Die Auslegung von Psalm 110 (bzw. hier 109V) ist im Blick auf Calvin nicht von Belang, da sie nur Anmerkungen

25 Vgl. die hilfreiche Übersicht bei de Greef (wie Anm. 1), 49 mit Anm. 87. Der impliziten Einschätzung von Willem Balke, Calvijn en de Bijbel, Kampen 2003, 100–108, hier v.a. 103, die eine Kenntnis der *Postilla* nahe legt, kann nur schwer gefolgt werden.

26 CO 8,498; vgl. CO 8,745 (aus dem Befragungsprotokoll vom 17.8.1553).

27 CO 41,175 (im Kommentar zu Dan 9,25).

28 Vgl. Nicolaus de Lyra, Postilla super totam Bibliam, Vol. III, Straßburg 1492 (Reprint Frankfurt/M. 1971), z.St.: „Secundum ord(inem) Melch(isedek) q(ui)a sic(ut) melchisedech obtulit pane(m) et vinu(m) i(n) sacrificiu(m) Gen(esis) xiiij sic xristus i(n) sacrificio eucharistie c(on)secrat corp(us) suu(m) et sanguine(m), q(ui)a i(n) h(oc) sacrificio ip(s)e est sacerdos est hostia."

29 Hieronymus, Commentarioli in Psalmos / Anmerkungen zum Psalter, übers. und eingeleitet v. Siegfried Risse (Fontes Christiani 79), Turnhout 2005.

zur Einleitungsformel des Psalms, zu Vers 3 sowie zum Bach von Vers 7 umfasst.[30] Als wahrscheinlich echt gelten die *Tractatus sive Homiliae in Psalmos*, in denen sich auch eine Auslegung von Psalm 110 findet.[31] Wie in den *Commentarioli* liegt das Schwergewicht auf den genannten drei Versen, aber zu Melchisedek gibt es eine ergänzende Erklärung. An sich sei es überflüssig, den Vers 4 zu erklären, weil das durch den Apostel im Hebräerbrief ja schon ausreichend geschehen sei. Dennoch geht Hieronymus in der Folge ausführlicher auf das *secundum ordinem* ein, dass die Gabe von Brot und Wein sich auf die Eucharistie beziehe: „Dieser Melchisedek gibt uns diese Mysterien, die wir (in Brot und Wein) haben.“ *(Iste Melchisedech ista mysteria, quae habemus, dedit nobis.)*[32] Gleichwie, ob Calvin die Auslegung kannte[33], sie ist diejenige, gegen die er sich wendet.

Eine dritte Auslegung nur von Psalm 110 und Melchisedek, die Calvin nachweislich kannte, ist schließlich diejenige aus dem „Brief an Evangelus“ (ep. 73); sie wird – wenngleich mit falschem Adressatennamen[34] – in der Genesisauslegung angeführt.

Im Jahr 398 erhielt Hieronymus von dem römischen Presbyter Evangelus ein Buch über Melchisedek zugesandt, in dem Melchisedek mit dem Heiligen Geist identifiziert wird, mit der Bitte, Hieronymus möge doch bitte seine Meinung zu diesem Buch abgeben. Das tut Hieronymus mit der genannten Epistula 73[35], in der er dezidiert auf die verschiedenen griechischen und auch jüdischen Auslegungen verweist, die jedoch, so muss heute konstatiert werden, teilweise nicht mehr herangezogen werden können, weil sie nicht überliefert wurden. Demnach hätten Origenes (ca. 185–ca. 253) und sein literarischer Schüler Didymus der Blinde (ca. 310/3–ca. 398) – ein Lehrer des Hieronymus! – in Melchisedek einen Engel gesehen. Das atme

30 In der genannten Ausgabe lat. 202/4, Übersetzung und Kommentar 202–205.

31 Hieronymus, Tractatus sive Homiliae in Psalmos, ed. Germanus Morin, editio altera aucta et emendata, in: S. Hieronymi presbyteri opera, Pars II. Opera homiletica (Corpus Christianorum. Series Latina 78), Turnhout 1958, 1–447, hier 222–230.

32 Hieronymus, Tractatus (wie Anm. 31), 225, 122f.

33 Sie wurde beispielsweise auch von dem Kirchenvater Ambrosius (333/4–397), den Calvin des Öfteren zitiert, in der Schrift De mysteriis (v.a. n. 45) vertreten; vgl. Ambrosius, De sacramentis. De mysteriis; Über die Sakramente. Über die Mysterien; übers. und eingeleitet v. Josef Schmitz (Fontes Christiani 3), Freiburg/Brsg. u.a. 1990, hier 240/2, vgl. ders., De sacramentis V,1, 156/8.

34 Vgl. Anm. 18.

35 Hieronymus, ep. 73 ad Euangelum presbyterum de Melchisedech, in: Sancti Evsebii Hieronymi Epistvlae, pars II: epistvlae LXXI–CXX; recensuit Isidor Hilberg (CSEL 55), Wien/Leipzig 1912, 13–23. Zu dem Brief vgl. auch Georg Grützmacher, Hieronymus. Eine biographische Studie zur alten Kirchengeschichte, Bd. II: Sein Leben und seine Schriften von 385 bis 400 (Studien zur Geschichte der Theologie und der Kirche X/1), Berlin 1906, 234.

jedoch den Geruch der Häresie; Hippolyt (vor 170–235), Irenäus (1. H. 2. Jh.–ca. 200), Euseb von Caesarea (vor 264/5–ca. 339/40), Euseb von Emesa (ca. 300–vor 359), Apollinaris von Laodizea (ca. 315–ca. 391/2) und Eustathius von Antiochien (280/8–nach 337) dagegen[36] sahen in Melchisedek den kanaanäischen König von Salem, später Jebus, danach Jerusalem. Jener war ein unbeschnittener Priester des höchsten Gottes *(deus altissimus)*, und – von Hieronymus breit referiert – Typos des Sohnes Gottes. Daran schließt Hieronymus eine kurze Darstellung hebräischer Auslegungen an, die er mit einer – vokalisierten! – Transkription von Genesis 14,18–20 einleitet, und die von einer lateinischen Übersetzung gefolgt ist. Direkt daran angeschlossen gibt Hieronymus die Auslegungstradition wieder, nach der Melchisedek mit Shem, dem Sohn Noahs, zu identifizieren sei, gefolgt von einer mehrschichtigen Berechnung der chronologischen Möglichkeiten, derzufolge Shem bei der Geburt Abrahams 390 Jahre alt gewesen sein müsse und ihn, der in direkter Folge zehn Generationen nach ihm lebte (vgl. Gen 11,10–26), um 37 Jahre überlebt habe.[37]

Es folgt noch eine Umdeutung der Lage Salems als zu seiner Zeit noch in Ruinenform existent in der Nähe von Skythopolis, bevor er abschließend alle Formen von gnostischer Deutung des Melchisedek ablehnt.

Die Identifikation von Melchisedek und Shem, dem Sohn Noahs, auf die auch Calvin in seiner Polemik *(diliria)* angespielt hatte, ist zum einen eine aus der rabbinischen Literatur geläufige, zum anderen steht sie in einer Reihe von kuriosen Deutungen der Figur. Verwiesen sei nur auf Epiphanus von Salamis (310/20–403), der in Panarion 55,2,1 die Tradition anführt, die Eltern Melchisedeks seien Herakles und Astarte, und Salem sei in Sichem (Neapolis, dem heutigen Nablus) zu verorten, sowie auf den *2. (Slawischen) Henoch* (Cp. 71f.), in dem eine mythische Geburtsgeschichte des Melchisedek als dem Sohn Nirs, dem Bruder Noahs und damit Onkel Shems, entfaltet wird.

Hieronymus kann sich mit seiner Gleichsetzung von Melchisedek und Shem auf eine Vielzahl rabbinischer Quellen stützen.[38] Die bekannteste aus dem Traktat Nedarim 32b des Babylonischen Talmuds (also etwa 6.–9. Jh. n. Chr. aufgezeichnet) sei hier kurz zitiert: „R. Zekharja sagte im Namen R. Jishmaels: Der Heilige, gepriesen sei er, wollte die Priesterschaft von Shem hervorgehen lassen, denn es heißt: *und er war Priester vom höchsten Gott* (Gen

36 Bemerkenswert ist, dass Hieronymus sich nicht auf die Deutung der Figur Melchisedek bei Justin dem Märtyrer bezieht – kannte er sie nicht?

37 Die Berechnung kenne ich aus keiner jüdischen Quelle.

38 U.a. Babylonischer Talmud (BT) Sanhedrin 108b; BT Nedarim 32b; Numeri Rabba 4,6; Targum Ps.-Jonatan zu Gen 14,18; Pirke Rabbi Eliezer, cap. 27; Avot de Rabbi Natan, Version A, cap. 2 (ed. Schechter, 12).

14,18); als dieser aber den Segen Abrahams dem Segen Gottes vorangehen ließ, ließ er sie von Abraham hervorgehen. Es heißt nämlich: *und er segnete ihn und sprach: Gesegnet sei Abram dem höchsten Gott, dem Eigner des Himmels und der Erde, und gepriesen sei der höchste Gott* (Gen 14,19f.). Abraham sprach zu ihm: Läßt man denn den Segen des Knechtes dem Segen seines Herrn vorangehen? Da gab er sie Abraham, denn es heißt: Spruch Gottes zu meinem Herrn: Setze dich mir zur Rechten, bis ich hinlege deine Feinde, einen Schemel zu deinen Füßen (Ps 110,1). Und hierauf heißt es: *der Herr hat geschworen und bereut nicht, du bist Priester ewiglich, auf mein Wort, Malkiçedeq* (Ps 110,4); wegen des Wortes des Malkiçedeq. Deshalb heißt es: *und er war Priester dem höchsten Gott*; er war Priester, nicht aber waren seine Nachkommen Priester."[39]

Es wird deutlich, dass die Auslegung eine gänzlich andere Richtung hat, als sie von Hieronymus gewiesen wurde. Gleichwohl ist der entscheidende Punkt hier, dass die biblischen Worte Melchisedeks interpretiert werden als Worte Shems. Und bei Hieronymus hieß das: „traduntque hunc esse Sem".[40]

Wichtig ist hieran, dass die Identifikation von Shem und Melchisedek keine Erfindung des Hieronymus ist, sondern sich anhand von rabbinischen Texten verifizieren lässt. Für Calvin jedoch ist das, wie gezeigt, irrelevant und lässt sich allenfalls mit einer wilden Polemik abtun – aber das ist eine andere Geschichte.

## *3. Zusammenfassung*

Für Calvin ist an Psalm 110 ein Doppeltes von Bedeutung: Mit Vers 1 wird ein Bezug zum irdischen Jesus hergestellt. Jesus Christus hatte den hermeneutischen Schlüssel bzw. den Referenzrahmen geliefert: Der Psalm ist auf ihn zu beziehen. Die apostolische Autorität von Hebräer 5–7 gibt die Deutung der Figur Melchisedeks vor: Jener ist ein Gleichnis für Jesus Christus. Vor diesem Hintergrund ist jede andere Deutung, insbesondere die sakramentale, wie sie in der Alten Kirche (z.B. bei Hieronymus), aber auch im Mittelalter (z.B. bei Nicolaus von Lyra) vorliegt, abzulehnen. Die von Bucer als neu vermittelte mittelalterliche jüdische Exegese dient allenfalls als Negativbeispiel für eine Auslegung, der man nicht folgen soll; wenngleich an der

39 BT Nedarim III, xi, f. 32b (Übertragung Lazarus Goldschmidt). Zu dieser Passage gibt es eine Parallele in Leviticus Rabba 25 (123c). Wieder anders dagegen ist nach Genesis Rabba 46 (29a) Abraham Hoherpriester wegen der Zusage Ps 110,4.

40 Hieronymus, ep. 73 (wie Anm. 35), 18,16.

einen der beiden Stellen, an der David Kimchi namentlich genannt wird[41], dieser positiv gewürdigt wird.

41 CO 32,174: „sicuti et David Kimhi, qui fidelissimus est inter Rabbinos" (zu Ps 112,5); die zweite Nennung erfolgt CO 23,57 (zu Gen 3,1). Die Aussage „Calvin folgt Bucer insbesondere in seiner Hochschätzung Abraham Ibn Ezras und David Kimchis als der beiden zuverlässigsten rabbinischen Übersetzer bzw. Ausleger des Hebräischen" (so Opitz [wie Anm. 1], 8) ist unzulässig generalisiert und lässt sich in der Form bei Calvin nicht belegen – Calvin nennt Ibn Esra gar nicht und David Kimchi nur an diesen beiden Stellen namentlich. Ausgewogener de Greef (wie Anm. 1), 46–50.

# Analogie und Differenz

## *Calvins Auseinandersetzung mit dem Täufertum zur Frage des Waffengebrauchs*

*von Marco Hofheinz*

### *1. Einleitung: Calvin und die Schleitheimer Brüder*

Calvin und das Täufertum – das Verhältnis zwischen beiden scheint klar zu sein. Calvin grenzt sich ab gegenüber den Täufern auf dem „linken Flügel der Reformation“[1] – so zumindest hält es das kulturelle Gedächtnis[2] fest. Diese Verhältnisbestimmung scheint über Zweifel erhaben zu sein. Allzu eindeutig klingt Calvins sich bis in derbste Invektiven hineinsteigernde Polemik gegenüber den Täufern, die er als „Feinde(n) aller Ordnung“[3] *(ennemis de tout ordre)*, als „arme(n) Irrsinnige(n)“[4] *(povres phrenetiques)*, als „hirnlos und ohne Verstand“[5] *(povres ecervelés parlans sans raison)*, als „unglückselige(n) Phantasten“[6] *(malheureux phantastiques)* und als „Feinde Gottes und des menschlichen Geschlechts“[7] *(ennemis de Dieu et du genre humain)* verhöhnt.

Mit dem Stichwort „Täufertum“ assoziiert man indes meist nicht nur das apokalyptisch-chiliastische Münsteraner Täufertum radikaler Melchioriten, sondern nimmt auch – wie Calvin mit den genannten Injurien – den Pazifismus der friedfertigen Täufergruppen, etwa der Schweizer Brüder, den sog.

1 Vgl. Heinold Fast, Einleitung, in: ders., (Hg.), Der linke Flügel der Reformation. Glaubenszeugnisse der Täufer, Spiritualisten, Schwärmer und Antitrinitarier (KlProt IV), Bremen 1962, IX–XXXV.

2 Der vom Heidelberger Ägyptologen Jan Assmann (Thomas Mann und Ägypten. Mythos und Monotheismus in den Josephsromanen, München 2006, 70) geprägte Begriff „kulturelles Gedächtnis“ bezeichnet „die Tradition in uns, die über Generationen, in jahrhunderte-, ja teilweise jahrtausendelanger Wiederholung gehärteten Texte, Bilder und Riten, die unser Zeit- und Geschichtsbewußtsein, unser Selbst- und Weltbild prägen.“

3 Calvin-Studienausgabe, Bd. 3: Reformatorische Kontroversen, hg. v. Eberhard Busch u.a., Neukirchen-Vluyn 1999, 338f.

4 Calvin-Studienausgabe, Bd. 3 (wie Anm. 3), 344f.

5 Calvin-Studienausgabe, Bd. 3 (wie Anm. 3), 346f.

6 Calvin-Studienausgabe, Bd. 3 (wie Anm. 3), 350f.

7 Calvin-Studienausgabe, Bd. 3 (wie Anm. 3), 360f.

„Stebleri", auch Schleitheimer Brüder genannt[8], in den Blick. Als eines der frühesten Zeugnisse für die Gewaltlosigkeit der Schweizer Brüder sei auf den Brief Konrad Grebels vom 5. September 1524 an Thomas Müntzer verwiesen: „Man soll ouch daß evangelium und sine annemer nit schirmen mit dem schwert oder sy sich selbs, alß wir durch unseren bru[o]der vernommen hand dich also meinen und halten. Rechte gleubige Christen sind schaff mitten under den wo[e]lfen, schaff der schlachtung, mu[e]ssend in angst und nott, tru[e]bsal, ferfolgung, liden und sterben getoufft werden, in dem für probiert werden, und daß vatterland der ewigen ruow nit mit erwürgung liplicher finden, sunder der geistlichen erlangen. Sy gebruchend ouch weder weltlichs schwert nach krieg, wann by inen ist daß to[e]tten gar abgetan, wol aber wir werend noch deß alten gsatztes, in welchem ouch (so fer wir unß bedenkend) der krieg, nach dem sy daß gelobt land eroberet hattend, nun ein plag gewesen ist."[9]

In diesem Brief artikuliert sich anhand des Bildes von den wahren Christen als den Schafen unter den Wölfen[10] ein friedfertiges Täufertum, das seine Existenz als Leidensnachfolge interpretiert und diese zugleich als ekklesiologisches Differenzkriterium ausweist und auf die Verfolgungssituation anwendet.[11] Dass mit diesen leidensbereiten Pazifisten ebensowenig wie mit den Münsteranern Staat zu machen ist, gilt als ausgemacht, nicht zuletzt aufgrund der gleichsam „donatistisch" anmutenden Abgrenzung von der

8 Vgl. Andrea Strübind, Eifriger als Zwingli. Die frühe Täuferbewegung in der Schweiz, Berlin 2003; Hans-Jürgen Goertz, Die Täufer. Geschichte und Deutung, München [2]1988, 137–152.

9 QGTS I, 13–21, hier 17.

10 Dieses Bild gebrauchte, wenngleich in anderer Pointierung, bereits Martin Luther (WA 11,252; Von weltlicher Obrigkeit, 1523), um die Differenz der zwei Reiche bzw. Regimente (geistliches und weltliches) anhand ihrer missbräuchlichen Vermischung zu umschreiben: „Ein ganzes Land oder die Welt mit dem Evangelium zu regieren sich unterwinden, das ist ebenso, als wenn ein Hirt in einem Stall Wölfe, Löwen, Adler, Schafe zusammentäte und jedes frei neben dem andern laufen ließe und sagte: Da weidet euch und seid rechtschaffen und friedlich untereinander, der Stall steht offen, Weide habt ihr genug, Hunde und Keulen braucht ihr nicht zu fürchten. Hier würden die Schafe wohl Frieden halten und sich friedlich so weiden und regieren lassen, aber sie würden nicht lange leben noch ein Tier vor dem andern bleiben." Wiedergabe nach Martin Luther, Ausgewählte Schriften, Bd. 4, hg. v. Karin Bornkamm / Gerhard Ebeling, Frankfurt/M. 1982, 45.

11 Vgl. Hans-Jürgen Goertz, „A Common Future Conversation": A Revisionist Interpretation of the September 1524 Grebel Letters to Thomas Müntzer, in: Werner O. Packull / Geoffrey L. Dipple (Hg.), Radical Reformation Studies. Essays presented to James M. Stayer, Aldershot 1999, 73–90, hier 87 (= ders., „Ein gmein künftig gsprech". Eine revisionistische Deutung der Grebelbriefe an Thomas Müntzer vom September 1524, in: MGB 57 [2000], 31–50); Strübind (wie Anm. 8), 254.

Welt seitens der reinen Gemeinde, die sich nicht *in rebus politicis* die Hände schmutzig machen will.[12] In den sog. „Schleitheimer Artikeln", die im Jahr 1527 nach einer Täufersynode in Schleitheim (Kanton Schaffhausen) von Michael Sattler[13] (ca. 1490–1527) als programmatische Zusammenfassung der Lehre der Täufer verfasst wurden, heißt es: „Wir, die wir zu Schleitheim am Randen im Herrn versammelt gewesen sind, tun allen Liebhabern Gottes kund, dass wir in den Stücken und Artikeln übereingekommen sind, die wir im Herrn halten sollen, wenn wir gehorsame Kinder, Söhne und Töchter Gottes sein wollen, die abgesondert von der Welt in allem Tun und Lassen sind und sein wollen."[14]

Die Schleitheimer Artikel benennen theologisch zentrale und neuralgische Punkte der frühen Täuferbewegung in der Schweiz: etwa die Ablehnung der Säuglingstaufe, die Betonung des Banns als Kirchenzuchtmaßnahme (nach der *regula Christi* gemäß Mt 18,15–18), die Feier des Brotbrechens für solche, die zuvor durch den Empfang der Gläubigentaufe Glieder am Leib Christi geworden sind, die Forderung nach Abgeschiedenheit von der Welt durch Bildung einer Gemeinschaft der wahrhaft Gläubigen und die Ablehnung des Eides.

Im Blick auf das Schwert wird festgehalten: „Das Schwert ist eine Gottesordnung außerhalb der Vollkommenheit Christi."[15] Es erfolgt zwar eine Einordnung des Schwertes in die Gottesordnung, zugleich wird diese allerdings außerhalb der Vollkommenheit Christi lokalisiert, dem der Nachfolgegehorsam zu gelten habe. Gottesordnung und Christusordnung sind demzufolge offenbar nicht deckungsgleich. Die Frage, „ob der Christ Obrigkeit sein soll"[16], wird unter Berufung auf das Vorbild Christi negativ beschieden: „Christus sollte zum König gemacht werden, ist aber geflohen und hat die Ordnung seines Vaters nicht berücksichtigt. So sollen wir es auch tun und ihm nachlaufen. [...] Auch verbietet er selbst die Gewalt des Schwertes und sagt: ‚Die Fürsten, die herrschen' usw.; ‚ihr aber nicht also' (Matth. 20,25f.)."[17]

12 Vgl. James M. Stayer, Anabaptist and the Sword, Lawrence [2]1973; ders., Noch einmal besichtigt. Anabaptists and the Sword. Von der Radikalität zum Quietismus, in: MGB 47/48 (1990/91), 24–37.

13 C. Arnold Snyder, The Life and Thought of Michael Sattler, Scottdale 1984; ders., Art. Michael Sattler, in: TRE 30 (1999), 54–57 (Lit.).

14 Das Schleitheimer Bekenntnis 1527. Einleitung, Faksimile, Übersetzung und Kommentar, hg. v. Urs B. Leu / Christian Scheidegger, Zug o.J. [2004], 65. Das Absonderungsmotiv zieht sich wie ein *cantus firmus* durch das gesamte Dokument (66ff.72).

15 Schleitheimer Bekenntnis (wie Anm. 14), 69.

16 Schleitheimer Bekenntnis (wie Anm. 14), 70.

17 Ebd.

Dass Calvin dieser Auffassung nicht zustimmen konnte und sich ebenso wie Huldrych Zwingli (1484–1531) in seinem als Widerlegung der Schleitheimer Artikel verfassten „Elenchus"[18] (1527) von den Schweizer Brüdern abgrenzen musste, liegt auf der Hand. Das Verhältnis zwischen beiden, Calvin und dem sich zu Schleitheim artikulierenden Täufertum, gestaltet sich jedoch diffiziler, ambivalenter als es sich uns auf der Oberfläche polemischer Streitschriften darstellt. Genau dies soll im Folgenden gezeigt werden. Das Verhältnis zwischen Calvin und dem frühen Täufertum lässt sich unterhalb der polemischen Oberflächensemantik, gleichsam subkutan, als ein dialektisches, genauer gesagt: als eines von Analogie und Differenz[19], beschreiben. Beides gilt es demzufolge zur Sprache zu bringen, wenn man besagtes Verhältnis angemessen bestimmen will. Dementsprechend sind die folgenden Ausführungen in zwei Abschnitte unterteilt: Zunächst wird die Differenz benannt (2.) und anschließend die Analogie (3.). Zum Schluss erfolgt eine Formulierung des Fazits (4.).

## *2. Differenz: Die Beteiligung von Christenmenschen an der politischen Administration*

Calvin hat sein Staatsverständnis in Auseinandersetzung mit dem Täufertum entwickelt.[20] Diese Auseinandersetzung hat sein Denken *de politica administratione* ohne jeden Zweifel forciert. Bereits in der Erstausgabe sei-

18 Huldrych Zwingli, In catabaptistarum strophas elenchus, Z VI/1,1–196. Vgl. dazu Akira Demura, From Zwingli to Calvin. A Comparative Study of Zwingli's Elenchus and Calvin's Briève Instruction, in: Alfred Schindler / Hans Stickelberger (Hg.), Die Zürcher Reformation. Ausstrahlungen und Rückwirkungen (ZBRG 18), Berlin u.a. 2001, 87–99; Hans Rudolf Lavater, Die Berner Täufer in ihrem schweizerischen Umfeld II: Theologie und Bekenntnis, in: Rudolf Dellsperger / Hans Rudolf Lavater (Hg.), Die Wahrheit ist untödlich. Berner Täufer in Geschichte und Gegenwart (Mennonitica Helvetica 30), Bern 2007, 29–70, hier 41–55; Gottfried W. Locher, Die Zwinglische Reformation im Rahmen der europäischen Kirchengeschichte, Göttingen/Zürich 1979, 254–263; Richard Stauffer, Zwingli et Calvin, Critiques de la confession de Schleitheim, in: Marc Lienhard (Hg.), The Origins and Characters of Anabaptism (AIHI 87), Den Haag 1977, 126–147.

19 Nach dem Grundmodell „Analogie und Differenz" haben Wolfgang Huber / Heinz Eduard Tödt (Menschenrechte. Perspektiven einer menschlichen Welt, München [3]1988, 160ff.) das Verhältnis von Menschenrechten und christlichem Glauben herausgearbeitet.

20 Zu Calvins Verhältnis zum Täufertum vgl. Willem Balke, Art. Calvin und die Täufer, übers. v. Ulrike Sawicki, in: Herman J. Selderhuis (Hg.), Calvin Handbuch, Tübingen 2008, 147–155; ders., Calvin und die Täufer. Evangelium oder religiöser Humanismus, übers. v. Heinrich Quistorp, Minden 1985; Karl H. Wynecken, Calvin and Anabaptism, in: CTM 36 (1965), 18–29.

ner „Institutio" (1536), deren voll orchestriertes Schlusskapitel von 1536 bis 1559 „fast unverändert geblieben"[21] ist, erwähnt Calvin „Fanatiker" *(fanatici)*[22]. Sie hätten die Behauptung aufgestellt, dass „das ganze *Verfassungswesen* etwas *Unreines*"[23] sei.[24] Bereits die beiden Erstlingsschriften Calvins, sein Kommentar zu Senecas Schrift „De clementia"[25] und sein Traktat „Psychopannychia"[26], geben Anlass zu der Vermutung, dass Calvin über das Täufertum bereits vor der „Katastrophe zu Münster" (1534/35) informiert war.[27]

Vor Calvins Straßburger Aufenthalt (1538–1541) erfahren wir wenig Genaues[28], nur von zwei Disputen mit zweimal zwei Wallonen.[29] Einige von ihnen trifft Calvin in Straßburg wieder. So gelingt es ihm, Jean Stordeur und Herman de Gerbihan zu überzeugen, so dass sie sich der französischen Flüchtlingsgemeinde anschließen.[30] Nachdem Stordeur im Frühjahr 1540 an der Pest stirbt, heiratet Calvin durch Vermittlung Martin Bucers (1491–1551) die Witwe Idelette Stordeur-de Bure (1505–1549) im August 1540[31]: „Idelette de Bure hatte etwas von einer guten Tat und von einer Eroberung an sich"[32] – so bemerkt Bernard Cottret spitzzüngig. Aufgrund der spärlichen Informationen wird man es wohl offenlassen müssen, ob Stordeur

21 Hans Scholl, Der Geist der Gesetze – Die politische Dimension der Theologie Calvins dargestellt besonders an seiner Auseinandersetzung mit den Täufern, in: Peter Opitz (Hg.), Calvin im Kontext der Schweizer Reformation. Historische und theologische Beiträge zur Calvinforschung, Zürich 2003, 93–125, hier 99.

22 CO 1,229.

23 Glaubenslehre nach der ältesten Ausgabe vom Jahre 1536, übers. v. Bernhard Spiess, Wiesbaden 1887, 384 (= CO 1,229).

24 Vgl. Walther Köhler, Das Täufertum in Calvins Institutio, in: MGB 2 (1937), 1–4.

25 CO 5,1–162.

26 CO 5,165–232. Vgl. zu dieser Schrift Karl Barth, Die Theologie Calvins 1922. Vorlesung Göttingen Sommersemester 1922, hg. v. Hans Scholl (Karl Barth-Gesamtausgabe, Abt. II), Zürich 1993, 193–207; Jung-Uck Hwang, Der junge Calvin und seine Psychopannychia (EHS XXIII/407), Frankfurt/M. 1991; Hans Scholl, Karl Barth als Interpret der Psychopannychia Calvins, in: ders. (Hg.), Karl Barth und Johannes Calvin. Karl Barths Göttinger Vorlesung von 1922, Neukirchen-Vluyn 1995, 155–171.

27 So Balke (wie Anm. 20), 28; Scholl, Geist der Gesetze (wie Anm. 21), 102.

28 Peter Opitz (Leben und Werk Calvins, Göttingen 2009, 47) spricht zu Recht von einer „Episode". Vgl. Balke, (wie Anm. 20), 57–76.

29 Diesen und weitere hilfreiche Hinweise verdanke ich dem noch unveröffentlichten Vortrag „Calvin und die Täufer" von Hans Rudolf Lavater, gehalten am 10.3.2009 in Bern. Vgl. CO 21,210.

30 Vgl. Balke (wie Anm. 20), 104ff. Vgl. Thomas H.L. Parker, John Calvin. A Biography, London 1975, 68.

31 Vgl. CO 21,31f.62.

32 Bernard Cottret, Calvin. Eine Biographie, übers. v. Werner Stingl, Stuttgart 1998, 173.

wirklich ein Täufer oder vielleicht ein Libertinist war, auch um den Preis, dass Calvin statt einer „richtigen" Täuferin eine quietistische Mystikerin geheiratet haben könnte.[33]

In Straßburg bekommt es Calvin jedenfalls in seiner Flüchtlingsgemeinde mit vielen frommen Dissidenten zu tun[34] – ein von Calvin theologisch verarbeitetes Faktum, das sich auch in der Zweitauflage der „Institutio" von 1539 widerspiegelt.[35] Die ausführlichste Auseinandersetzung mit dem pazifistischen Täufertum bildet Calvins Streitschrift „Briève instruction pour armer tous bons fideles contre les erreurs de la secte commune des anabaptistes" (1544)[36], die das „magistrale"[37] Kapitel IV,20 aus Calvins „Institutio"[38], seinen eigentlichen „tractatus theologico-politicus"[39], flankiert. Dort greift Calvin die Schleitheimer Artikel auf. In seiner Gegendarstellung zum vierten und sechsten Artikel gibt Calvin darüber Rechenschaft, warum er den Gebrauch von Waffen nicht als solchen für diabolisch erachten kann. Der Grund dafür ist keineswegs darin zu finden, dass sich der Genfer Refor-

33 So auch Lavater (wie Anm. 29). Zur Differenz zwischen Täufern und Libertinisten vgl. Benjamin W. Farley, Introduction, in: John Calvin. Treatises Against the Anabaptists and Against the Libertines, transl. and ed. by Benjamin W. Farley, Grand Rapids 1982, 161–186; Gottfried W. Locher, Einleitung, in: Calvin-Studienausgabe, Bd. 4: Reformatorische Klärungen, hg. v. Eberhard Busch u.a., Neukirchen-Vluyn 2002, 236ff.

34 Vgl. Balke (wie Anm. 20), 99–123.

35 Vgl. Balke (wie Anm. 20), 77–98.

36 CO 7,44–112. Die Übersetzung in: Calvin-Studienausgabe, Bd. 3 (wie Anm. 3), 267–367, ist leider unvollständig und lässt Calvins Kommentierung des für unsere Fragestellung besonders wichtigen vierten Schleitheimer Artikels aus. Zur werk- und allgemeinen theologiegeschichtlichen Bedeutung dieser Calvin-Schrift vgl. Balke (wie Anm. 20), 136–153; Charles M. Swezey, The Significance of Calvin's Tract Against the Anabaptists for the Church Today, in: Calvin Studies Society (Ed.), Calvin Studies. Papers Presented at a Colloquium on Calvin Studies at Davidson College, North Carolina (March 19–20, 1982), Grand Rapids 1982, 1–15; Hans Scholl, Einleitung, in: Calvin-Studienausgabe, Bd. 3 (wie Anm. 3), 267–278; Stauffer (wie Anm. 18), 126–147.

37 Karl Barth, Rechtfertigung und Recht (ThSt 104), Zürich [4]1989, 6. So auch I. John Hesselink, Calvin's First Catechism. A Commentary, Louisville 1997, 167.

38 Einen sehr diskutablen Gliederungsentwurf hat Ford Lewis Battles (Analysis of the Institutes of the Christian Religion of John Calvin, Grand Rapids 1980, 412–421), vorgelegt: 1. How Civil and Spiritual Government Are Related (Inst. [1559] IV,20,1–2); 2. Necessity and Divine Sanction of Civil Government (Inst. [1559] IV,20,3–7); Forms of Government, and Duties of Magistrates: Issues of War and Taxation (Inst. [1559] IV,20,8–13); Public Law and Judicial Procedures, as Related to Christian Duty (Inst. [1559] IV,20,14–21); Obedience, with Reverence, Due Even Unjust Rulers (Inst. IV,20,22–29); Constitutional Magistrates, However, Ought to Check the Tyranny of Kings; Obedience to God Comes First (Inst. [1559] IV,20,30–32).

39 Scholl, Geist der Gesetze (wie Anm. 21), 94.

mator Illusionen über die Brutalitäten und Bestialitäten des Krieges hingibt oder ihn gar beschönigen will.[40]

Calvin repliziert vielmehr auf die täuferische Rede von den „unchristlichen, ja teuflischen Waffen der Gewalt [...], als da sind Schwert, Harnisch und dergleichen“[41], mit einem Rekurs auf die Aufgabenbestimmung der Obrigkeit gemäß Röm 13,1–7. Es stimme zwar, so konzediert Calvin, dass das Schwert nicht einfach jedermann anvertraut wurde, um dem Übel zu widerstehen. Für Christenmenschen sei der „Weg des Kreuzes“ und d.h. nicht etwa der Gewaltgebrauch, sondern das geduldige Erleiden von Angriffen „Obliegenheit“ *(l'office)* – entsprechend dem Jesuswort: „Widersteht nicht dem Bösen“ (Mt 5,39). Ein solches Widerstehen sei gemäß der göttlichen Anordnung, wie Paulus sie beschreibe, eben nicht an jedermann, sondern exklusiv an den Magistrat delegiert. Wer sind wir also, so richtet Calvin seine kritische Gegenfrage an die Täufer, dass wir dem Magistrat das Recht auf Schwertgebrauch aberkennen, wenn Gott ihn eben dazu eingesetzt hat? Warum sollte es nicht rechtmäßig sein, einen solchen Schutz in Anspruch zu nehmen, da Gott selbst ihn uns doch gewähre?[42]

An keiner Stelle, so Calvin nachdrücklich, verbiete die Heilige Schrift dem Magistrat den Gebrauch von Waffen zur (Landes-)Verteidigung gegenüber unrechtmäßigen Eindringlingen.[43] So fordere Johannes der Täufer die Soldaten, die fragten, was sie denn tun sollen, keineswegs auf, ihre Waffen niederzulegen *(de iecter les armes bas)* und ihrem Beruf zu entsagen *(renocer*

40 Auch Calvins Soldatenbild weist bisweilen eine stark negative Färbung auf: „Nam scimus milites ut plurimum esse vel feros, vel barbaros, et nunquam retinent modum in loquendo“. CO 37,645 (Kommentar zu Jer 6,5). Andererseits hält Calvin nachdrücklich an der Notwendigkeit des Soldatenberufs fest: „[G]ewiß belegen solche Leute das Evangelium mit einer gotteslästerlichen Schmähung, die es der menschlichen Verwaltung und Ordnung entgegenstellen, als ob Christus hätte niederreißen wollen, was der himmlische Vater geheiligt hat. Und ohne das Schwert wären die Gesetze tot, und die Richter hätten weder Macht noch Ansehen. Die Obrigkeit braucht nicht nur Henker, sondern auch andere Diener, zu denen die Soldaten gehören. Denn der Frieden kann nur unter ihrem Schutz und durch ihre Bereitschaft bewahrt werden.“ Johannes Calvin, Auslegung der Evangelien-Harmonie. Erster Teil, übers. v. Hiltrud Stadtland-Neumann / Gertrud Vogelbusch (Johannes Calvins Auslegung der Heiligen Schrift N.R. 12), Neukirchen-Vluyn 1966, 126 (= CO 45,121; Kommentar zu Lk 3,14). Zur Verwendung militärischer Terminologie und Metaphorik bei Calvin vgl. Herman J. Selderhuis, Johannes Calvin. Mensch zwischen Zuversicht und Zweifel. Eine Biographie, übers. v. Berthold Tacke, Gütersloh 2009, 283ff.

41 Schleitheimer Bekenntnis (wie Anm. 14), 68.

42 CO 7,77f.: „Puis que Dieu luy ordonne de ce faire, qui sommes nous pour l'empescher? Semblablement, puis que Dieu nous presente une telle sauvegarde pourquoy ne sera-il loisible d'en user?“

43 CO 7,78: „Or qu'il ait iamais defendu l'usage des armes aux Princes, pour maintenir leurs pais contre ceux qui les molesteront à tord, l'escriture ne le porte point.“

*à leur estat)*. Johannes der Täufer „untersagte ihnen [nur], unter dem Vorwand des Kriegsdienstes das arme Volk auszuplündern, Unschuldige mit Verleumdungen zu quälen und wie die Räuber zu wüten; denn so taten es die meisten“[44] (vgl. Lk 3,14). Auch habe Petrus den Hauptmann Cornelius getauft, ohne ihm den Befehl zu erteilen, er möge seinen Posten verlassen, da dieser etwas Böses sei. Mehr noch: Selbst als Cornelius den Heiligen Geist sichtbar empfing, hatte er nicht die bewaffnete Truppe zu verlassen (vgl. Apg 10,47f.).[45] Insofern sei der von den Täufern postulierte Widerspruch zwischen dem Reich Christi und der politischen Ordnung eine haltlose Behauptung.[46] Man dürfe die politische Ordnung nicht gegen die Prärogative der Königsherrschaft Jesu Christi ausspielen.

Entsprechend dem von Calvin anvisierten Gewaltmonopol der politischen Administration dürfen Christen nur zur Waffe greifen, insofern sie zum einen explizit von einem Fürsten gemäß der (Rechts-)Ordnung ihres jeweiligen Landes dazu beauftragt werden (Privatfehden sind ausgeschlossen) und insofern zum anderen tatsächlich ein Verteidigungsfall gegeben ist, d.h. ein ungerechter Überfall verübt wurde. In diesem Fall verletzt der Christ nicht nur nicht Gott und sein Gebot, in dem er zur Waffe greift, sondern er erfüllt vielmehr eine „heilige Berufung“ *(vocation saincte)*.[47] Calvin schreckt nicht davor zurück, den Blasphemievorwurf an dasjenige Täufertum zu adressieren, das eine Beteiligung von Christen am behördlichen Gewaltgebrauch kategorisch ablehnt. Calvin bringt das Täufertum immer wieder in den Zusammenhang mit Anarchie, Chaos und Tumult. In seiner Kommentierung der jesajanischen Forderung „Schwerter zu Pflugscharen“ (Jes 2,4) schreibt Calvin: „Freilich verdrehen einige heillose Menschen diese Stelle im Sinne der Anarchie, als ob hier der Gemeinde das Recht zum Waffengebrauch schlechterdings entzogen würde. Darum verdammen sie auch noch weit schärfer allen und jeden Krieg. Beispielsweise wenn ein Fürst das Volk, das

44 Evangelienharmonie (wie Anm. 40), 126. Vor Calvin haben sich bereits Augustin (Ep. 138; CSEL 44,141) und Martin Luther (WA 11,248, Von weltlicher Obrigkeit, 1523; WA 19,655, Ob Kriegsleute auch in seligem Stande sein können, 1526) auf Lk 3,14 als Beleg für die grundsätzliche Legitimität von Kriegsführung berufen.

45 Vgl. CO 7,79: „Sainct Pierre baptise Corneille, qui estoit Centenier: c'est à dire Capitaine de bande (Act. 10, 47ss.): et toutesfoys il ne luy commande pas de laisser son train, comme du tout meschant. Qui plus est, ayant receu le sainct Esprit visiblement, il ne laisse pas pourtant le train des armes.“

46 Vgl. CO 43,348 (Kommentar zu Micha 4,3): „[...] quasi totus ordo politicus repugnaret Christi regno“.

47 Vgl. CO 7,78: „En ce cas aussi l'homme Chrestien, si selon l'ordre du pais il est appellé pour servir à son Prince, non seulement n'offense pas Dieu en prenant les armes, mais aussi est en une vocation saincte, laquelle ne se peut reprouver sans blasphemer Dieu.“

ihm anvertraut ist, verteidigt und vor Unbill schützt, so sagen sie: ‚Es ist für einen Christen nicht erlaubt, das Schwert zu brauchen.'"[48]

## *3. Analogie: Die Predigt des geduldigen Leidens*

Genau dies, dass es einem Christenmenschen nicht erlaubt ist, das Schwert zu gebrauchen, kann aber Calvin interessanter Weise nicht nur *gegen* das, sondern auch *mit* dem Schleitheimer Täufertum betonen, und zwar in seinen Briefen an die verfolgten hugenottischen Gemeinden in Frankreich. In Analogie zur täuferischen Paraklese bzw. Paränese, welche die „wahren, eingepflanzten Glieder Christi" als diejenigen adressiert, „die mit Geduld und Erkenntnis Christi ausgerüstet werden"[49], schärft auch Calvin seinen Glaubensgenossen angesichts ihrer Bedrängnis die Geduld ein. Besonders hinzuweisen ist auf Calvins Brief vom 1. Mai 1561 an die Gemeinde von Aix en Provence. Calvin warnt sie vor bewaffnetem Widerstand in der Verfolgung. Wenngleich man dieses Dokument nicht im Sinne eines prinzipiellen Pazifismus seitens Calvins vereinnahmen darf[50], so zeigt sich doch in seinem entschiedenen Plädoyer für die Gewaltlosigkeit der verfolgten Gemeinde eine „geheime Konvergenz", eine „verborgene Liebe Calvins zu den Täufern und ihrem Engagement für die Echtheit christlicher Existenz in Rechtfertigung und Heiligung"[51]. Ausdrücklich bemerkte Calvin bereits in seiner „Briève Instruction": „Ich gestehe ihnen [den Anabaptisten] zu, daß [...] wir das Sterben Jesu Christi an unserem Leibe zu tragen und Trübsal und Elend, durch welche Gott uns prüfen will, zu erdulden haben."[52] An die bedrängte hugenottische Gemeinde zu Aix en Provence schreibt der Genfer Reformator: „Wir kennen die schöne, einleuchtende Ausrede wohl, sich gegen einen Volksaufruhr zu verteidigen, sei erlaubt, da das ja kein Widerstand gegen die Staatsgewalt sei, ja, sogar die Gesetze gäben jedem, groß oder klein, gegen solche Banden das Recht der Notwehr. Aber welche

48 Johannes Calvins Auslegung des Propheten Jesaja. Erste Hälfte, übers. v. Wilhelm Boudriot (Johannes Calvins Auslegung der Heiligen Schrift N.R. 6,1), Neukirchen 1941 (= CO 36,66). Vgl. CO 43,348 (Kommentar zu Mi 4,3): „Scimus Anabaptistas fuisse tumultuatos".

49 Schleitheimer Bekenntnis (wie Anm. 14), 65.

50 Vgl. Hans Scholl, Reformation und Politik. Politische Ethik bei Luther, Calvin und den Frühhugenotten, Stuttgart u.a. 1976, 63: „Ist dies die Anweisung zu einer Gewaltlosigkeit aus Prinzip? Doch wohl kaum, aber deutlich wird in diesem Brief, daß sich Calvin vor Ausbruch des Religions- und Bürgerkrieges bremsend in die Entwicklung einschaltet."

51 Scholl, Geist der Gesetze (wie Anm. 21), 125.

52 Calvin-Studienausgabe, Bd. 3 (wie Anm. 3), 357.

Gründe und Vorwände man auch anführt – all unsere Weisheit soll darin bestehen, die Lehre unseres höchsten Meisters zu befolgen, nämlich unsere Seele in Geduld zu erhalten (Lk 21,19). Es ist auch tatsächlich der beste und sicherste Schutz, wenn wir uns unter seinem Schatten bergen in solchen Stürmen. Wenn wir nun aber dem Bösen mit Waffengewalt widerstehen, so hindern wir Gott, uns zu helfen. So mahnt uns St. Paulus zur Mäßigung unserer Leidenschaft: Gebet Raum dem Zorne Gottes (Röm 12,19), gestützt auf seine Verheißung, er wolle sein Volk erhalten und schützen, wenn die Wut der Feinde verraucht ist."[53]

In Calvins Ausführungen schlägt das Pathos der Geduld durch, das von ihm als Ethos der christlichen Gemeinde in der Nachfolge Jesu interpretiert wird. Das christliche Ethos meint bezogen auf das Denken Calvins eine spezifisch kirchliche Existenzform, nämlich die der Gewaltlosigkeit.

Die Kirche wird von Calvin als Gemeinschaft derer aufgefasst, die sich gewaltsames Handeln gefallen lassen. Sie erdulden die Gewalt, die ihnen widerfährt. Ihre Existenzform ist pathisch im originären Sinne des Wortes, denn „Pathos [...] bezeichnet ursprünglich jede Art von Erleiden im Gegensatz zum Tun"[54]. Ihr Pathos, ihr Erleiden, ihr Bestimmtsein durch das ihr Widerfahrende soll zugleich ihr Ethos, ihre Sitte, ihre Haltung sein, wie sie in der Gemeinde eingeübt wird. Dabei interpretiert Calvin das Erleiden durchaus im Horizont von Gottes eigenem Handeln. Zwar ist das Leid und die Verfolgung nicht Gottes Werk, sondern das der Verfolger, sprich: des Hauses de Guise. Zugleich aber weist Calvin nachdrücklich darauf hin, dass ein bestimmtes menschliches Handeln, nämlich das des gewaltvollen Widerstandes, dem Handeln Gottes konkurrieren, ja ihm widersprechen würde.[55] Als einzige Option bleibe der Gemeinde von Aix en Provence nur das Erdul-

53 Zit. nach Johannes Calvins Lebenswerk in seinen Briefen, Bd. 3: Die Briefe der Jahre 1556–1564, hg. v. Rudolf Schwarz, Neukirchen 1962, 1118f. (= CO 18,437). Zur Auslegung dieses wichtigen Dokuments vgl. Eberhard Busch, „Gott hat nicht auf sein Recht verzichtet". Die Erneuerung der Kirche im Verhältnis zum politischen Bereich nach dem Verständnis der reformierten Reformatoren, in: EvTh 52 (1992), 160–176, hier 171; Scholl, Reformation und Politik (wie Anm. 50), 62f.; Ernst Wolf, Das Problem des Widerstandsrechts bei Calvin, in: Arthur Kaufmann (Hg.), Widerstandsrecht (WdF 173), Darmstadt 1972, 152–169, hier 157f.

54 Reinhart Meyer-Kalkus, Art. Pathos, in: HWP 7 (1992), 193–199, hier 193. Martin Heidegger (Was ist das – die Philosophie?, Pfullingen [2]1960, 39) konstatiert: „Wir übersetzen πάθος gewöhnlich durch Passion, Leidenschaft, Gefühlswallung. Aber πάθος hängt zusammen mit πάσχειν, leiden, erdulden, ertragen, austragen, sich tragen lassen von, sich bestimmen lassen durch."

55 Denselben Gedanken entfaltet Calvin in seiner Kommentierung von Jer 29,7: „Suchet den Frieden der Stadt". Calvin qualifiziert das Verhalten der Exulanten in Babylon als muster-

den der Verfolgung, so als käme sie gleichsam von Gott. Nur diese Haltung, dieses Ethos erlaube, ja entbinde geradezu die Hoffnung auf Gottes eigenes, rächendes Handeln an den Gegnern.

Calvin rekurriert diesbezüglich explizit auf die paulinische Ermahnung: „Rächt euch nicht selbst, meine Lieben, sondern gebt Raum dem Zorn Gottes" (Röm 12,19). In seinem Römerbriefkommentar bemerkt Calvin dazu ganz im Einklang mit seiner Aufforderung an die französische Gemeinde: „Weil diese Krankheit nun in fast allen, sobald sie auch nur ein wenig mit ihr in Berührung kommen, eine rasende Lust, sich zu rächen, erzeugt, fordert [der Apostel] hier dazu auf, die Rache nicht selbst in die Hand zu nehmen, auch wenn wir uns noch so verletzt fühlen, sondern sie dem Herrn zu überlassen. Und weil sich Menschen, die einmal von diesem ohnmächtigen Affekt besessen sind, nicht leicht einen Zügel anlegen lassen, spricht er uns, wie um die Hand an uns zu legen, um uns davor zurückzuhalten, mit sanfter Rede als ‚Geliebte' an. Das also ist sein Gebot, dass wir geschehenes Unrecht nicht rächen oder auch nur auf Rache sinnen. Nun folgt der Grund dafür, dass wir dem Zorn [Gottes] Raum geben sollen. Ihm Raum geben aber heißt, dem Herrn die Befugnis zu urteilen abtreten. Wer [eigenmächtig] zur Rache schreitet, entreißt sie ihm. Ist es aber Frevel, sich Gottes Stelle anzumaßen, so ist es auch unerlaubt, Rache zu üben. Denn auf diese Weise greifen wir Gottes Urteil vor, der sich diesen Part selbst vorbehalten hat. [Paulus] gibt uns damit zugleich einen Fingerzeig, dass Gott denen, die geduldig auf seine Hilfe warten, Recht schaffen wird, dass aber die, die [seinen Platz] einzunehmen [versuchen], dieser Hilfe keinen Raum mehr lassen."[56]

gültig und interpretiert Jer 29,7 als Ermahnung, das Joch des babylonischen Königs während der Exilszeit geduldig zu tragen. Der Versuch, selbst gegen eine tyrannische Regierung etwas vorschnell, unbesonnen zu unternehmen, würde einem Kampf gegen Gott gleichkommen: „Unde colligimus, non aliter hortatum fuisse exsules ad ferendum iugum regis babylonii quam pro captivitatis tempore, quia hoc erat repugnare Deo, si quid temere tentassent, et eatenus praecipere ut placide sustineant tyrannicum illud imperium" (CO 38,586f.). Auf dem Hintergrund der dargestellten Konvergenz zwischen Calvin und dem Täufertum überrascht es nicht, dass der wohl bedeutendste mennonitische Theologe des 20. Jahrhunderts John H. Yoder (For the Nations. Essays Public and Evangelical, Grand Rapids 1997, 51–78) exakt dieses Motiv einer gewaltfreien Exils- bzw. Diasporaexistenz als Paradigma für das Sein der christlichen Kirche aufgegriffen hat. Auch das Geduldsmotiv aktualisiert Yoder („Patience" as Method in Moral Reasoning: Is an Ethic of Discipleship „Absolute"?, in: Stanley Hauerwas u.a. [Hg.], The Wisdom of the Cross. Essays in Honor of John Howard Yoder, Grand Rapids 1999, 24–42) im Blick auf die ethische Urteilsbildung.

56 Calvin-Studienausgabe, Bd. 5.2: Der Brief an die Römer. Ein Kommentar, hg. v. Eberhard Busch u.a., Neukirchen-Vluyn 2007, 651f. (Kommentar zu Röm 12,19).

Calvin greift die paulinische Raummetaphorik vom „Ort für den Zorn“ auf. Und genau daran erinnert der Begriff Ethos nicht nur im aristotelischen Sinne an das Gewohnte[57], sondern das Bewohnte, also an den Ort, wo jemand wohnt bzw. Wohnung nimmt.[58] Und in diesem Sinne ist auch Calvins Aufforderung als Orts- oder Platzanweisung zu verstehen. Sie weist der Gemeinde den Ort zu, wo Gottes Hilfe Platz hat und Raum für die Rache Gottes besteht, so dass die Gemeinde selbst nicht den Raum der Gewalttätigkeit betreten oder sich Platz für eigene Rachehandlungen verschaffen muss. In dieser auf das Handeln Gottes bezogenen Platzanweisung besteht die topologische Pointe der Argumentation Calvins.

Diese Pointe kann Calvin dahingehend variieren, dass er mit den Begriffspaaren Raum und Ehre gleichsam als Synonymen arbeitet. Gottes Rache Raum *lassen* und ihm die Ehre *lassen* – beide Wendungen gebraucht Calvin als Umschreibung für das der verfolgten Gemeinde angemessene Tun der Einstimmung in Gottes Willen: „Wenn Euch überrascht hat, was geschehen ist, so wartet nun darauf, bis Gott Euch wirklich die längst bekannte Tatsache sehen läßt, nämlich, daß das Blut der Gläubigen nicht nur um Rache schreit, sondern auch eine gute, fruchtbringende Aussaat ist zur Mehrung der Kirche. Die heilige Schrift warnt uns nicht umsonst immer wieder vor Eilfertigkeit, denn es fällt uns schwer, Gott die Ehre zu lassen, daß er nach seiner Weise handle und nicht nach unserem Gutdünken.“[59] Calvin rekurriert hier auf das berühmte Diktum des Kirchenvaters Tertullian: „Plures efficimur, quotiens metimur a vobis: semen est sanguis Christianorum“[60] und parallelisiert damit bewusst die Hugenotten- mit den Christenverfolgungen des ersten bis dritten Jahrhunderts.

Dabei fasst Calvin das Martyrium als Preis des Glaubensgehorsams und des Gewaltverzichts ganz bewusst ins Auge, wobei seine Mahnung zum Martyrium in der Tat – historisch geurteilt – vielfältig befolgt wurde[61]: „In dieser Zeit müssen wir einerseits arbeiten und andererseits dulden. Mit arbeiten meinen wir, uns mannhaft halten und alle Hindernisse überwinden.

57 Vgl. Aristoteles, Nikomachische Ethik, 1103a 23–b 28.

58 Martin Heidegger (Brief über den Humanismus, in: ders., Wegmarken [GA 9], Frankfurt/M. 1976, 313–364, hier 354) identifiziert ἦθος als „Aufenthalt, Ort des Wohnens. Das Wort nennt den offenen Bezirk, worin der Mensch wohnt“.

59 Zit. nach Calvins Lebenswerk, Bd. 3 (wie Anm. 53), 1119 (= CO 18,437).

60 Tertullian, Apologeticum 50,14.

61 Vgl. exemplarisch das Kapitel „Ergebung – Das hugenottische Martyrium und seine politischen Aspekte nach dem Beispiel Anne Du Bourg“, in: Scholl, Reformation und Politik (wie Anm. 50), 87–102. Berührend und eindrücklich sind auch die Dokumente in: Johannes Calvin, Von der Tapferkeit des Glaubens. Briefe Johannes Calvins an Hugenotten, übers. v. Otto Weber, Berlin 1939.

Denn hundertmal lieber sterben als nachgeben! Aber das hindert nicht, daß wir auch dulden und, geführt von einem milden Geist, die Angriffe unserer Feinde brechen, ohne uns zu rühren. Befolgt Ihr diesen Rat, so setzen wir gute Zuversicht auf Gott, daß er in Bälde seine Hand zu Eurem Schutze wird erscheinen lassen."[62]

Das Pathos, für das Calvin hier eintritt, umschreibt die *vita christiana* als die *vita passiva* des Glaubens, die der Gewalt entsagt. Passiv ist sie im Blick auf das Erleiden als dem Empfangen des gegnerischen Vernichtungshandelns. Zugleich kann Calvin dasselbe Handeln des Erleidens und Erduldens nicht nur als reine Rezeptivität, sondern zugleich als höchste Aktivität, nämlich als „ein Brechen des Angriffs ohne Rührung" bezeichnen. Die *vita christiana* wird von Calvin im Sinne der *tolerantia crucis* zugleich als *vita passiva* und *vita activa* umschrieben, sofern sie eben essentiell durch Selbstverleugnung[63] und Tragen des Kreuzes[64] gekennzeichnet ist[65], denen immer beide Handlungsdimensionen inhärieren.[66]

Man assoziiert unwillkürlich die monastische Maxime *ora*[67] *et labora*, wenn Calvin das „Arbeiten" als Gegenbegriff zum „Dulden" etabliert. Das Pathos soll gleichsam in Poiesis münden, ohne den Horizont des Pathos, der Existenzform der Gewaltlosigkeit, zu verlassen, so dass es zu einem Nebeneinander beider Ausdrucksweisen dieser Existenzform kommt. Calvin nimmt – wie der Begriff des Arbeitens indiziert – mehr als lediglich den Verzicht auf Gewalt in den Blick. Calvin möchte die Negation von Gewalt durch die Position einer aktiven Überwindung überboten sehen. Offensichtlich kommt der hier ins Auge gefassten Arbeit frieden*stiftende*, ja gewalt*überwindende* Valenz zu.

62 Zit. nach Calvins Lebenswerk, Bd. 3 (wie Anm. 53), 1119 (= CO 18,437).
63 Vgl. das gesamte Unterkapitel Inst. (1559) III,7.
64 Vgl. Johannes Calvins Auslegung der Genesis, übers. v. Wilhelm Goeters / Matthias Simon (Johannes Calvins Auslegung der Heiligen Schrift N.R. 1), Neukirchen 1956, 330: „Wenn wir für gute Dienste Ungerechtigkeit ernten, wollen wir in Hoffnung schweigend unser Kreuz tragen, bis uns der Herr hilft. Er wird uns nicht gänzlich verlassen, wie uns die Schrift oft bezeugt" (Kommentar zu Gen 31,42) (= CO 23,430).
65 Vgl. Inst. (1559) III,8.
66 Vgl. Wilhelm Niesel, Die Theologie Calvins, München [2]1957, 142–150; François Wendel, Calvin. Ursprung und Entwicklung seiner Theologie, übers. v. Walter Kickel, Neukirchen-Vluyn 1968, 219f.
67 Vgl. Johannes Calvin, Auslegung der kleinen Paulinischen Briefe, übers. v. Otto Weber (Johannes Calvins Auslegung der Heiligen Schrift N.R. 17), Neukirchen-Vluyn 1963, 206 (Kommentar zu Eph 6,18) (= CO 51,237): „Nachdem Paulus den Ephesern Waffen in die Hand gegeben hat, lehrt er sie, beim Kampfe das Gebet zu gebrauchen. Und das ist in der Tat das richtige Vorgehen. Denn die Anrufung Gottes bedeutet eine vorzügliche Übung im Glauben und in der Hoffnung; ebenso ist sie es, die von Gott alles erlangt, was es an Gütern gibt."

Man wird sie wohl im Horizont der messianischen Verheißung von Mi 4,1–5 und Jes 2,2–5 als kirchliche Partizipation an der Königsherrschaft Christi interpretieren müssen, wie Calvin es tut[68], um sie theologisch in rechter Weise einzuordnen. Das Instrumentarium dieser *participatio* ist nach Calvin Bestandteil der geistlichen Waffenrüstung (Eph 6,10–20): „Car les armes des Chrestiens sont prieres et mansuetude, pour posseder leurs vies en patience, et vaincre le mal en bien faisant, selon la doctrine de l'Evangile (Luc 21,19; Rom 12,21)."[69] Hier nimmt Calvin gleichsam einen alternativen Kriegsdienst in den Blick, den Kriegsdienst der Geduld und des gewaltüberwindenden Arbeitens, den „Kriegsdienst unter Christi Führung"[70], „den wir unter der obersten Leitung Gottes ausüben"[71]. In diesem auf äußere Gewalt verzichtenden Kriegsdienst besteht die „gute Ritterschaft" (1 Tim 1,18) des Christenmenschen, der weiß, „daß gekämpft werden muß. Das gilt allgemein für alle Gläubigen"[72]. Das Gebet, mit dem Calvin seine Vorlesung zu Dan 7,6–22 beschließt, erwächst aus diesem biblisch-theologischen Zusammenhang der geistlichen Waffenrüstung: „Allmächtiger Gott! Dieweil du in gar vielen Kämpfen unsere Treue und Geduld auf die Probe stellst, wie es denn auch unsere Pflicht ist, in diesen und in allen Stücken uns deinem Willen zu unterwerfen, so wollest du uns dies eine schenken: Wenn mancherlei Anfechtungen uns wollen ins Wanken bringen, wenn Satan und alle Gottlosen uns von allen Seiten bedrängen, wenn sie grausam und rasend gegen uns wüten, so laß uns dennoch nicht weichen, sondern im Vertrauen auf die unbezwingbare Kraft deines Geistes ritterlich weiter kämpfen, mögen auch die Gottlosen eine Zeitlang die Oberhand gewinnen."[73]

Auch die Schleitheimer Artikel rekurrieren auf das Motiv der geistlichen Waffenrüstung, um den gewaltfreien Kampf der Christen zu beschreiben, wobei sie – anders als Calvin – dieses Motiv als Interpretament des Dualismus von obrigkeitlichem und christlichem Regiment sowie der Diastase von weltlicher und himmlischer Bürgerschaft in Anspruch nehmen: „Das Regiment

68 Vgl. CO 7,78: „Il est bien vray que les Prophetes parlans du Regne de Iesus Christ, disent bien que les espées et les lances seront changées en instrumens de labeur, pour cultiver la terre (Es. 2,4; Mich. 4,3)."

69 CO 7,77.

70 Auslegung der kleinen Paulinischen Briefe (wie Anm. 67), 548 (Kommentar zu 2 Tim 2,6) (= CO 52,362).

71 Auslegung der kleinen Paulinischen Briefe (wie Anm. 67), 455 (Kommentar zu 1 Tim 1,18) (= CO 52,263).

72 Auslegung der kleinen Paulinischen Briefe (wie Anm. 67), 454 (Kommentar zu 1 Tim 1,18) (= CO 52,263).

73 Auslegung des Propheten Daniel, übers. v. Ernst Kochs (Johannes Calvins Auslegung der Heiligen Schrift N.R. 9), Neukirchen 1938, 491 (Kommentar zu Dan 7,22).

der Obrigkeit ist nach dem Fleisch, das der Christen nach dem Geist. Ihre Häuser und Wohnungen sind mit dieser Welt verwachsen; die der Christen sind im Himmel. Ihre Bürgerschaft ist in dieser Welt; die Bürgerschaft der Christen ist im Himmel. Die Waffen ihres Streits und Krieges sind fleischlich und allein wider das Fleisch; die Waffen der Christen aber sind geistlich wider die Befestigung des Teufels. Die Weltlichen werden gewappnet mit Stachel und Eisen; die Christen sind gewappnet mit dem Harnisch Gottes, mit Wahrheit, Gerechtigkeit, Friede, Glaube, Heil und mit dem Wort Gottes."[74]

## *4. Fazit: Die Zwei-Reiche-Lehre als Ermöglichungsgrund von Differenz und Analogie*

Wie passt beides zusammen: die Differenz und zugleich die Analogie zwischen Calvin und dem Schleitheimer Täufertum im Blick auf die Frage des Waffengebrauchs? Widerspricht Calvins „Ja" zum die Gewalt abwehrenden Gebrauch des Schwertes seitens der Obrigkeit nicht seiner den Gewaltverzicht fordernden Predigt der Geduld und des gewaltüberwindenden Arbeitens? Die calvinische Dialektik des Zugleichs von Differenz und Analogie macht nur Sinn im theologischen Bezugsrahmen einer rechtverstandenen Zwei-Reiche- bzw. Zwei-Regimenten-Lehre.[75] Der Christenmensch ist Bürger beider Reiche bzw. Regimente, des *regnum spirituale* wie des *regnum politicum*.[76]

Vom Reich Christi gilt im Gegensatz zum Reich der Welt nach Calvin: „[E]s ist friedsamer Art und will die Menschen in gegenseitigem Wohlgesinntsein miteinander aussöhnen."[77] Als Bürger dieses Reiches haben Christenmenschen – wie bereits Martin Luther (1483–1546)[78] feststellen konn-

74 Schleitheimer Bekenntnis (wie Anm. 14), 70.

75 Rechtverstanden meint, dass die Zwei-Reiche-Lehre nicht dualistisch interpretiert und gegen die Konzeption der sog. „Königsherrschaft Jesu Christi" ausgespielt wird. Vgl. Joachim Staedtke, Die Lehre von der Königsherrschaft Christi und den zwei Reichen bei Calvin, in: ders., Reformation und Zeugnis der Kirche, hg. v. Dietrich Blaufuß (ZBKG 9), Zürich 1978, 101–113; Joachim Rogge / Helmut Zeddies (Hg.), Kirchengemeinschaft und politische Ethik. Ergebnis eines theologischen Gesprächs zum Verhältnis von Zwei-Reiche-Lehre und Lehre von der Königsherrschaft Christi, Berlin (Ost) 1980.

76 Vgl. Inst. (1559) IV,20,1.

77 Auslegung des Propheten Jesaja (wie Anm. 48), 64 (= CO 36,66).

78 Nach Martin Luther (WA 11,252; Von weltlicher Obrigkeit, 1523) besagt Christi Mahnung: „Ihr sollt nicht widerstreben dem Übel" (Mt 5,39), „daß die Christen weder streiten noch das weltliche Schwert unter sich gebrauchen sollen" (Wiedergabe nach Martin Luther, Ausgewählte Schriften, Bd. 4 [wie Anm. 10], 47). Und Luther (ebd.) fügt bezeichnender-

te – gleichsam eine „Sondermoral“, nämlich ein distinkt kirchliches bzw. gemeindliches Ethos, das sich von dem der übrigen Menschen unterscheidet.[79] Anstatt (Zwangs-)Macht und Gewalt *(force et violence)* zu gebrauchen, ist es ihre Pflicht, geduldig zu leiden, wenn sie von irgendjemandem angegriffen werden.[80]

Um es abschließend auf den Punkt zu bringen: Als freier Schüler Luthers kann Calvin jene Analogien formulieren, die sich in seiner Predigt des geduldigen Leidens entdecken lassen. Ansätze zu der für Calvin so charakteristischen Leidensdimension seiner politischen Predigt der Geduld finden sich auch bei Luther wieder, etwa im Blick auf die Gehorsamsverweigerung von Christenmenschen[81], für die der *usus politicus legis* an sich obsolet ist, da sie von selbst mehr tun „als alle Rechte und Lehre fordern könnten“.[82] Auf der Grundlage einer Zwei-Reiche-Lehre[83], die die Kunst des Unterscheidens in

weise hinzu: „Eigentlich sagt er's nur seinen lieben Christen. Die nehmen's auch alleine an und tun auch danach, machen nicht Räte daraus, wie die Sophisten, sondern sind im Herzen durch den Geist so beschaffen, daß sie niemandem übel tun und von jedermann willig Übel erleiden. Wenn nun alle Welt Christen wäre, so gingen diese Worte alle an und täten sie danach. Nun sie aber Nichtchristen sind, gehen sie die Worte nichts an, und sie tun auch nicht so, sondern gehören unter das andere Regiment, womit man die Nichtchristen äußerlich zum Frieden und zum Guten zwingt und nötigt.“ Nach Luther ist demgemäß exklusiv die christliche Gemeinde Adressat der Bergpredigt Jesu: „Christen und *nur* Christen sind die bestimmten Empfänger ihrer Botschaft und können wirkliche Subjekte ihrer Praxis in dieser Welt sein.“ Hans-Georg Geyer, Luthers Auslegung der Bergpredigt, in: ders., Andenken. Theologische Aufsätze, hg. v. Hans Theodor Goebel u.a., Tübingen 2003, 435–446, hier 442.

79 Ausdruck dieser „Sondermoral“ ist Luthers Betonung, dass Christen als Soldaten nicht als Christen, sondern als Glieder des weltlich-politischen Reiches kämpfen: „Denn freilich kämpfen die Christen nicht noch haben sie weltliche Obrigkeit untereinander; ihr Regiment ist ein geistliches Regiment, und sie sind nach dem Geist niemandem als Christus unterworfen. Aber dennoch sind sie mit Leib und Gut der weltlichen Obrigkeit unterworfen und schuldig, ihr gehorsam zu sein. Wenn sie nun von weltlicher Obrigkeit zum Kampf gefordert werden, sollen und müssen sie aus Gehorsam kämpfen, nicht als Christen, sondern als Glieder und untertänige, gehorsam Leute nach dem Leib und zeitlichen Gut.“ WA 16,629 („Ob Kriegsleute auch in seligem Stande sein können“, 1526). Wiedergabe nach Luther, Ausgewählte Schriften, Bd. 4 (wie Anm. 10), 180.

80 CO 7,77: „L'office donc d'un chacun de nous est de souffrir patiemment si on nous fait quelque outrage, plustost que d'user de force et violence.“

81 Vgl. WA 19 636–644 (Ob Kriegsleute auch in seligem Stande sein können, 1526).

82 WA 11,250 (Von weltlicher Obrigkeit, 1523). Wiedergabe nach Luther, Ausgewählte Schriften, Bd. 4 (wie Anm. 10), 43.

83 Auf dem Hintergrund der Zwei-Reiche-Lehre wird evident, dass und warum „Calvin bei seinem beratenden und zum Teil aktiven Eingreifen in die Religionspolitik der französischen Protestanten vor und nach der Verschwörung von Amboise am 17.3.1560 in den Auseinandersetzungen mit der Politik der Guisen seine grundsätzliche Stellungnahme durchzuhalten versucht.“ Wolf (wie Anm. 53), 158.

Politik und Gesellschaft intendiert, kann, ja muss Calvin gegenüber einer verfolgten Gemeinde, die dem *regnum spirituale* zuzurechnen ist, anders argumentieren als gegenüber den zum *regnum politicum* gehörenden Vertretern der Stände.[84] Etwa gegenüber einem Herzog von Navarra, auf den sich seine Hoffnungen angesichts der Verfolgungen seiner französischen Glaubensgenossen richten. In dem einen Fall wendet er sich an amtlose Personen *(privati homines)*[85], im anderen Fall an Amtsinhaber bzw. Volksbehörden *(populares magistratus)*.[86]

Im Blick auf das geistliche Reich findet sich bei Calvin in seiner Geduldspredigt die Analogie zu den Täufern, im Blick auf das weltlich-politische Reich die Differenz. So unabdingbar die Artikulation des dialektischen Zugleichs beider Momente politisch-ethisch ist, so fremd mutet uns heute auf ökumenischem Hintergrund die Polemik an, mit welcher Calvin die Differenz artikuliert. Hatte ein Theologe seines Formats eine solche Form der Abgrenzung gegenüber dem radikalpazifistischen Nebenstrom der Reformation wirklich nötig? Hätte er dies nötig gehabt, so spräche dies für die Ernsthaftigkeit und Validität der die reformatorischen Mehrheitskirchen bis in die Gegenwart hinein herausfordernden Anfragen, die von den Schleitheimer Täufern artikuliert wurden.[87]

84 Zu den Ständen vgl. Marijn de Kroon, Bucer und Calvin über das Recht auf Widerstand und die Freiheit der Stände, in: Calvin – Erbe und Auftrag. FS Wilhelm H. Neuser, hg. v. Willem van't Spijker, Kampen 1991, 146–156.

85 Inst. (1559) IV,20,31 (= OS V,501).

86 Inst. (1559) IV,20,31 (= OS V,501). In diesem Sinne beantwortet Calvin auch in seinem Brief vom 16.4.1561 an Gaspard de Coligny die Anfrage eines Hugenotten, unter welchen Umständen der bewaffnete Widerstand legitim sei: „Wohl aber gab ich ihm zu, wenn die Prinzen von Geblüt zum Besten des Landes Schutz ihres Rechtes (auf die Regentschaft) verlangten und die Parlamente sich ihrer Sache anschlössen, so sei es allen guten Untertanen erlaubt, ihnen bewaffnete Hand zu leihen." Zit. nach Calvins Lebenswerk, Bd. 3 (wie Anm. 53), 1113 (= CO 18,426). Vgl. Opitz (wie Anm. 28), 139f.

87 Marco Hofheinz, Die Herausforderung der Historischen Friedenskirchen. Helmut Gollwitzer und das „schwärmerische" Friedenszeugnis: *sic et non*, in: EvTh 63 (2003), 127–147.

# Calvins Korrespondenz mit England in der Regierungszeit Edwards VI. (1547–1553)[1]

*von Alasdair I.C. Heron*

Das Jahr 1547 brachte manche weitreichende Änderung in der politischen Landschaft Europas. Auf dem Festland kam es einerseits in Frankreich zum Tode Franz' I. (reg. 1515–1547) und zur Thronbesteigung Heinrichs II. (reg. 1547–1559), andererseits im deutschen Reich zum Sieg des Kaisers im Schmalkaldischen Krieg mit all seinen Folgen – darunter bald darauf die Vertreibung Martin Bucers (1491–1551) aus Straßburg und Johannes a Lascos (1499–1560) aus Emden. In England dagegen starb König Heinrich VIII. (1491–1547); sein Nachfolger wurde der noch minderjährige, aber immerhin evangelisch erzogene Edward VI. (geb. 1537; reg. 1547–1553), Sohn von Heinrich und seiner früh verstorbenen dritten Frau Jane Seymour († 1537). Lord Protektor wurde der Onkel des neuen Königs, Edward Seymour (ca. 1500–1552), Graf von Hertford und bald danach zum Herzog von Somerset ernannt. Während also auf dem Festland Europas die Lage immer düsterer für die Reformation aussah, eröffneten sich neue vielversprechende Möglichkeiten in England. Anstelle der bisher etwas zweideutigen Reformation der anglikanischen Kirche unter Heinrich konnte nun der schon seit 1533 amtierende Erzbischof Thomas Cranmer (1489–1556) einen radikaleren Neubeginn anstreben, was bald auch in Calvins Briefwechsel zu spüren ist.

Bis zum Jahr 1547 scheint Calvin ziemlich wenig Kontakt mit England gehabt zu haben. Das ändert sich ab 1548. Das erste Zeichen dafür ist CR Ep. 1003: ein Brief an Calvin mit dem Datum 26. März 1548 von Miles Coverdale (1488?–1569) in Frankfurt. Coverdale war 1540 ins Exil geflohen und lernte Calvin und seine Frau in Straßburg kennen. Jetzt kehrt er zurück nach England (wo er Bischof von Exeter wurde). Er schenkt Calvin seine lateinische Übersetzung der neuen englischen, von der königlichen

1 Quellen: Thesaurus Epistolicus Calvinianus, Tom. 3–5 (CR 12–14, Braunschweig 1874/1875/1875); Johannes Calvins Lebenswerk in seinen Briefen. Eine Auswahl von Briefen Calvins in deutscher Übersetzung von Rudolf Schwarz, Bd. 2, Neukirchen 1962.

Majestät autorisierten Abendmahlsordnung. Der Brief schließt mit den Sätzen: „Tu si hanc felicitatis rationem et pietatis initium aliis significare volueris (prout nunc Dominus religionem suam in Anglia vult renatam) prelo hoc mei in te amoris pignus committere poteris facillime. Ego nunc post octo annorum exsilium vocatus rediturus sum in Angliam. Vale, praeceptor integerrime, et uxorem tuam de me et mea, quum Argentoratum ascendimus, optime meritam, benigne salute."[2]

Coverdale war offensichtlich ein Bewunderer Calvins. Ein anderer Engländer, der damals in Zürich weilende John Hooper († 1555), auch er ein zukünftiger Bischof, nämlich von Gloucester, dann Märtyrer unter Maria Tudor, konnte sich gelegentlich etwas kritischer äußern.[3] Hooper war nämlich überzeugter Zwinglianer. Am 19. Juni 1548 antwortet er (CR Ep. 1037) auf einen soeben erhaltenen Brief Bucers über den Abendmahlsstreit und kommt zum Schluss kurz auf Calvin zu sprechen: „Quod de Calvino scribis non recte intelligo. Ego nunquam in illum vel Farellum cogitavi calamum movere, quamvis illius commentarii in epistolam Corinthiorum priorem valde mihi displicuerunt."[4]

Obwohl diese Bemerkung nicht an Calvin selbst adressiert ist, ist sie doch von Interesse, weil Hooper auch später in Calvins Briefwechsel gelegentlich erwähnt wird.

In diesem Zusammenhang darf auch eine kleine Kuriosität erwähnt werden. CR 13 Ep. 1050 ist ein Auszug aus einem Schreiben a Lascos an Hardenberg vom 19. Juli 1548 aus Emden. Er berichtet von einer bevorstehenden Disputation in London zur Sakramentsfrage: „Contentio sacramentaria coepit illic exagitari per quosdam, estque instituta ea de re publica disputatio, ad quam magnis multorum precibus vocor.[5] Bucerus exspectatur, Franciscus noster Dryander iam adest[6], et de Calvino mussatur, nisi quod Gallus est."[7]

2 CR 12 (Bd. 3 des Thesaurus), 671f.

3 Ein anderer Brief allerdings (CR Ep. 1141), den Hooper am 12.2.1549 (noch bevor er im März Zürich in Richtung England verließ) an Calvin selbst richtete, ist im Ton ausgesprochen freundlich und respektvoll. Auch schrieb Hooper, als er unter Maria im Gefängnis saß, wieder an Calvin, um die Situation in England kurz zu beschreiben, redete ihn als *vir praestantissime* an und unterschrieb *Tuae pietatis studiosissimus* (CR Ep. 1786 vom 3.9.1553). Falls es auch Briefe Calvins an Hooper gegeben hat, scheinen sie verloren zu sein.

4 CR 12,725.

5 CR 13,12, Anm. 2 verweist an dieser Stelle auf ein Schreiben Cranmers vom 4.7.1548.

6 Franciscus Dryander verließ Straßburg 1548 wegen des Interims und wurde auf Empfehlung von Melanchthon und Cranmer Professor für Griechisch in Cambridge. Im Frühjahr 1550 verließ er England wieder; vgl. Calvins Brief an ihn vom 7.3.1550 nach Basel (CR Ep. 1351).

7 CR 13 (Bd. 4 des Thesaurus), 12. Dort bemerkt Anm. 3 zu diesen Worten: „Mireris unde emanare potuerit talis rumor: Calvinum in Angliam iturum ut de re sacramentaria dispu-

Tatsächlich erging Cranmers Einladung an Bucer – nicht bloß zu einer Disputation, sondern zur Mitarbeit an der Reformation in England, nachdem durch das aufgezwungene Interim ihm die Möglichkeiten in Straßburg versperrt waren – erst am 2. Oktober 1548.[8] Bucer nahm die Einladung einige Monate später an[9], womit Calvin für die nächsten Jahre bis zu Bucers Tod einen seiner engsten Freunde, ja seinen geschätzten „Vater" in England hatte. Ob er selbst zu diesem Zeitpunkt (wie später 1552[10]) wirklich nach England eingeladen werden sollte, bleibt ungewiss.

Wie dem auch gewesen sein mag: Calvin selbst schickt wenige Tage später, am 25. Juli 1548, seinen Kommentar zu den Timotheusbriefen mit einer Widmung an den Herzog von Somerset.[11] Das war erst das zweite Mal, dass Calvin versucht, mit der Widmung eines neutestamentlichen Kommentars an einen ihm nicht persönlich bekannten Herrscher dessen Gunst für die Reformation zu gewinnen bzw. zu stärken.[12] Der Brief ist voller Lob und Zuversicht, wie die Eröffnung zeigt: „Da das herrliche Gerücht, erlauchtester Fürst, das wie von Deinen andern Heldentugenden so besonders von Deiner außerordentlichen Frömmigkeit berichtet, im Herzen der Guten überall, auch wenn Du ihnen sonst unbekannt bist, Liebe zu Dir entfacht, so muß notwendigerweise auch, wer in England gut gesinnt ist, Dir mit fast unglaublicher Ehrfurcht und Liebe anhängen. [...] Du führst die Dir anvertraute Vormundschaft eines Königs, ja eines mächtigen Reiches, mit solchem Geschick und solcher Klugheit, dass alles Deinen Erfolg bewundert. Und damit Deine Tüchtigkeit nicht nur in gesetzlichen, friedlichen Zuständen des Staates sich auszeichne, hat Gott sie auch in dem Kriege zur Schau gestellt, den Du bisher ebenso glücklich wie tapfer selbst geleitet hast. Und doch waren Dir alle diese vielen Schwierigkeiten, die jeder leicht ausrechnen kann und die Du überwinden mußt, kein Hindernis, vor allem der religiösen Reformation Deine Sorgfalt zu widmen. Ein Plan, ebenso würdig der

taret, et rem ideo tantum dubiam esse quia Gallus esset." Solche Bemerkungen erleichtern und erheitern immer wieder bei der Lektüre des manchmal spröden Stoffes im Thesaurus!

8 CR Ep. 1080.

9 In CR Ep. 1177 vom 26.4.1549 an die Straßburger Prediger berichten Bucer und sein Kollege Fagius von der Reise und der freundlichen Aufnahme bei Cranmer.

10 Vgl. CR Ep. 1614 (Cranmer an Calvin vom 20.3.1552), CR Ep. 1619; Calvins Lebenswerk, Bd. 2 (wie Anm. 1), 595f. (Nr. 339, Calvin an Cranmer, wahrscheinlich vom April/Mai 1552); CR Ep. 1657 (Cranmer an Calvin vom 4.10.1552).

11 CR Ep. 1053; Calvins Lebenswerk, Bd. 2 (wie Anm. 1), 427–429 (Nr. 238).

12 Schon am 1.2.1548 hatte er den Kommentar zu den kleinen Paulusbriefen Herzog Christoph von Württemberg gewidmet. Vgl. Alasdair I.C. Heron, Die Widmungen der neutestamentlichen Kommentare Johannes Calvins, in: In der Wahrheit bleiben. Festschrift für Reinhard Slenczka, hg. v. Manfred Seitz / Karsten Lehmkühler, Göttingen 1996, 72–78.

Person des Fürsten als nützlich für das Wohl des Landes! Denn nur dann ist eines Reiches Glück von Dauer und sein Schutz zuverlässig, wenn der, auf dem alles beruht und durch den allein es erhalten wird, Gottes Sohn, es regiert. So konntest Du auch dem Wohl Englands durch nichts mehr Festigkeit geben als durch die Zertrümmerung der Götzen und die Aufrichtung eines reinen Gottesdienstes."[13]

Calvin verweist also lobend auf die Tugenden und auf den Kriegserfolg des Protektors[14], aber sein Hauptanliegen ist es, eine energische Durchführung der Reformation der englischen Kirche zu empfehlen, für die er hofft, dass sein Kommentar zu den Timotheusbriefen behilflich sein kann.[15]

Angesichts der tatsächlichen Karriere des Herzogs freilich klingt Calvins Anrede etwas überschwänglich: Anderthalb Jahre später, im Herbst 1549, wurde Somerset entmachtet und gefangen gesetzt, kam zwar im Frühjahr 1550 wieder frei, musste aber zusehen, wie sein größter Rivale, John Dudley (1502–1553) Graf von Warwick, ab 1551 Herzog von Northumberland, an seiner Stelle als Lord Protektor regierte (und noch konsequenter die Reformation der englischen Kirche anzutreiben versuchte[16]). Somerset wurde schließlich Ende 1551 wieder verhaftet, verurteilt wegen angeblichen Hochverrats und 1552 enthauptet.[17] Bevor es aber so weit war, erhielt er weitere Briefe von Calvin. Abgesehen von einem Fragment unsicheren Datums[18] ist Calvins sehr langes Schreiben vom 22. Oktober 1548 von besonderem Gewicht.[19] Calvin geht hier ausführlich auf die Lage, die Gefahren und die Herausforderungen in England ein und macht eine Reihe ganz gezielter Vorschläge für konkrete Schritte in Richtung Reformation: „Um Ihnen deutlicher zu erklären, was ich damit meine, will ich das Ganze in drei Teile zerlegen: Erstens: die Weise, das Volk recht zu belehren, zweitens: die Ausrot-

13 Calvins Lebenswerk, Bd. 2 (wie Anm. 1), 427 (Nr. 238).

14 Am 10.9.1547 hatte Somerset in der Schlacht von Pinkie die schottische Armee geschlagen.

15 Bekanntlich kann die Bedeutung gerade der Pastoralbriefe für Calvins eigene ekklesiologische Vision kaum überschätzt werden.

16 In anderen Hinsichten freilich wird Northumberland im Rückblick generell etwas negativer beurteilt als Somerset. Somerset hatte wohl den edleren Charakter, nicht aber das gleiche rücksichtslose Streben nach Macht.

17 Dem Herzog von Northumberland ging es allerdings letzten Endes nicht viel besser. Auch er wurde enthauptet infolge seines gescheiterten Versuchs, nach dem Tod Edwards nicht die Halbschwestern des Königs, sondern dessen Cusine Lady Jane Gray als Nachfolgerin einzusetzen.

18 CR Ep. 1054.

19 CR Ep. 1085 (französisch und lateinisch); Calvins Lebenswerk, Bd. 2 (wie Anm. 1), 437–448 (Nr. 246).

tung der bisher herrschenden Mißbräuche, drittens: die sorgfältige Bekämpfung des Lasters und die Verhütung aufkommender Ärgernisse und Zuchtlosigkeiten, durch die der Name Gottes gelästert wird."[20]

Alle drei Themen werden dann in dieser Reihenfolge besprochen.[21] Als Dank für dieses Schreiben hat die Herzogin von Somerset Calvin einen Ring geschenkt, für den Calvin sich, da er des Englischen nicht mächtig war, bei ihrer gebildeten Tochter Anna Seymour am 17. Juni 1549 auf Latein bedankte.[22] Calvin erwähnt dies in einem Brief an Farel vom 9. Juli 1549[23]: „Endlich ist auch der Bote aus England wieder da. Er brachte einen Brief vom Lord-Protektor, in dem er sagt, mein Geschenk habe ihn gefreut. Seine Gemahlin sandte mir einen Fingerring zum Geschenk, von nicht sehr großem Wert; er wird etwa auf vier Kronen geschätzt. Die Höflinge versprechen, es werde bald ein recht reichliches Geschenk von ihm kommen, was ich weder begehre noch erwarte; denn das ist mir der reichste Lohn, daß ich höre, mein Brief sei ihm ein rechter Ansporn gewesen."[24]

Die Durchsetzung eines solchen Programms, wie Calvin es empfahl, erwies sich aber als schwierig. Kurz nachdem er diese freundliche Antwort von Somerset erhalten hatte, schrieb Calvin am 28. Juni 1549 an Bucer nach Canterbury[25] und zählte dabei die Hauptpunkte des Consensus Tigurinus auf. Bucer antwortete ihm schon am 14. August aus Lambeth.[26] Zuerst geht es Bucer um den Consensus. Außerdem erzählt Bucer von Gesprächen zum Thema der Ubiquität mit vielen gelehrten Lutheranern, die zum Ergebnis führten: „Post autem re melius expicata damnare coeperunt omnes ubiquitatem Christi hominis, ut id Philippus vocat." Er beschwert sich aber sofort darüber, dass Hooper ausgerechnet ihm eben diese Meinung vorwirft: „Quam cum ego semper reprehenderim, Johannes Hoperius, Anglus, qui Tiguri redit nuper in Angliam, ausus tamen est de me palam spargere, me dicere Christi corpus ubique esse ut Deum. Illa non sunt spiritus sancti."[27]

20 Calvins Lebenswerk, Bd. 2 (wie Anm. 1), 441 (Nr. 246).

21 CR 13,77 zitiert zu diesem Schreiben Bezas Notiz (Vita Calvini ad ann. 48): „Somersetum Ducem Angliae Protectorem, indignissime postea morte adfectum, accurate scriptis literis eorum admonuit quae, sie tum essent in illo regno animadversa, multas fortasse tempestates ecclesiae anglicanae devitassent."

22 CR Ep. 1207; Calvins Lebenswerk, Bd. 2 (wie Anm. 1), 475f. (Nr. 265).

23 CR Ep.1223; Calvins Lebenswerk, Bd. 2 (wie Anm. 1), 486 (Nr. 270).

24 Calvins Lebenswerk, Bd. 2 (wie Anm. 1), 486 (Nr. 270).

25 CR Ep. 4154; Calvins Lebenswerk, Bd. 2 (wie Anm. 1), 478f. (Nr. 267).

26 CR Ep. 1240. Lambeth Palace war (und ist noch) der Sitz des Erzbischofs von Canterbury.

27 CR 13,354f. CR bemerkt zu dieser Stelle (354, Anm. 5) „Hooper, postea episcopus Glocestriensis et martyr, m. Maio ex Helvetia et Germania redux de Buceri studiis sacramenta-

Dann beschreibt Bucer die Lage der englischen Kirche und den Stand ihrer Reformation in ziemlich deprimierten Tönen und bittet Calvin, eine „gallica paraclesis" an den Lord Protektor zu schreiben, auf dessen Schultern die ganze Last der religiösen Erneuerung und der Landesstabilisierung drückt: „Oportere igitur solidam ecclesiae reformationem instituere, ut singulae plebes viva voce doceantur Christum per praesentes ac vivis concionibus atque catechismis, sanctaque Christi disciplina. [...] O Frater! Quid desertum quam horridum redditur, ubi non viget legis Christi praedicatio viva et efficax. Ex paucis multa intelligis. Dominus dedit tibi magnam autoritatem apud dominum Protectorem. Ea igitur utere, quum et linguam habeas quam ille intelligit; latine non novit satis."[28]

In seiner Antwort von Oktober 1549[29] erklärt Calvin, er habe den Protektor zu „trösten" versucht, und greift auch die Sache mit Hooper auf: „Den Herrn Protektor habe ich, wie Du es wolltest, zu trösten versucht nach den Erfordernissen der gegenwärtigen Lage; nun ist's aber auch Deine Pflicht, mit aller Macht darauf zu dringen, wenn Du Gehör findest (und ich bin gewiß, Du tust es), daß besonders die Zeremonien, die noch nach Aberglauben schmecken, abgeschafft werden. Ich lege das gerade Dir ganz besonders ans Herz, damit Du Dich vor dem Verdachte reinigst, in dem Du Dich fälschlich bei vielen weißt; denn sie schreiben vermittelnde Maßregeln immer Deiner Anregung oder Billigung auf Rechnung. [...] Daß Hopper[30] Dir so grundlos Mühe macht, tut mir sehr leid. Wollte er doch mal Anstand lernen! Ich verzeihe es ihm etwas leichter, weil ich glaube bemerkt zu haben, daß er nicht so sehr von Bosheit getrieben, sondern mehr von blindem Eifer hingerissen wird. Du glaubst nicht, wie furchtbar er uns einmal heruntergerissen hat in unserer Abwesenheit, ohne unsere Schuld, ja uns, seine Freunde. [...] Besonders gegen Viret [...] fuhr er los wie auf den frevelhaftesten Verräter der Kirche. Hopper würde sich gewiß auch an Milde gewöhnen,

riis parum benevole sensit, quippe qui ipse Zwinglii formulam teneret. Cf. ep. quam ex Antwerpia ad Bullingerum scripsit de 26. Apr. 1549 in qua aegre fert Vermili et Ochini Lutheranismum quem dicit, et iam tertium (nempe Bucerum) adesse queritur qui nullum non lapidem movebit ut suam ipsius sententiam praevalere faciat (Zurich letters I,61)."

28 CR 13,358. Zu Bucers Anstrengungen in England vgl. Martin Greschat, Martin Bucer. Ein Reformator und seine Zeit 1491–1551, München 1990, 233–260 (Emigration und Ende).

29 CR Ep. 1297; Calvins Lebenswerk, Bd. 2 (wie Anm. 1), 495–497 (Nr. 282).

30 So immer statt Hooper in der Ausgabe: Calvins Lebenswerk (wie Anm. 1). In Bezas Ausgabe von Calvins Schreiben (die Handschrift existiert nicht mehr) wurde der Name getilgt, vermutlich aus Respekt vor Hoopers Märtyrertod. Wenn man aber das Schreiben zusammen mit Bucers Brief vom 14.8.1549 liest, kann wohl kaum Zweifel bestehen, wer hier gemeint ist.

wenn er wüßte, wie schädlich die Maßlosigkeit seines allzu hitzigen Eifers und seiner übertriebenen Strenge ist. Du mußte eben diese Schmähung wie manches andere Übel hinunterschlucken. Die Zürcher wird Hopper nicht für seine Sache gewinnen."[31]

Wahrscheinlich hat das Schreiben den Protektor vor seinem Sturz nicht erreicht, denn nach einem Brief Calvins an Viret vom 6. Oktober 1549[32] wollte er erst in den nächsten Tagen an diese Arbeit gehen.[33] Vom abenteuerlichen Weg des Briefes bis hin zum königlichen Rat erzählt Calvin in einem Brief an Farel am 2. Februar 1550[34]: „Daß in England der Vormund des Königs wieder freigelassen ist, weißt Du[35]; auch wie es mit meinem Trostbrief an ihn ging, ist Dir wohl nicht unbekannt. Der Statthalter von Calais nahm ihn dem Boten weg und brachte ihn selbst an den königlichen Hof. Nachher stellte er ihn dem Boten wieder zu; der brachte ihn zum Bischof von Canterbury, ehe er ihn dem Protektor gab, um sich von ihm Rat zu holen. Der Bischof behielt den Brief zwei Tage und gab ihn dann dem Boten wieder. Da dieser nun fürchtete, das geschehe in verfänglicher Absicht, wollte er seinen Kopf nicht gefährden und brachte den Brief, weil alle sich so ängstlich davor scheuten, dem königlichen Rat. Freilich glaube ich, er tat dies auf das Zureden guter vorsichtiger Leute hin. Nun erwarte ich eine Antwort. Was auch komme, ich werde dafür sorgen, daß Du es gleich erfährst."[36]

Calvin erwähnt also, dass er eine Antwort noch erwartet. Spätestens nach einigen Tagen war Somerset wieder frei und – jedenfalls oberflächlich – mit Northumberland versöhnt. Die eigentliche Macht lag aber jetzt in Northumberlands Hand. Bald darauf, noch im Februar 1550, schrieb ihm Calvin wieder ein längeres „gallikanisches", also französisches Schreiben.[37] Dieser Brief ist weniger ein reformatorisches Programm, obwohl Calvin natür-

31 Calvins Lebenswerk, Bd. 2 (wie Anm. 1), 496f. (Nr. 282). Vgl. auch Calvins Schreiben an Bullinger vom 7.12.1549 (CR Ep. 1324; Calvins Lebenswerk, Bd. 2 [wie Anm. 1], 506 [Nr. 288]): „Wenn Du je an Hopper schreibst, so erinnere ihn daran, zu bedenken, daß Butzer einer unter den ersten Knechten Christi in unserer Zeit ist, hochverdient um die Kirche, daß er viel Mühsaal getragen hat und jetzt ein Verbannter um Christi willen ist, damit er den Greis nicht in seinen letzten Jahren unanständig behandelt."

32 CR Ep. 1281.

33 Somerset wurde am 13.10.1549 verhaftet. Vgl. CR 13,504, Anm. 2 zu Ep. 1333, in dem ein gewisser William Quick, zu jener Zeit unterwegs in Italien, Calvin über die Ereignisse informiert. Der Brief trägt kein Datum, wird aber von CR dem Ende 1549 zugeschrieben.

34 CR Ep. 1342; Calvins Lebenswerk, Bd. 2 (wie Anm. 1), 509f. (Nr. 291).

35 CR 13,519, Anm. 7, vermutet, Calvin sei hier Opfer eines Gerüchts. Wenige Tage später war aber Somerset tatsächlich frei.

36 Calvins Lebenswerk, Bd. 2 (wie Anm. 1), 509 (Nr. 291).

37 CR Ep. 1347; Calvins Lebenswerk, Bd. 2 (wie Anm. 1), 511–514 (Nr. 293).

lich hofft – und es auch sagt – dass Somerset wieder zum Fortschritt der Reformation beitragen kann und will. Insgesamt aber ist es eher eine sehr persönliche und auch bewusst seelsorgerliche Ermahnung und Ermunterung angesichts der persönlichen Rückschläge der letzten Monate: „Monseigneur, wenn ich Ihnen so lange nicht geschrieben habe, so war es nicht, weil mir der gute Wille dazu gefehlt hätte, sondern zu meinem großen Bedauern mußte ich es lassen aus Furcht, während der Wirrnisse, die herrschten, könnte ein Brief von mir Anlaß zu neuen Schwierigkeiten werden.[38] Nun aber danke ich meinem Gott, daß er mir wieder die Möglichkeit gibt, auf die ich bis jetzt gewartet habe. Und ich bin's nicht allein, der sich über den guten Ausgang freut, den Gott Ihrer Trübsal gegeben hat, sondern alle wahren Gläubigen, die den Fortschritt des Reiches unseres Herrn Jesu Christi wünschen, da sie wissen, wie bemüht und besorgt Sie waren, das Evangelium in England wieder ganz zur Geltung zu bringen und allen Aberglauben zu zerstören. Ich zweifle auch nicht, daß Sie bereit sind, in Zukunft wieder ebenso vorzugehen, wenn Sie Gelegenheit dazu haben. Sie für Ihre Person, Monseigneur, haben nicht nur die Wohltat Gottes, der Ihnen die Hand zur Befreiung bot, zu erkennen, sondern auch sich Ihrer Heimsuchung zu erinnern, um Nutzen daraus zu ziehen."[39]

Zum größten Teil besteht dann der Brief aus Ermunterungen an Somerset, das Geschehene nicht mit Rache zu vergelten, sondern zu vergessen und vergeben nach dem Beispiel Josephs (Gen 50,20), den Teufel als den wirklichen Feind zu erkennen und ebenfalls in seiner Demütigung die Rute Gottes zu sehen, die alle Heiligen zu spüren bekommen, die dann in sich zu gehen und das eigene Leben zu prüfen haben. Gerade die Tüchtigsten und Besten sind in größerer Gefahr als andere, übermutig zu werden, wie das Beispiel Hiskias zeigt (Jes 39). So schließt Calvin diesen Abschnitt in einem für ihn typischen Tonfall: „Wenn Gott das bei Ihnen verhüten wollte, so ist das eine außerordentliche Wohltat, die er Ihnen erwiesen. Wenn er auch keinen anderen Grund gehabt hätte, als ob Ihrer Befreiung gerühmt und von Ihnen wie von anderen als der wahre Protektor der Seinen erkannt zu werden, so müßte auch das Ihnen schon genügen."[40]

Erst zum Schluss folgt die Aufforderung, Gott zum Dank eifrig weiter an der Erneuerung der Kirche zu arbeiten, allerdings hier nur in sehr allgemeiner Form, ohne spezifische Vorschläge.

38 Angesichts des Schicksals seiner Paraklesis, wie von Calvin am 2.2.1550 an Farel beschrieben, war das wohl nur zu gut begründet.

39 Calvins Lebenswerk, Bd. 2 (wie Anm. 1), 511 (Nr. 293).

40 Calvins Lebenswerk, Bd. 2 (wie Anm. 1), 513 (Nr. 293).

Nur noch ein weiteres Schreiben Calvins an Somerset ist im *Thesaurus* überliefert[41], aber er wird auch in dem ersten und dritten von Calvins folgenden Briefen an den jungen König lobend erwähnt. Als Calvins Jesaja-Kommentar Januar 1551 erschien, war er mit einer lateinischen Widmung an Edward versehen.[42] Einige Wochen später enthielt Calvins Kommentar zu den katholischen Episteln ebenfalls eine lateinische Widmung an ihn, in der Calvin sich primär mit dem Konzil von Trient auseinandersetzt.[43] Für die Sendung der Kommentare nach London verfasste dann Calvin am 3. Februar 1551 ein Begleitschreiben auf Französisch[44], in dem er neben allgemeiner Ermunterung noch konkretere Vorschläge macht: „Freilich, Sire, gibt es ja unwichtige Dinge, die man wohl dulden darf. Doch müssen wir stets die Regel beobachten, daß eine maßvolle Nüchternheit in den Zeremonien herrsche, so daß die Klarheit des Evangeliums nicht dadurch verdunkelt wird, als stünden wir noch unter dem Schatten des Gesetzes. Ferner, daß nichts bestehe, was nicht paßt und übereinstimmt mit der Ordnung, die der Sohn Gottes gestiftet, und daß alles diene und sich eigne zur Erbauung der Kirche. Denn Gott erlaubt nicht, daß man mit seinem Namen sein Spiel treibt, indem man leichtsinniges Zeug unter heilige, geweihte Gebote mischt. Nun gibt es aber handgreifliche Mißbräuche, die nicht erträglich sind, zum Beispiel das Gebet für die Seelen der Gestorbenen, die Verdrängung Gottes durch die Fürbitte der Heiligen in unserem Gebet, die Verbindung ihres Namens mit dem Schwur. [...] Noch ein weiterer Punkt, Sire, muß Ihnen besonders am Herzen liegen, nämlich, daß die armen Herden nicht ohne Hirten bleiben. Die Unwissenheit und Unbildung war so groß in dem verfluchten Papsttum, daß es nicht leicht ist, gleich auf den ersten Schlag geeignete tüchtige Leute für dieses Amt zu finden. Doch ist die Sache wohl wert, daß man dafür sorgt und daß Ihre Beamten, Sire, ihr Augenmerk darauf richten, daß dem Volke, wie sich's gehört, ermöglicht wird, sich auf die Lebensweide führen zu lassen. Ohne das sind all die guten, frommen Gebote, die Sie erlassen können, ohne Nutzen zur gründlichen Reformation der Herzen. [...] Da übrigens das Schulwesen das Saatfeld ist, auf dem die Pfarrer wachsen, so muß es rein und sauber von allem Unkraut gehalten werden. Ich sage das, Sire, weil auf Ihren Universitäten, wie man sagt, junge Leute, mit reichen Stipendien versehen, leben, die, statt hoffen zu lassen, sie würden einmal der Kirche dienen, vielmehr

41 CR Ep. 1515; Calvins Lebenswerk, Bd. 2 (wie Anm. 1), 564f. (Nr. 322 vom 25.7.1551).
42 CR Ep. 1422; Calvins Lebenswerk, Bd. 2 (wie Anm. 1), 530–534 (Nr. 305).
43 CR Ep. 1443; Calvins Lebenswerk, Bd. 2 (wie Anm. 1), 542–550 (Nr. 311).
44 CR Ep. 1444; Calvins Lebenswerk, Bd. 2 (wie Anm. 1), 550–553 (Nr. 312).

Anzeichen davon geben, daß sie ihr schaden und sie zerstören werden, da sie kein Hehl aus ihrer Feindschaft gegen die wahre Religion machen. Deshalb bitte ich Sie Sire, wieder im Namen Gottes, Sie möchten hier einige Ordnung schaffen, daß das Vermögen, das heiligen Zwecken dienen soll, nicht verwendet wird zu unheiligem Gebrauch und noch weniger zur Züchtung giftiger Bestien, die nichts wollen, als in Zukunft alles anzustecken."[45]

Diese Anliegen klingen fast wie ein Echo eines weiteren Briefes Bucers an Calvin am 25. Mai des vorigen Jahres 1550[46], in dem er die mangelnde Qualität vieler Pfarrer und Studenten beklagt. Darin hat er auch Calvin gebeten, noch einmal an Somerset zu schreiben, was er vermutlich ungefähr gleichzeitig mit dem dritten Brief an Edward tat.[47] Aber am 25. Juli 1551 schreibt er wieder an Somerset, auch hier mit pointierten Vorschlägen ähnlicher Art[48]: „Wiewohl es nicht leicht ist, dazu taugliche, geeignete Leute zu finden, so stehen doch besonders, soviel ich höre, zwei große Hindernisse im Weg, denen abzuhelfen nötig wäre. Das eine ist, daß die Einkünfte der Universitäten, die gestiftet sind zum Unterhalt der Studenten, zum Teil schlecht angewendet werden. Denn es werden von den Stipendien auch solche ernährt, die offen bekennen, daß sie Gegner des Evangeliums sind und durchaus nicht zur Hoffnung berechtigen, daß sie aufrechterhalten werden, was mit so großer Mühe und Arbeit aufgebaut worden ist. Das zweite Übel ist, daß die Einkünfte der Pfarrer zerstreut und verschleudert werden, so daß nichts da ist zum Unterhalt rechter Leute, die fähig wären, die Pflicht guter Hirten zu erfüllen; deshalb setzt man unwissende Priester ein, was große Verwirrung verursacht. Denn der Charakter dieser Menschen erzeugt große Verachtung für Gottes Wort [...]."[49]

45 Calvins Lebenswerk, Bd. 2 (wie Anm. 1), 551f. (Nr. 312).

46 CR Ep. 1373.

47 Jedenfalls erzählt er am 15.6.1551 in einem Brief an Farel (CR Ep. 1500; Calvins Lebenswerk, Bd. 2 [wie Anm. 1], 561–563 [Nr. 320]), Nicolas des Gallars sei aus London zurück, wo er dem Herzog Briefe für Somerset selbst sowie für den König ausgehändigt habe. Dieses Schreiben an Somerset ist aber verloren (CR 13,192, Anm. 2). Vgl. auch das Schreiben Virets an Farel im Juni 1551 (CR Ep. 1499), das u.a. mitteilt: „Rediit ex Angliae frater Fallesii et Nicolaus Calvini famulus qui Regi obtulit libros quos ei Calvinus dicaverat. Laeta omnia nunciantur de novo Rege. Misit Calvino coronatos centum et libellum a se conscriptum gallice in papatum, cuis censuram a Calvino exigit. Non editus est neque hoc vult invulgari. Accepit Calvinus a multis Angliae proceribus multas literas plenas humanitatis. Omnes testantur se eius ingenio et laboris valde oblectari. Hortantur ut saepe scribat. Protector scripsit nominatim." (CR 14,131).

48 CR Ep. 1515; Calvins Lebenswerk, Bd. 2 (wie Anm. 1), 564f. (Nr. 322).

49 Calvins Lebenswerk, Bd. 2 (wie Anm. 1), 565 (Nr. 322).

Das ist das letzte, was wir von Calvin an Somerset hören. Ein halbes Jahr später, am 22. Januar 1552, endete des Herzogs Leben.[50] Es gibt aber noch zwei erhaltene Schreiben an Edward aus den Jahren 1552 und 1553. Am 4. Juli 1552 überreicht ihm Calvin eine Auslegung des 87. Psalms.[51] Warum, erklärt er am besten selbst: „Als ich diesen Psalm eines Tages in der Predigt behandelte, schien mir der Stoff so passend für sie, daß ich mich gleich entschloß, die Hauptsache so aufzuschreiben, wie Sie sehen, wenn Ihre Majestät geruht, nur ein Stündlein Zeit daran zu wenden. Freilich habe ich den Stoff allgemein und ohne bestimmte Anwendung auf Ihre Person behandelt, aber da ich beim Schreiben nur an Sie dachte, so werden Sie es tatsächlich nach Ihrer Klugheit auf sich anwenden und im Inhalt eine für Ihre Majestät sehr nützliche Lehre und Unterweisung finden können. [...] Sie wissen, Sire, wie groß für Könige und Fürsten die Gefahr ist, daß die Höhe, zu der sie erhoben sind, ihre Augen blende und daß es ihnen hier auf Erden allein behage, so daß sie darüber das Himmelreich vergessen. Und ich zweifle nicht daran, daß Gott Sie von diesem Übelstand zu Ihrer Bewahrung so gewarnt hat, daß Sie ihn hundertmal mehr bedenken als die, die ihn tragen, ohne es zu merken. Nun ist in diesem Psalm die Rede von Adel und Würde der Kirche, wodurch Große und Kleine so hingerissen werden sollen, daß alle Güter und Ehren sie nicht aufhalten noch hindern, zu streben nach dem Ziel der Zugehörigkeit zu Gottes Volk. Es ist etwas Großes, König zu sein, besonders über ein Land wie das Ihre, doch zweifle ich nicht daran, daß Sie es unvergleichlich höher schätzen, ein Christ zu sein. So ist es ein unschätzbarer Vorzug, den Gott Ihnen, Sire, verliehen hat, ein christlicher König zu sein, das heißt ihm als Statthalter dienen zu dürfen zur Aufrechterhaltung des Reiches Jesu Christi in England. Zum Dank für dieses außerordentliche Gut, das Sie von seiner unendlichen Güte empfangen haben, müssen Sie nun um so eifriger sein, all Ihre Kraft darauf zu wenden, daß er geehrt und ihm gedient werde, und müssen Ihren Untertanen ein Beispiel geben der Huldigung vor diesem großen König, indem sich Ihre Majestät nicht schämt, sich in aller Demut und Ehrfurcht dem geistigen Zepter seines Evangeliums unterzuordnen. [...] Mich untertänigst Ihrer Gewogenheit empfehlend, Sire, bitte ich den lieben Gott, er möge Sie erfüllen mit den Gaben seines Heiligen Geistes, Sie führen in aller Klugheit und Tapferkeit und Sie glücklich sein und gedeihen lassen zur Ehre seines Namens."[52]

50 Françis de Bourgogne, der Bruder des Herrn de Falais, berichtet Calvin am 22.2.1552 von der Hinrichtung Somersets am gleichen Tag „sub horam circiter nonam" (CR Ep. 1592).
51 CR Ep. 1636; Calvins Lebenswerk, Bd. 2 (wie Anm. 1), 601 (Nr. 343).
52 Calvins Lebenswerk, Bd. 2 (wie Anm. 1), 601 (Nr. 343).

Bevor wir zum letzten Brief Calvins an Edward kommen, gibt es noch ein Schreiben an Sir John Cheke, den Erzieher des Königs. Calvin ist schon am 29. Mai 1552 in einem Brief von Jan Bellemain am Hof in Greenwich gebeten worden, an Cheke zu schreiben[53], kommt aber erst am 13. Februar 1553 dazu.[54] Der Brief ist sehr freundlich und wohlwollend, aber trägt nur an einer Stelle ein konkretes Anliegen vor: „[...] ich denke, Du werdest es in Deiner Freundlichkeit gut aufnehmen, wenn ich Dir in vertraulicher Weise das sage, was einem jeden von uns ständig zugeflüstert werden sollte. Namentlich möchte ich Dich darum bitten, Du möchtest, wenn Du etwa meinst, der allergnädigste König könne durch ein Mahnschreiben von mir aufgemuntert werden, es nicht verschmähen, mir davon Mitteilung zu machen und mir je nach der Lage die nötigen Ratschläge zu geben."[55]

Zu solchen Mahnschreiben sollte es aber nicht mehr kommen. Calvins letztes Schreiben an Edward am 12. März 1553 erzählt nur von dem Schicksal eines in Frankreich verhafteten Edelmanns, für den Calvin um Edwards Eintreten beim König von Frankreich bittet.[56] Am 6. Juni 1553 schreibt Utenhovius aus London an Calvin von einer schweren Hustenkrankheit, von der sich der König nur teilweise erholt hat.[57] Am 19. Juli 1553 schreibt Sulzer an Calvin von dem eventuell schon eingetroffenen oder jedenfalls bald bevorstehenden Tod Edwards an einer unheilbaren Tuberkulose.[58] Am 4. August 1553 schreibt Calvin an Bullinger[59]: „Vom Tode des Königs von England sprechen mehr Nachrichten, als mir lieb ist. So trauern wir um ihn bereits als um einen Toten, oder besser für die Kirche trauern wir, die in diesem einen Haupte einen unschätzbaren Verlust erleidet. Wie sich nun

53 CR Ep. 1626. Bellemain berichtet von der neuen Liturgie, dem unter der Leitung Cranmers 1551 revidierten und 1552 vom Parlament angenommenen Book of Common Order: „Et croy quil vous plaira bien: car beaucoup de gens de bien y ont mis la main, comme Monsgr levesque de Canterbury, et autres telz que maistre Pierre Martyr, Jan d'Alasco, Jan Cheke et autres notables et scavans personnages [...]." (CR 14,325). Den schon vor einigen Monaten verstorbenen Bucer erwähnt Bellemain hier nicht mit Namen, obwohl auch er wesentlich an dieser Umarbeitung beteiligt war. Danach teilt er Calvin mit, „[...] il me semble quil seroit bon (sainsy pareillement vous semble) quescrivissiez un mot a Monsieur Cheke, et suis seur, quil sera bien aise davoir occasion de vous rescrire comme a celui quil aime et ou pourrez apperceveoir partie de lesprit de lhomme, qui est ayme dun chacun qui le congnoist et qui pareillement ayme tous gens scavans et chrestiens, sans avoir esgard de quelle nation ilz soient." (CR 14,325).

54 CR Ep. 1701; Calvins Lebenswerk, Bd. 2 (wie Anm. 1), 624–626 (Nr. 356).

55 Calvins Lebenswerk, Bd. 2 (wie Anm. 1), 625 (Nr. 356).

56 CR Ep. 1710; vgl. Ep. 1711 an Cheke im gleichen Fall.

57 CR Ep. 1749.

58 CR Ep. 1761. Edward ist tatsächlich am 6.7.1553 mit nur 16 Jahren gestorben.

59 CR Ep. 1768; Calvins Lebenswerk, Bd. 2 (wie Anm. 1), 648 (Nr. 372).

die verwirrten Verhältnisse wenden werden, darauf sind wir in ängstlicher Erwartung gespannt. Daß Deutschland unterdessen an gegenseitigen Verletzungen im Innern sich verzehrt, ist mehr als schmerzlich. Aber es ist kein Wunder, daß der Herr bei so scharfer Krankheit scharfe Mittel gebraucht. Was bleibt uns übrig, als in beständigem Gebet ihn zu bitten, er wolle seine Kirche doch nicht zusammenbrechen lassen, vielmehr sie inmitten aller Stürme bewahren.“[60]

Drei Tage später, am 7. August 1553, hat Calvin schon genauere Information. Er beklagt bei Farel Englands Verlust und berichtet von der Thronbesteigung von Jane Grey[61]: „Über den Tod des Königs von England kamen zuerst nur unbestimmte Gerüchte. Auf sie folgten rasch bestimmtere Nachrichten, als mir lieb war. Es folgt ihm in der Regierung seine Base nach Beschluß der Stände; doch fürchtet man einen Aufstand.[62] Sehr wahr ist, was Du sagst, eines unvergleichlichen Schatzes sei England beraubt, dessen es nicht würdig war. Ich fasse es so, durch den Tod des unmündigen Knaben hat das ganze Volk den besten Vater verloren. Vielleicht hören wir bald, wie die Verhältnisse liegen. Unsere Pflicht aber ist es, unsere Seelen in Geduld zu fassen.“[63]

Am 30. August 1553 weist Bullinger noch mehr an Beza zu berichten – bes. dass Maria („Regina illa Atthaliaca“) schon Kardinal Reginald Pole wieder nach England berufen hat – und zeigt sich besonders bewegt wegen der ungewissen Zukunft der Freunde und Kollegen in England.[64] Noch mehr Details hatte er Calvin am 26. August 1553 geliefert[65]: „Habui ex Angliae

60 Calvins Lebenswerk, Bd. 2 (wie Anm. 1), 648 (Nr. 372).

61 CR Ep. 1770; Calvins Lebenswerk, Bd. 2 (wie Anm. 1), 649 (Nr. 373).

62 Wozu es tatsächlich gekommen ist: Die „Regierung“ von Jane Gray dauerte nur neun Tage.

63 Calvins Lebenswerk, Bd. 2 (wie Anm. 1), 649 (Nr. 373).

64 CR Ep. 1783. „Vix alia me res ita turbavit, atque haec anglica. Exspecto in horas certiora: quae certo communicabo. Quam vero misera sunt tempora, in quae nos voluit bonus devenire Dominus. Oremus illius clementiam sedulo, ut nostri et afflictissimae suae misereatur ecclesiae. Ubi vero est Martyr noster? Ubi Johannes a Lasco? Ubi Hopperus Vogoriensis? Ubi Cranmerus Cantuariensis? Ubi Suffolchiae Princeps? Ubi innumeri alii viri boni? Domine miserere illorum. Non facile dixero quantopere haec cor meum torqueant.” (CR 14,603). Der Herzog von Suffolk war der Vater von Jane Gray, er wurde am 23.2.1554 enthauptet. Zu den anderen hier genannten gibt CR in den Anmerkungen zur Stelle folgende Kurzinformationen: Peter Martyr wurde zuerst auf Veranlassung von Gardiner in Oxford festgehalten, dann nach London gebracht, um sich zu verteidigen, wo er bei Cranmer wohnte bis zu seiner Verhaftung. Dann verlies er England und kam am 30. Oktober nach Straßburg. A Lasco und 170 Mitglieder seiner Gemeinde brachen am 17.9.1554 nach Dänemark auf. Hooper wurde am 1.9.1554 in Ketten gelegt und im Februar 1555 verbrannt. Cranmer wurde seit dem 2.9.1554 gefangen gehalten.

65 CR Ep. 1778.

literas infaustissimae rei nuncias. Rex ille sanctissimus 6. Iulii migravit ad Dominum, ac felicissime quidem sancta cum confessione migravit. Mense Maio sua autoritate libellum hunc edidit, quem hic mitto. Ex hoc liquet, quantum thesaurum amiserit ecclesia Christi. Mortus est non sine veneni suspicione. De autore sceleris acres fiunt quaestiones. Fuerat quidem Ioanna, filia Heinrychi Graii olim Dorcestriae Marchionis, iam Ducis Suffolciae declarata Regina, nec ita pridem desponsata fuerat Gilfordo Ducis Northumbriae, olim Comitis Warvici filio. Sed Maria Edwardi 6 soror ex Catharina Hispania, amita Caesaris, deiectis Northumbrianis partibus ipsa regnum invasit. Capti ergo in vinculis tenentur 5 filii Northumbriae Ducis, et ipse pater cum filia, episcopus Londinensis, Marchio Northamptonus, D. Checus et multi alii: Atque utinam non plures his coniungantur et vocetur Reginaldus Polus reformator ex Roma, id quod Caesar meditari dicitur. Orandus est Dominus ut suorum electorum misereatur. Londinensis ecclesia peregrinorum habet plus minus 15000. Quo profugient miseri, si papa vicerit?“[66]

Am 7. September 1553 schreibt dann Calvin an Bullinger[67]: „England selbst macht uns mit Recht Angst, ja, es quält uns geradezu. Was wird aus der großen Menge Frommer werden, die dorthin in freiwillige Verbannung gegangen waren? Was aus den vielen Einheimischen, die Christus aufgenommen haben? Wenn der Herr nicht vom Himmel her wunderbare Hilfe schickt, so ist Gefahr, daß wir bald sehr traurige Nachrichten hören werden. Von Reginald Pole geht hier dasselbe Gerücht. Übrigens, weil ich stets gehört habe, daß es eine sehr übermütige Bestie sei, die sich jetzt des Königtums bemächtigt hat, und dazu eine grausame, so kommt mir zuweilen die Ahnung, es könnte geschehen, daß sie sich in ihrer Kühnheit selbst zu Fall brächte; Du weißt, wie hitzig das Volk dort ist. Schließlich wird sie fast allen feind sein. Wenn sie versucht, ohne die nötige Macht auch die staatlichen Verhältnisse zu ändern, wird sie nicht wenig Opposition finden. Indessen wird Gottes Kirche allerdings elendiglich sozusagen in mancherlei Stürmen umhergeworfen; wir müssen also all das unklare Wirrsal dem Herrn anempfehlen.“[68]

Obwohl es aber sehr wohl Widerstand und Aufstände gegen Maria gab[69], würde Calvins Ahnung sich nicht verwirklichen. Viele der Engländer, die

66 CR 14,598.

67 CR Ep. 1790; Calvins Lebenswerk, Bd. 2 (wie Anm. 1), 654f. (Nr. 378).

68 Calvins Lebenswerk, Bd. 2 (wie Anm. 1), 654f. (Nr. 378).

69 Vgl. z.B. Bezas Schreiben aus Lausanne an Bullinger vom 23.11.1553 (CR Ep. 1856): „Ex Anglia nihil ad nos certi affertur. Ochinus Genevam rediit sed hominem nondum vidi.

unter Edward Exulanten aus dem Festland aufgenommen hatten, mussten selbst ihre Heimat verlassen und nach Zentren wie Frankfurt, Genf, Lausanne oder Zürich fliehen.[70] Calvin selbst empfiehlt einen englischen Edelmann und seinen Sohn in einem Schreiben an Viret vom 20. November 1553; später, nach der Spaltung der englischen Exilgemeinde in Frankfurt, kamen viele nach Genf. Aber damit sind wir schon bei den „Marian Exiles", und das ist ein anderes Kapitel. Nur sei hier vermerkt, dass die Regierung der „Blutigen Maria" nur fünf Jahre dauerte, dann kam ihre Halbschwester Elizabeth auf den Thron. Mit ihr hatte Calvin auch zu tun, aber das ist wieder eine andere Geschichte.[71]

Rumor est conventum Angliae sese opposuisse Reginae conatibus, Cantuariae tumultum excitatum, Hiberniam aperte a Regina defecisse. Sed hae omnia incertis tantum rumoribus nunciantur." (CR 14,672f.) Viel ausführlicher und genauer ist der Bericht (ebenfalls aus Lausanne) von Dodmerus an Calvin vom 17.12.1553 (CR Ep. 1872): Sein Informant hatte England am 13.11.1553 verlassen. Ein paar Zeilen zur Lage in England befinden sich auch im Schreiben von Sleidanus aus Straßburg an Calvin am 28.12.1553 (CR Ep. 1881): „Petrus Martyr sub finem Octobris huc venit. Iam agitur cum illo uti maneat nobiscum. [...] Filius Caesaris in matrimonium ducet Angliae reginam Mariam et quidem de omnium ordinum assensu, ut scribitur. Cantuariensis erat damnatus capitis et regina Ioanna cum filiis Northumbrii ducis. Nunc autem scribitur Cantuarensi donatam esse vitam. Quid reliquis futurum sit, nescio." (CR 14,719).

70 Immer noch das klassische Handbuch dazu: Christina Garrett, The Marian Exiles, Cambridge 1938/1961.

71 Es gibt natürlich auch andere Korrespondenten Calvins in England während der Regierungszeit Edwards, die hier nur teilweise erwähnt wurden. Besonders wichtig für das Gesamtbild wäre Calvins weiterer Briefwechsel mit Cranmer, Bucer, a Lasco und Flüchtlingsgemeinden.

# Calvins Beziehungen zu Emden und Ostfriesland

*von Achim Detmers*

Es verwundert, dass unter den zahlreichen Untersuchungen zum Genfer Reformator nirgendwo ein eigenständiger Beitrag über Calvins Beziehungen zu Emden und Ostfriesland zu finden ist. In verschiedenen Veröffentlichungen gibt es immer wieder kleine Hinweise – vor allem in der Biografie zu Johannes a Lasco von Henning Jürgens.[1] Aber nirgendwo wird das Thema eingehender behandelt. Dies ist umso erstaunlicher, als Calvins Lehre in Emden, dem ‚Genf des Nordens', besondere Aufnahme gefunden hat. Der nachfolgende Beitrag behandelt die *direkten* Beziehungen Calvins zu Emden und Ostfriesland.

## I.

In der Johannes a Lasco-Bibliothek gibt es heute 40 Ausgaben mit Werken Calvins aus dem 16. Jahrhundert. Darunter sind frühe Schriften Calvins, die Institutio in mehreren Ausgaben sowie zwei Schriften, die Calvin in besonderer Weise mit Emden in Verbindung bringen: zum einen der in Straßburg gedruckte Genfer Katechismus von 1545 und zum anderen die 1557 in Genf gedruckte *Ultima admonitio Joannis Calvini ad Joachimum Westphalum*.

Die erste Schrift widmete Calvin 1545 den „treuen Dienern Christi, welche in Ostfriesland die reine Lehre des Evangeliums verkündigen".[2] Diese, den ostfriesischen Pfarrern gewidmete Schrift ist die lateinische Übersetzung des französischen Genfer Katechismus von 1542. Der Katechismus hatte in Genf die Funktion, die innerkirchliche Lehrnorm festzuhalten. Wer in Genf Pfarrer werden wollte, musste sich auf den Inhalt dieses Katechismus verpflichten. Die lateinische Übersetzung erfolgte mit der Absicht, die Genfer Lehrnorm auch außerhalb des französischen Sprachraums bekannt zu

1 Henning P. Jürgens, Johannes a Lasco in Ostfriesland. Der Werdegang eines europäischen Reformators (Spätmittelalter und Reformation N.R. 18), Tübingen 2002.

2 Calvin-Studienausgabe, Bd. 2: Gestalt und Ordnung der Kirche, hg. v. Eberhard Busch u.a., Neukirchen-Vluyn 1997, 11.

machen und zu einer Vereinheitlichung der Lehre beizutragen in den durch die oberdeutsch-schweizerische Reformation beeinflussten Kirchen.[3]

Emden war schon sehr lange von der oberdeutsch-schweizerischen Reformation, sprich von Zwingli und Bucer, beeinflusst. Bekannt ist etwa das zwinglianisch geprägte Bekenntnis der ostfriesischen Prediger von 1528.[4] Auch Calvin hatte offenbar von dem Fortschritt der Reformation in Ostfriesland Kenntnis genommen und entschloss sich, den Ostfriesen seine lateinische Übersetzung des Katechismus zu widmen. Im Vorwort schrieb er: „Euch aber, meine allerteuersten Brüder im Herrn, welchen ich dieses Werk nun ankündige, habe ich deshalb ausgewählt, weil mich nicht nur manche aus Eurem Kreis ihre Zuneigung zu mir und ihr Gefallen an meinen Schriften wissen ließen, sondern auch ausdrücklich brieflich von mir gewünscht hatten, daß ich diese Arbeit für sie auf mich nehme. So war dies im übrigen für mich vorausschauend eine genügende Rechtfertigung, daß ich dies längst aus dem Bericht frommer und bedeutender Männer vernommen habe, was mich Euch vollständig verpflichtet hat. Jetzt, wo ich fest auf Eure Zustimmung hoffe, bitte ich dennoch, dieses Zeugnis meiner Zuneigung zu Euch wohlwollend gutzuheißen. Lebt wohl. Gott mehre Euch täglich an Weisheit, Klugheit, Eifer und Stärke des Geistes im Aufbau seiner Kirche.“[5]

Dieses Widmungsschreiben könnte von dem Emder Kirchenältesten Gerhard thom Camp († 1559) aus Genf nach Ostfriesland gebracht worden sein, als der zusammen mit Samuel Pellikan nach Emden reiste. Wann der *gedruckte* Katechismus allerdings in Ostfriesland eintraf, ist nicht ganz klar.[6] Fest steht aber, dass die ostfriesischen Prediger Calvins Katechismus keineswegs einheitlich guthießen, geschweige denn ihn für ihre kirchlichen Zwecke übernahmen.

Etwas befremdlich mag den Ostfriesen erschienen sein, dass Calvin für die Übersendung des Genfer Katechismus das Vorbild bischöflicher Synodalschreiben bemühte.[7] Aber zwei weitere Gründe waren dafür verantwortlich, dass die Ostfriesen später einen eigenen Katechismus anfertigten, den Großen Katechismus von 1546. Gerhard thom Camp schrieb am

3 Ernst Saxer, Einleitung, in: Calvin-Studienausgabe, Bd. 2 (wie Anm. 2), 1–9.

4 Abgedruckt in: Reformierte Bekenntnisschriften, Bd. 1/1: 1523–1534, hg. i.A. der Evangelischen Kirche in Deutschland v. Heiner Faulenbach / Eberhard Busch, Neukirchen-Vluyn 2002, 224–237.

5 Calvin-Studienausgabe, Bd. 2 (wie Anm. 2), 15.

6 Jürgens (wie Anm. 1), 321.

7 „Die Bischöfe pflegten einst zu diesem Zweck, als zwischen allen noch eine Übereinstimmung im Glauben bestand und lebendig war, synodale Schreiben bis übers Meer zu schicken“ (Calvin-Studienausgabe, Bd. 2 [wie Anm. 2], 13).

31. August 1545 Folgendes an Heinrich Bullinger, den Nachfolger Zwinglis in Zürich: „Die Unsrigen haben ihn [= den Katechismus] mit Dankbarkeit aufgenommen und wollen ihm [= Calvin] antworten und danken, ihn aber ermahnen, daß ihnen seine frühere Auffassung vom Sakrament besser gefallen habe als diese, und ihn fragen, ob er so schreiben könne, daß es von den Jüngeren verstanden werden kann. Das wünschen a Lasco und auch die Pfarrer in den Dörfern."[8]

Die erfahrenen Pfarrer und Pädagogen in Ostfriesland hatten also sehr schnell gemerkt, dass Calvins Antworten auf die Katechismus-Fragen recht lang waren und die differenzierten theologischen Aussagen kaum dazu geeignet waren, im kirchlichen Unterricht eingesetzt zu werden.

Außerdem beanstandeten die eher zwinglianisch geprägten ostfriesischen Pfarrer Calvins Abendmahlslehre. Sie waren der Auffassung, dass Calvin in seinem Katechismus den Lutheranern zu sehr entgegengekommen war. Und in der Tat, dies war zeitlebens das Bestreben Calvins: angesichts der Gefahren von außen die reformatorische Bewegung zusammenzuhalten. Dies hatte Calvin bei seinem väterlichen Freund Martin Bucer gelernt, der ebenfalls versucht hatte, die Zürcher und Wittenberger Spaltung in der Abendmahlsfrage zu überwinden.[9]

Calvin selbst hatte sich bereits 1539 in Frankfurt mit Luthers Freund und engstem Weggefährten Melanchthon in der Abendmahlsfrage verständigt. Und auch mit dem Nachfolger Zwinglis in Zürich, mit Bullinger, kam 1549 eine Verständigung zustande. Beide unterzeichneten in Zürich den sog. Consensus Tigurinus. Diese Übereinkunft in der Abendmahlsfrage zwischen Genf und Zürich legte den Grundstein für die reformierte Konfession.[10]

## *II.*

Dieser Consensus Tigurinus ist es auch, der zu der zweiten Schrift in der Johannes a Lasco-Bibliothek führt, die Calvin mit Ostfriesland in Verbindung bringt: die letzte Ermahnung Calvins an Joachim Westphal von 1557. Welcher Zusammenhang hier zu Ostfriesland besteht, ist nicht sofort ersicht-

8 Jürgens (wie Anm. 1), 321.

9 Gottfried Hammann, Martin Bucer 1491–1551. Zwischen Volkskirche und Bekenntnisgemeinschaft (VIEG 139), Stuttgart 1989, 226–231.

10 Eberhard Busch, Consensus Tigurinus 1549, in: Reformierte Bekenntnisschriften, Bd. 1/2: 1535–1549, hg. i.A. der Evangelischen Kirche in Deutschland v. Heiner Faulenbach / Eberhard Busch, Neukirchen-Vluyn 2006, 467–480.

lich; dazu muss man die Vorgeschichte kennen: Der schon dreimal genannte Johannes a Lasco war von 1542 bis 1549 Superintendent in Ostfriesland. Er hatte schon früh Zwinglis Schriften gelesen und war etwa 10 Jahre vor Calvin in Basel Wilhelm Farel begegnet, dem französischen Reformator, dem es zu verdanken ist, dass Calvin für die Reformation der Genfer Kirche gewonnen werden konnte. A Lasco war maßgeblich von Calvin beeinflusst; er besaß die Erstausgabe der Institutio Calvins von 1536 und besorgte sich die Ausgabe von 1543, um nach Calvins Vorbild das ostfriesische Kirchenwesen neu zu organisieren.[11]

1549 endete jedoch die Tätigkeit a Lascos in Ostfriesland. Denn die Protestanten hatten den Schmalkaldischen Krieg gegen den katholischen Kaiser verloren. Und a Lasco lehnte das vom Kaiser diktierte Interim ab. Deshalb musste er seine Superintendenten-Stelle aufgeben und Ostfriesland verlassen. Er ging nach London und wurde dort Leiter der 3.000 protestantischen Flüchtlinge aus Italien, Frankreich und den Niederlanden.[12] In dieser Zeit begann auch der Briefkontakt zwischen Calvin und a Lasco. Als sich 1549 Bullinger und Calvin in der Abendmahlsfrage auf den Consensus Tigurinus einigten, fand dies die Zustimmung a Lascos.[13]

1552 aber griff der lutherische Hamburger Hauptpastor Joachim Westphal mit seiner Schrift *Farrago*[14] die reformierte Abendmahlstheologie scharf an und beschimpfte auch a Lasco als „Sakramentierer". A Lasco bat Calvin um eine Gegenschrift, Calvin lehnte jedoch zunächst ab. Er wollte kein unnötiges Öl ins Feuer gießen.[15]

Am 6. Juli 1553 aber starb der englische König Edward VI. Die Regierung übernahm die streng katholische Maria Tudor. Den Pastoren der Flüchtlingsgemeinden wurde das Predigen verboten; sie mussten das Land verlassen. A Lasco zog nach Dänemark zusammen mit 4 Pastoren und insgesamt 175 Gemeindegliedern. 1 ½ Monate dauerte die Reise, dann erreichten sie

11 Jürgens (wie Anm. 1), 50.235.294f.321f.348.

12 Jürgens (wie Anm. 1), 337–344.

13 Vgl. Calvins Brief an die französische Gemeinde in London vom 27.9.1552, in: Johannes Calvins Lebenswerk in seinen Briefen, hg. v. Rudolf Schwarz, Bd. 2: Die Briefe der Jahre 1548–1555, Neukirchen 1962, 603. Vgl. Wilhelm H. Neuser, Dogma und Bekenntnis in der Reformation: Von Zwingli und Calvin bis zur Synode von Westminster, in: HDThG 2 (1980), 274f.

14 Joachim Westphal, Farrago confusanearum et inter se dissidentium opinionum de coena Domini, ex sacramentariorum libris congesta [= Mischmasch der verwirrten und widersprüchlichen Auffassungen zum Abendmahl, zusammengestellt aus den Büchern der Sakramentierer], Magdeburg 1552.

15 Brief Calvins an a Lasco vom Mai/Juni 1554, in: Calvins Lebenswerk, Bd. 2 (wie Anm. 13), 687f.

dänisches Festland; ihre Bitte um Asyl wurde aber vom dänischen König mit dem Hinweis auf das reformierte Abendmahlsverständnis der Flüchtlinge abgelehnt. Die Polemik Joachim Westphals hatte bereits Wirkung gezeigt. A Lasco wurde des Landes verwiesen und gelangte erneut nach Ostfriesland. Weitere Londoner Flüchtlinge kamen einige Monate später nach Emden. Sie waren in den Wintermonaten in den lutherischen Städten Rostock, Wismar, Stralsund, Lübeck und Hamburg abgewiesen worden.[16]

A Lasco meldete diese Vorfälle nach Genf. Calvin war empört über diese innerprotestantische Entsolidarisierung der deutschen Lutheraner. An a Lasco schrieb er 1554 nach Emden: „Von der Grausamkeit der Dänen zu erfahren war mir sehr schmerzlich und bitter. Guter Gott, muß denn die Barbarei unter den Christen sogar die Wut des Meeres übersteigen? [...] Eine teuflische Wut hat jenen ganzen Küstenstrich erfaßt. Auch Sachsen und die umliegenden Länder sind davon angesteckt, daß sie ohne Maß noch Scham gegen uns toben. Für die Papisten ist es ein lustiges, liebliches Schauspiel. Umso mehr müssen wir uns Mühe geben, still hinunterzuwürgen, was nicht ohne Schande für das Evangelium in die Öffentlichkeit gebracht werden darf."[17]

Beim ‚Hinunterwürgen' blieb es allerdings nicht. 1555 veröffentlichte Calvin eine erste Schrift gegen Joachim Westphal.[18] 1556 folgte eine zweite[19] und 1557 die besagte letzte Ermahnung an Joachim Westphal, die in der Johannes a Lasco-Bibliothek erhalten ist. Der zweite Abendmahlsstreit war ausgebrochen, in dem der Ton auf beiden Seiten immer unversöhnlicher wurde. Als Calvin 1556 in Frankfurt weilte, wurde ihm sogar von lutherischer Seite das Gespräch verweigert.[20]

In Frankfurt traf Calvin 1556 auch das erste Mal mit a Lasco zusammen. Calvin war etwas skeptisch, weil a Lasco seine Prädestinationslehre nicht teilte und ihm auch sonst ein wenig eigenmächtig schien. Trotzdem hielten beide

16 Menno Smid, Reisen und Aufenthaltsorte a Lascos, in: Johannes a Lasco (1499–1560). Polnischer Baron, Humanist und europäischer Reformator. Beiträge zum internationalen Symposium vom 14.–17. Oktober 1999 in der Johannes a Lasco-Bibliothek Emden, hg. v. Christoph Strohm, Tübingen 2000, 193f.

17 Brief Calvins an a Lasco vom Mai/Juni 1554, in: Calvins Lebenswerk, Bd. 2 (wie Anm. 13), 687.

18 Johannes Calvin, Defensio sanae et orthodoxae doctrinae de sacramentis, Genf 1555.

19 Johannes Calvin, Secunda defensio piae et orthodoxae de sacramentis fidei contra Joachimi Westphali calumnias, Genf 1556.

20 Brief Calvins an Wolfgang Müslin vom 26.10.1556, in: Johannes Calvins Lebenswerk in seinen Briefen, hg. v. Rudolf Schwarz, Bd. 3: Die Briefe der Jahre 1556–1564, Neukirchen 1962, 871.

21 Brief Calvins an Vermigli vom 18.1.1555, in: Calvins Lebenswerk, Bd. 2 (wie Anm. 13), 742; Brief Calvins an Bullinger vom 1.7.1556, in: Calvins Lebenswerk, Bd. 2 (wie Anm. 13), 861.

bis ans Lebensende brieflichen Kontakt zueinander.[21] A Lasco blieb jedoch nicht in Ostfriesland, sondern kehrte – allerdings wenig erfolgreich – in seine polnische Heimat zurück. Calvin hatte ihm 1554 in einem Brief nach Emden etwas anderes gewünscht – einen ruhigen Lebensabend in der ostfriesischen Hafenstadt: „Ich freue mich, daß Gott endlich ein Einsehen mit Euch gehabt hat, sodaß sich Euch ein ruhiger Hafen auftat, in dem ihr nun nicht nur ausruhen dürft, sondern auch für Gott und seine Kirche fruchtbringende Arbeit tun könnt. Gott verleihe der erlauchten Gräfin [Anna von Ostfriesland], die euch so freundlich und gütig ihre mütterliche Hand bot, allen denkbaren Segen."[22]

## *III.*

Diese Hinweise mögen genügen, um zu zeigen, dass es direkte Beziehungen zwischen Calvin und Ostfriesland gab.[23] Ostfriesland war für Calvin kein Provinznest, sondern eine Drehscheibe für die Reformation in Europa. Calvin wusste, dass sich die Prediger in Emden schon sehr früh der oberdeutsch-schweizerischen Reformation zugewandt hatten. Und er dankte den Verantwortlichen in Ostfriesland, dass sie Menschen aufnahmen, die um ihres Glaubens willen verfolgt wurden. Calvin selbst, der seine Heimat schon früh verlassen musste und Tausenden französischer Flüchtlinge in Genf Zuflucht bot, wusste, was das wert war. Seine Theologie ist an vielen Stellen eine Theologie für Verfolgte, ein kräftiger Zuspruch der Gnade Gottes in bedrängter Situation.[24] Vor diesem Hintergrund sind viele theologische Entscheidungen Calvins zu verstehen – auch sein Bemühen um eine konsequente Ordnung der Kirche und um eine innergemeindliche Selbstdisziplinierung (‚Kirchenzucht').

Für diejenigen, die sich nur schwer in eine solche Verfolgungssituation hineindenken können, ist bis heute diese Form der strikten Ausrichtung auf das (gepredigte) Wort Gottes und ihre konsequente Umsetzung in einer Kir-

22 Brief Calvins an a Lasco vom Mai/Juni 1554, in: Calvins Lebenswerk, Bd. 2 (wie Anm. 13), 688.

23 Ein weiterer Hinweis liegt in dem Brief Calvins an Menso Poppius im ostfriesischen Manslagt vom 26.2.1559. Im Corpus Reformatorum wird dieser Brief irrtümlicherweise als nach Mastricht gerichtet betrachtet; vgl. Jan Remmers Weerda, Kirche und Diakonie in der Theologie Calvins, in: ders., Nach Gottes Wort reformierte Kirche. Beiträge zu ihrer Geschichte und ihrem Recht, hg. v. Anneliese Sprengler-Ruppenthal, München 1964, 118–131, hier 125, Anm. 11.

24 Heiko A. Oberman, Zwei Reformationen. Luther und Calvin – Alte und Neue Welt, Berlin 2003, 163–169.

chenordnung befremdlich. In Ostfriesland, wo bis zum Ende des 16. Jahrhunderts unzählige Flüchtlinge aus den Niederlanden Aufnahme fanden, war sie dagegen eine große Hilfe, wofür man in Emden Calvin bis heute dankbar ist.

# Gibt es ein „Erbe" Calvins in Baden?[1]

*von Albert de Lange*

Im Jahr 2001 hat der Verein für Kirchengeschichte in der Evangelischen Landeskirche in Baden einen Sammelband mit dem Titel „Reformierte Spuren in Baden"[2] veröffentlicht. Dieser Band widmet sich vor allem dem Versuch Markgraf Ernst Friedrichs, 1599 ein reformiertes Bekenntnis in der lutherischen Markgrafschaft Baden-Durlach einzuführen. Zwei Beiträge gehen auf die Frage ein, ob es auch heute noch reformierte Spuren in der Evangelischen Landeskirche in Baden gibt.[3] Johannes Calvin wird in diesem Band nur selten erwähnt. Er scheint weder im 16. noch im 20. Jahrhundert eine nennenswerte Rolle in Baden gespielt zu haben.

In meinem Aufsatz möchte ich einen Überblick über die Calvin-Rezeption in Baden geben. Ich beschränke mich nicht auf die ehemalige Markgrafschaft Baden-Durlach, sondern beziehe alle Territorien mit ein, die 1806 dem Großherzogtum Baden zugeschlagen wurden und deren Kirchen 1821 in die unierte evangelische Landeskirche in Baden integriert wurden, also auch die rechtsrheinische Kurpfalz. Schließlich spreche ich bewusst von Rezeption. Es geht mir also weniger um die eher zufälligen Spuren, die Calvin in Baden hinterlassen hat – auch wenn ich sie nicht ganz außer Betracht lasse –, sondern vielmehr um die Frage, ob es in Baden auch Versuche gegeben hat, das Werk Calvins zu rezipieren. Rezeption zielt darauf hin, eine Tradition aufzubauen. Gibt es – mit anderen Worten – ein „Erbe" Calvins in Baden?

1 Bearbeitung des Vortrags, den ich in mehreren badischen Kirchengemeinden und in der Johannes a Lasco-Bibliothek in Emden gehalten habe. Ich danke Dr. Gerhard Schwinge und Udo Wennemuth für ihre sprachlichen und inhaltlichen Verbesserungen des Textes. Dieser Aufsatz erscheint in ergänzter Fassung auch in: Jahrbuch für badische Kirchen- und Religionsgeschichte 3 (2009), 167–191.

2 Udo Wennemuth (Hg.), Reformierte Spuren in Baden (Veröffentlichungen des Vereins für Kirchengeschichte in der Evangelischen Landeskirche in Baden 57), Karlsruhe 2001.

3 Ulrich Wüstenberg, Reformierte Spuren im evangelischen Gottesdienst in Baden, in: Wennemuth, Reformierte Spuren (wie Anm. 2), 88–117; Jörg Winter, Reformierte Spuren in den Kirchenverfassungen der Evangelischen Landeskirche in Baden, in: Wennemuth, Reformierte Spuren (wie Anm. 2), 118–145.

## *1. Erste Spuren Calvins in Baden*

Wenn ich über Calvins „Erbe“ in Baden spreche, geht es mir also erstens um die Frage, ob und inwieweit die Werke Calvins gelesen, übersetzt und rezipiert wurden, und zweitens um die Frage, ob und inwieweit die calvinistische presbyterial-synodale Kirchenordnung (mit ihrer presbyterialen Kirchenzucht) und die calvinistische Prädestinationslehre übernommen wurden. Und wenn hier von „Baden“ die Rede ist, wird diese Bezeichnung auch für die Gebiete verwendet, die erst 1802–1806 bzw. 1810 „badisch“ wurden. Das ist selbstverständlich ein Anachronismus.[4] Vom 16. bis 18. Jahrhundert umfasste Baden nur einen kleinen Teil des späteren Großherzogtums und war überdies von 1535 bis 1771 aufgeteilt in die Markgrafschaft Baden-Durlach[5], die seit 1556 lutherisch war, und die Markgrafschaft Baden-Baden, die nach viel Hin und Her im Laufe des Dreißigjährigen Krieges endgültig römisch-katholisch wurde. Es gab aber zahlreiche andere Territorien auf dem Gebiet des heutigen Baden. Die wichtigsten waren das katholische Vorderösterreich, das den Habsburgern gehörte, und die rechtsrheinische Kurpfalz.

Calvin[6], der 1509 in Noyon geboren worden war, musste wegen seiner lutherischen Überzeugungen aus Frankreich fliehen und kam so 1535 nach Basel. Hier veröffentlichte er im März 1536 die erste Ausgabe seines berühmtesten Werkes, der *Institutio Christianae Religionis* (Unterricht in der christlichen Religion), die wie die erste Auflage der *Loci Communes* von Philipp Melanchthon (1521) tiefen Eindruck machte. Darin wurde ein radikaler Bruch mit der scholastischen Theologie vollzogen. Hier gab es einen praktischen Leitfaden für Lehre und Leben auf der Grundlage der Bibel. Aus diesem ersten kurzen Baseler Aufenthalt sind keine Kontakte nach Baden bekannt, auch nicht ins angrenzende Markgräflerland. Seit Juli 1536 wirkte Calvin in Genf. Im April 1538 wurde Calvin aus Genf ausgewiesen und kehrte nach Basel zurück. Im September zog er auf Einladung von Martin Bucer weiter nach Straßburg, damals eine deutschsprachige Reichsstadt. Calvin konnte kaum Deutsch, er sollte aber Pfarrer der französischen Flüchtlingsgemeinde werden und exegetische Vorlesungen über das Neue Testament an der gerade gegründeten Akademie halten. In den drei Straßburger Jahren arbeitete Calvin eng mit Martin Bucer zusammen, der ihn zutiefst

4 Armin Kohnle, Kleine Geschichte der Markgrafschaft Baden, Karlsruhe 2007, 8: Badische Geschichte kann nichts anderes sein „als die Geschichte allein der Markgrafen und der Markgrafschaft“.

5 Von 1535 bis 1565 Baden-Pforzheim.

6 Vgl. zu seiner Biographie und Theologie Christoph Strohm, Johannes Calvin. Leben und Werk des Reformators, München 2009.

prägte, wie aus der zweiten, stark vermehrten Edition der Institutio hervorgeht, die 1539 erschien.

Calvin besuchte, soweit bekannt, nie das „badische" Ufer des Rheins. Dort gab es eine komplizierte Gemengelage. Das Gebiet Straßburg direkt gegenüber gehörte größtenteils dem Grafen Philipp IV. von Hanau-Lichtenberg, der 1545 in Abstimmung mit Bucer die Reformation einführte. Etwas weiter östlich, in der Ortenau und im Kinzigtal, lagen die Territorien des Grafen Wilhelm von Fürstenberg (1491–1549).[7] Dieser lebte, soweit er nicht als Heerführer unterwegs war, in Ortenberg und Straßburg.

Wilhelm diente von 1534 bis 1538 König Franz I. von Frankreich als Söldnerführer. Nachdem er mit dem französischen Heerführer Anne de Montmorency in Konflikt geraten war, berief Franz I. einen von Wilhelms Offizieren, Sebastian Vogelsberger aus Weißenburg, zu seinem Nachfolger. Weil er sich dadurch in seiner Ehre verletzt fühlte, bat Wilhelm nun Calvin, den er in Straßburg kennengelernt hatte, zwei Gutachten für ihn in französischer Sprache zu verfassen.[8] So standen sie einige Zeit in engerer Beziehung. 1541 führte Wilhelm in seinen Gebieten die Reformation ein, auch er in Abstimmung mit Bucer.[9]

Calvin selbst spielte bei diesen beiden frühen Reformationen auf badischem Boden keine Rolle. Auch in der Markgrafschaft Baden, wo seit den 1520er Jahren „relativ ungehindert evangelisch"[10] gepredigt werden konnte, und in der Kurpfalz, wo dies ebenfalls der Fall war und es 1546 zu einem ersten Versuch kam, die Reformation durchzuführen[11], hatte er damals keinen nachweisbaren Einfluss. Er hat Pforzheim oder Heidelberg nicht besucht und sollte beide Städte auch nie sehen. Wohl hielt Calvin sich von Ende

7 Thomas Bergholz, Art. Graf Wilhelm von Fürstenberg, in: BBKL, Bd. 25 (2005), 470–472. Hier wird jedoch nicht die informative Einleitung von Rodolphe Peter erwähnt (siehe Anm. 8).

8 Siehe Jean Calvin, Plaidoyers pour le comte Guillaume de Furstenberg. Première réimpression de deux factums publiés à Strasbourg en 1539–1540. Avec introduction et notes par Rodolphe Peter (Études d'histoire et de philosophie religieuses 72), Paris 1994; Rodolphe Peter / Jean-François Gilmont, Bibliotheca Calviniana. Les oeuvres de Jean Calvin publiées au XVIe siècle, 3 Bde. (Travaux d'Humanisme et Renaissance 255.281.339), Genève 1991–2000, hier Bd. 1, Nr. 39f. (= Gilmont).

9 Fürstenberg berief für seine beiden Grafschaften Kinzigtal und Ortenau Martin Schalling d.Ä. zum Superintendenten in Haslach; vgl. Thomas Bergholz, Art. Martin Schalling, in: BBKL, Bd. 25 (2005), 1234–1236.

10 Kohnle, Kleine Geschichte (wie Anm. 4), 95.

11 Vgl. Eike Wolgast, Die reformatorische Bewegung in der Kurpfalz bis zum Regierungsantritt Ottheinrichs 1556, in: Udo Wennemuth (Hg.), 450 Jahre Reformation in Baden und Kurpfalz (Veröffentlichungen zur badischen Kirchen- und Religionsgeschichte 1), Stuttgart 2009, 25–44.

Februar bis Mitte April 1539 in Frankfurt auf, um beim Bundestag des Schmalkaldischen Bundes auf die Protestantenverfolgungen in Frankreich aufmerksam zu machen, aber er reiste linksrheinisch. In Frankfurt begegnete Calvin zum ersten Mal Melanchthon, mit dem er seitdem in Verbindung blieb. Sie trafen sich 1541 bei den Religionsgesprächen in Worms und Regensburg wieder.

Viele von Calvins Schriften erschienen in Basel und Straßburg. Es gibt jedoch keine Hinweise, dass sie vor 1556 in der Kurpfalz oder in Baden gelesen wurden. Die Beziehungen Calvins zu Baden, bzw. die Rezeption seiner Schriften beschränkte sich auf gebürtige „Badener" wie Caspar Hedio (1495–1552) aus Ettlingen oder Melanchthon aus Bretten. Hedio arbeitete jedoch in Straßburg und Melanchthon in Wittenberg, und beide hatten kaum mehr Beziehungen zu ihrer Heimat.[12]

## *2. Ottheinrich und Calvin*

1556 führten sowohl Ottheinrich[13], der gerade Kurfürst der Kurpfalz geworden war, als auch Markgraf Karl II. von Baden-Durlach[14] die Reformation in ihren Territorien durch. Die beiden Fürsten übernahmen die Kirchenordnung von Johannes Brenz, die 1553 im Herzogtum Württemberg eingeführt worden war. Ottheinrich hatte diese württembergische Kirchenordnung bereits verwendet, als er 1554 das Herzogtum Neuburg an der Donau, das er seit 1522 regierte, zum zweiten Mal der Reformation zuführte.[15]

Brenz legte in seiner Kirchenordnung nicht eine neue kirchliche Verfassung vor. Es handelt sich nur um eine Gottesdienstordnung oder eine Agende. Brenz war ein überzeugter Lutheraner. Trotzdem macht seine Kirchen-

12 Erst seit 1557 trat Melanchthon wieder in engere Beziehungen zur Kurpfalz.

13 Zu seiner Reformationspolitik vgl. Armin Kohnle, Ottheinrich: Leben und Wirken eines Reformationsfürsten, in: Hans Ammerich / Hartmut Harthausen (Hg.), Kurfürst Ottheinrich und die humanistische Kultur in der Pfalz (Veröffentlichungen der Pfälzischen Gesellschaft zur Förderung der Wissenschaften in Speyer 103), Speyer 2008, 11–29.

14 Armin Kohnle, Die Einführung der Reformation in der Markgrafschaft Baden. Eine Bestandsaufnahme nach 450 Jahren, in: Wennemuth, 450 Jahre Reformation (wie Anm. 11), 45–74.

15 Vgl. Gottfried Seebaß, Gottes Wort den Weg ebnen. Die Kirchenordnungen von Kurpfalz und Baden 1556, in: Wennemuth, 450 Jahre Reformation (wie Anm. 11), 75–85. Die pfälzische Kirchenordnung von 1556 und weitere wichtige reformatorische Dokumente aus der Regierungszeit von Ottheinrich sind ediert in: Emil Sehling (Hg.), Die evangelischen Kirchenordnungen des XVI. Jahrhunderts, Bd. 14: Kurpfalz, bearbeitet von J.F. Gerhard Goeters, Tübingen 1969; auf S. 22–34 gibt Goeters eine hervorragende Einleitung.

ordnung einen reformierten Eindruck, und das gilt auch für die badische und insbesondere auch für die kurpfälzische Kirchenordnung. Nicht die Messe, also der Gottesdienst mit integriertem Abendmahl, sondern der Wortgottesdienst, der sich ganz auf die Bibel und ihre Auslegung in der Predigt konzentriert, bildet hier den sonntäglichen Hauptgottesdienst. Brenz knüpfte jedoch nicht an Zwingli, Bucer oder Calvin an, sondern an den spätmittelalterlichen „Prädikantengottesdienst", der gerade am Oberrhein stark verbreitet war und auf den auch Zwingli und Bucer zurückgriffen. Es handelt sich hier also um eine gemeinsame Wurzel. Es gab auch beim Abendmahl einige oberdeutsche Besonderheiten wie z.B. die öffentliche Gemeindebeichte zur Vorbereitung auf das Abendmahl.[16] Es sollten jedoch, wie in der Wittenberger Tradition, Oblaten gereicht werden. Brenz hielt an der Realpräsenz des Leibes und Blutes Christi in Brot und Wein fest, ja er war einer der eifrigsten Verfechter der Ubiquitätslehre, d.h. der Lehre, dass Christus leiblich allgegenwärtig ist. Die kurpfälzischen und badischen Kirchenordnungen von 1556 sind also nicht reformiert, sondern übernehmen das eigenständige württembergische Luthertum mit oberdeutschen Einflüssen.

Auch bei der Neuorganisation der Kirche folgten Ottheinrich und Karl II. lutherischen Modellen. Zentrales leitendes Organ der Kurpfalz wurde der Kirchenrat, den Ottheinrich mit drei Theologen und drei weltlichen Räten (meist Juristen) besetzte. Ihre Aufgabe war nicht nur die Versorgung und Aufsicht von Kirchen- und Schuldienst, sondern auch die kirchliche Zucht. Die Organisation der Kirche selbst erfolgte in Sprengeln, die den weltlichen Ämtern entsprachen. Besonders geeignete Pfarrer wurden als Superintendenten (später Inspektoren genannt) berufen, um die Aufsicht über ein oder mehrere Sprengel auszuüben und Pfarrer zu ordinieren. Baden und die Kurpfalz waren also weit von einer calvinistischen presbyterial-synodalen Verfassung entfernt.

Calvins Person oder Werke spielten für den Markgrafen von Baden sicherlich keine Rolle.[17] Dem Kurfürsten dagegen war der Genfer Reformator nicht unbekannt. Ottheinrich, der 1542 das Herzogtum Neuburg schon zum ersten Mal der lutherischen Reformation zugeführt hatte, hatte 1545 den Drucker Hans Kilian in Neuburg beauftragt, die deutsche Übersetzung von Calvins antikatholischer Schrift *Epistolae duae de rebus hoc saeculo cognitu*

16 Vgl. Wüstenberg, Reformierte Spuren (wie Anm. 3), 91f.94–96.

17 Der Baseler Antistes Simon Sulzer berichtete Calvin am 3.10.1554 von den evangelischen Neigungen des Markgrafen Karl II. Sulzer, der seit 1556 eine wichtige Rolle bei der Durchführung der Reformation im Markgräflerland spielte, stand jedoch in der Abendmahlslehre auf lutherischer Seite; vgl. Kohnle, Einführung (wie Anm. 14), 52–54.58f.62f.

*necessariis* von 1537[18] zu veröffentlichen. Die Übersetzung stammte von dem Straßburger Pfarrer Johannes Lenglin, der eng mit Bucer verbunden war und mit Calvin korrespondierte. Der Druck wurde jedoch durch die Besetzung und Rekatholisierung Neuburgs durch die kaiserlichen Truppen im Schmalkaldischen Krieg unterbrochen, und Kilian konnte erst 1557, ein Jahr nachdem Ottheinrich Kurfürst geworden war, das Buch veröffentlichen. Es erschien unter dem Titel *Zween Sendbrief Iohannis Calvini* und enthält eine Widmung von Lenglin an Ottheinrich vom 17. September 1545.[19]

Dieser Druckauftrag bedeutet nicht, dass Ottheinrich 1545 die Ideen Calvins umsetzen wollte. Er stand in den vierziger Jahren in Kontakt mit Straßburg und wird Calvin als einen Lutheraner von der Art Bucers betrachtet haben. Es gibt keinen Anlass zur Annahme, dass der Kurfürst 1556/57 seinen Standpunkt geändert hat. Wie bereits erwähnt, orientierte sich Ottheinrich sowohl bei der Neuprotestantisierung von Neuburg, das er 1552 zurückbekommen hatte, wie bei der Durchführung der Reformation in der Kurpfalz an Württemberg. Zwar gebot der Kurfürst 1557 seinen Amtleuten, „abgöttische" Bilder und Nebenaltäre zu beseitigen, aber dieser „Bildersturm" hatte nichts mit Calvins *Zween Sendbrief* zu tun, sondern er folgte dem „oberdeutsch-württembergischen Vorbild".[20]

Ottheinrich blieb immer ein Lutheraner, der sich auf die Grundlage der Confessio Augustana (CA) von 1530 stellte. Er war jedoch kein Gnesiolutheraner. Für ihn waren die „innerprotestantischen Grenzen [...] durchlässig".[21] Er bat Melanchthon um Rat bei der Reform der Universität und holte Melanchthonianer wie den Juristen Christoph von Ehem nach Heidelberg. Er pflegte auch Kontakte mit Bullinger, obwohl die schweizerischen Reformierten seit 1555 im Reich als „Ketzer" galten, und berief Zwinglianer wie den Theologen Wilhelm Klebitz und den Mediziner und Theologen Thomas Erastus an die Universität. Er berief auch Flüchtlinge aus Frankreich wie Pierre Boquin und François Baudouin, die in Verbindung zu Calvin standen oder gestanden hatten, zu Professoren an der Universität. Calvins Werk wurde jedoch erst nach Ottheinrichs Tod 1559 in der Kurpfalz rezipiert.

18 Gilmont (wie Anm. 8), Bd. 1, Nr. 37/1.
19 Gilmont (wie Anm. 8), Bd. 2, Nr. 57/13.
20 Kohnle, Ottheinrich (wie Anm. 13), 23; vgl. Goeters, Kurpfalz (wie Anm. 15), 32.254f.
21 Kohnle, Ottheinrich (wie Anm. 13), 26f.

## *3. Die populärste Schrift Calvins am Oberrhein*

1558 erschien das erste Werk Calvins im Bereich des heutigen Baden. Es handelt sich um die deutsche Übersetzung von Calvins *Advertissement tres utile du grand proffit qui reviendroit à la Chrestienté, s'il se faisoit inventoire de tous les corps sainctz, & reliques* von 1543.[22] Sie wurde gedruckt von dem Buchhändler Georg Rab, der aus Meißen stammte und von 1557 bis 1560 in der damaligen markgräflichen Residenz Pforzheim tätig war.[23] Es handelt sich um einen Nachdruck der Übersetzung, die der sächsische lutherische Pfarrer Jakob Eysenberg 1557 in Wittenberg veröffentlicht hatte.[24] Eisenberg verwendete übrigens nicht das französische Original, sondern die lateinische Übersetzung von Nicolas des Gallars.[25] Rab veröffentlichte das Werk unter dem Titel *Von der Papisten Heiligthumb gründtlicher unnd kurtzer Underricht*.[26]

1583 erschien eine neue Auflage der Übersetzung Eysenbergs bei „Gutwinus Ursin" (= Bernhard Jobin) in „Christlingen" (= Straßburg) unter dem Titel *Der heilig Brotkorb der H. Römischen Reliquien*.[27] Verantwortlich dafür war der Straßburger Satiriker Johannes Fischart (1546/47–1590), der die Einleitung von Eysenberg bearbeitete und ein Gedicht und ein Nachwort beisteuerte. Fischart war „entschiedener Parteigänger der Calvinisten".[28] Seine Ausgabe erlebte mehrere Neuauflagen bis ins 17. Jahrhundert hinein.[29] Kein Werk von Calvin wurde in Deutschland öfter gedruckt.

Es ist sicherlich kein Zufall, dass gerade dieses Werk Calvins in Oberdeutschland so populär war. Zwar übte Calvin auch theologische Kritik an den Reliquien. Er wollte die Kirche von allen menschlichen Werken reinigen, welche die Ehre Gottes verfinstern. Reliquienverehrung beruht seines Erachtens auf Aberglauben und ist Abgötterei. Calvin verwendete jedoch in diesem Werk Mittel, die eher in der Tradition des Humanismus stehen.

22 Gilmont (wie Anm. 8), Bd. 1, Nr. 43/2.

23 Rab (Corvinus) war danach von 1561 bis zu seinem Tod 1580 in Frankfurt tätig (Gilmont [wie Anm. 8], Bd. 2, 1102). Seine Vignette zeigt Sankt Georg mit dem Drachen.

24 Gilmont (wie Anm. 8), Bd. 2, Nr. 57/12.

25 Gilmont (wie Anm. 8), Bd. 1, Nr. 48/4.

26 Gilmont (wie Anm. 8), Bd. 2, Nr. 58/11.

27 Gilmont (wie Anm. 8), Bd. 3, Nr. 83/3. Eine neue Übersetzung war bereits 1559 in Mulhouse erschienen (Gilmont [wie Anm. 8], Bd. 2, 59/7).

28 Zu Fischart vgl. Wilhelm Kühlmann, Johann Fischart, in: Wilhelm Kühlmann / Walter E. Schäfer, Literatur im Elsaß von Fischart bis Moscherosch. Gesammelte Studien, Tübingen 2001, 10.

29 Gilmont (wie Anm. 8), Bd. 3, 84/4; 85/3; 90/3; 94/1. Weitere Editionen in 1601, 1606, 1608, 1622.

Mit beißender Ironie zeigt er, dass die Reliquien nicht authentisch sind, sondern Fälschungen. Solche antiklerikalen Satiren waren seit Sebastian Brant und Erasmus von Rotterdam am Oberrhein sehr beliebt. Fischart schätzte Calvin wegen seiner Verbindung von Reformation und Humanismus.

In Baden-Durlach hinterließ allerdings die Ausgabe von Rab kaum Spuren, denn die Markgrafschaft war stark ländlich geprägt. Bis 1584 gab es nur in Pforzheim eine Lateinschule. Erst am Ende des Jahrhunderts hat es vielleicht eine Calvin-Rezeption in Baden gegeben.

## *4. Die Calvin-Rezeption nach 1561 in der Kurpfalz*[30]

Friedrich III., der Nachfolger Ottheinrichs, war der erste deutsche Landesherr, der den „Übergang zum reformierten Protestantismus" vollzog. 1561 ordnete er an, den reformierten Ritus des Brotbrechens beim Abendmahl einzuführen. Die Bilder und Altäre, die Ottheinrichs Aktion überstanden hatten, wurden 1563–1565 aus den Kirchen entfernt, sogar die alten Taufsteine und kostbaren Abendmahlskelche. Von einer „Wende zum Calvinismus" kann man allerdings nicht sprechen.[31] Im Gegenteil, der Kurfürst wollte der Identifizierung mit dem „Calvinismus" vorbeugen. Er war verärgert, als Calvin ihm am 23. Juli 1563 seinen Jeremia-Kommentar widmete.[32] 1566 sagte er vor dem Reichstag, dass er „Caluini Buecher nie gelesen" habe und nicht wisse, „was mit dem Caluinismo gemeinet" sei.[33]

Sicherlich war diese Abwehr des Calvinismus auch Strategie. Dem Kurfürsten und seinen Beratern war klar, dass sie ihre „Verbesserung" der Reformation reichsrechtlich nur durchsetzen konnten, wenn es ihnen gelingen würde, die Reichsstände zu überzeugen, dass sie auf der Grundlage der CA blieben. Das war auch einer der Gründe, dass Friedrich III. 1563 einen eigenen Katechismus verfassen ließ; eine Übernahme des Genfer Katechismus

30 Einen Überblick über die Geschichte der Kurpfalz in der zweiten Hälfte des 16. Jahrhunderts bietet Volker Press, Die „Zweite Reformation" in der Kurpfalz, in: Heinz Schilling (Hg.), Die reformierte Konfessionalisierung in Deutschland. Das Problem der „Zweiten Reformation". Wissenschaftliches Symposium des Vereins für Reformationsgeschichte 1985 (Schriften des Vereins für Reformationsgeschichte 195), Gütersloh 1986, 104–129. Die pfälzische Kirchenordnung von 1563 und alle weiteren wichtigen reformatorischen Dokumente aus der Regierungszeit von Friedrich III. sind ediert von Goeters, Kurpfalz (wie Anm. 15), der auch eine hervorragende Einleitung bietet (34–60).

31 Christoph Strohm, Der Übergang der Kurpfalz zum reformierten Protestantismus, in: Wennemuth, 450 Jahre Reformation (wie Anm. 11), 87–107.

32 Gilmont (wie Anm. 8), Nr. 63/19.

33 Strohm, Übergang (wie Anm. 31), 87f.

kam politisch gar nicht in Frage. Dies war nicht nur politisches Kalkül. Friedrich III. und seine Berater standen Melanchthon von Haus aus näher. Im Hintergrund spielte außerdem Bullinger eine wichtige Rolle. Er beriet den Kurfürsten, und sein bereits erwähnter Anhänger Thomas Erastus wurde 1559 Mitglied des Kirchenrats. Philippismus und Zwinglianismus prägten die Kurpfalz in den ersten Jahren nach dem Übergang zum reformierten Protestantismus.

Zu gleicher Zeit wurde die Kurpfalz dennoch zu einem Nährboden des Calvinismus. Das war insbesondere der Zuwanderung von Flüchtlingen aus Westeuropa, aber auch aus Deutschland und selbst aus Böhmen zu verdanken, die in Beziehung zu Calvin standen oder bei ihm studiert hatten, vor allem nachdem 1559 die Akademie in Genf eröffnet worden war. Die wichtigsten von ihnen waren Theologen und Juristen wie Petrus Dathenus, Hugo Donellus, Franciscus Junius, Caspar Olevian, Immanuel Tremellius, Hieronimus Zanchi und Wenzel Zuleger. Manche von ihnen bekamen eine Professur an der Heidelberger Universität. Andere waren (auch) als kurfürstliche Räte oder Mitglieder des Kirchenrats tätig. Es erschienen zwischen 1562 und 1577 bei den Heidelberger Druckern Johann Mayer[34] und Michael Schirat viele calvinistisch geprägte Schriften. Darunter sind auch einige Übersetzungen von Schriften Calvins[35], aber sie machen nur einen kleinen Teil der „Verlagsprogramme" aus. Eine vollständige Bibliographie aller calvinistisch geprägten Heidelberger Drucke fehlt leider bisher.

Eine zentrale Rolle in dieser Calvin- bzw. Calvinismusrezeption spielte Caspar Olevian (1536–1587)[36], der aus Trier stammte. Nach seinem vergeblichen Versuch, seinen Geburtsort zu reformieren, fand er im Januar 1560 Zuflucht in der Kurpfalz. Olevian hatte 1550–1557 in Frankreich Jura studiert, 1558 in Genf Theologie bei Calvin und stand seitdem in enger Verbindung mit Calvin und dessen Nachfolger Theodor Beza. 1561 wurde er Professor für Dogmatik in Heidelberg, gab aber dieses Amt schon 1562 auf und wurde Pfarrer an der Heiliggeistkirche in Heidelberg und Mitglied des Kirchenrats.

Olevian hatte bereits 1559 die grundlegende zweite[37] Edition von Calvins Katechismus von 1542 übersetzt, bekam aber keine Zustimmung, sie

34 Zu ihm Gilmont (wie Anm. 8), Bd. 3, 623. Öfter schrieb er sein Namen auch „Meyer".
35 Außerdem erschien die Übersetzung der Biographie von Calvin, die Theodor Beza gleich nach dessen Tod veröffentlicht hatte: Historia Vom leben und Christlichen Abschied auß dieser Welt, des Ehrwirdigen Herrn Johannes Calvini [...], Heydelberg: Michael Schirat, 1565.
36 Vgl. Andreas Mühling, Caspar Olevian 1536–1587. Christ, Kirchenpolitiker und Theologe (Studien und Texte zur Bullingerzeit 4), Zug 2008.
37 1537 veröffentlichte Calvin die erste Ausgabe seiner *Instruction et confession de foi, dont on use en l'Église de Genève* (Gilmont [wie Anm. 8], Bd. 1, Nr. 37/2). Dieser kleine Kate-

zu veröffentlichen. Der Kurfürst wollte zuerst „seinen" Heidelberger Katechismus veröffentlichen. Der Hauptverfasser des Heidelberger Katechismus, Zacharias Ursinus, vermied inhaltlich eine allzu deutliche calvinistische Profilierung. Trotzdem optierte er in Frage und Antwort 85 für eine Zucht durch die Kirchen selbst, wie Calvin das wünschte. Olevian war nicht als Verfasser an der ersten Auflage von Februar 1563 beteiligt. In der kurz danach erschienenen zweiten Ausgabe, die allerdings bestimmend blieb, fügte Olevian – wohl auf Wunsch des Kurfürsten – Frage und Antwort 80 hinzu, in dem er im Geiste Calvins die reformierte Abendmahlslehre gegen die katholische Messe (und indirekt auch gegen die CA von 1530) profilierte.[38] Erst nachdem der Heidelberger Katechismus erschienen war, genehmigte der Kurfürst dem Drucker Johann Mayer die Veröffentlichung des Katechismus von Calvin in der neuen Übersetzung von Ursinus.[39] Der Name Calvins wird aber auf dem Titelblatt nicht erwähnt.[40]

Ursinus und Olevian spielten auch eine wichtige Rolle bei der Ausarbeitung der neuen Kirchenordnung, die im November 1563 erschien.[41] Eigentlich handelt es sich auch hier wie bei Ottheinrichs Kirchenordnung von 1556, die von ihr ersetzt wurde, eher um eine Agende. Der Heidelberger Katechismus bildet das Kernstück. Er wird flankiert von Formularen für den Gottesdienst, für Taufe, Abendmahl usw. Hier findet man ausführliche Entlehnungen aus dem Genfer Katechismus, den Ursinus gerade in deutscher Sprache veröffentlicht hatte, und aus der Genfer Kirchenordnung, die ebenfalls 1563 in einer Übersetzung Olevians erschien.[42] Es wurden vor allem

chismus wurde erst 2009 ins Deutsche übertragen von Jörg Büchelin, Zu Gottes Ehre und der Menschen Heiligung. Johannes Calvin und sein Genfer Katechismus von 1537, Mittendrin Spezial, Heft 6 (März 2009), hg. v. der Ev. Kirchengemeinde Wössingen.

38 Vgl. Strohm, Übergang (wie Anm. 31), 103f.; Goeters, Kurpfalz (wie Anm. 15), 42.358.

39 In Übereinstimmung mit Olevian, der wusste, dass er kein guter Übersetzer war. Gilmont (wie Anm. 8), Bd. 3, 174.

40 Catechismus. Der Euangelischen Kirchen in Franckreich gestelt in Frag vnd Antwort, Heidelberg 1563. Ursinus legte wie Olevian die zweite, ausführliche Edition des Genfer Katechismus von 1542 zugrunde: Le catéchisme de l'Église de Genève. Der lateinische Text mit neuer deutscher Übersetzung in: Calvin-Studienausgabe, Bd. 2: Gestaltung und Ordnung der Kirche, hg. v. Eberhard Busch u.a., Neukirchen-Vluyn 1997, 1–135.

41 Kirchenordnung, Wie es mit der Christlichen Lehre, heiligen Sacramenten vnd Ceremonien, inn des Durchleuchtigsten Hochgebornen Fürsten vnnd Herren, Herrn Friderichs Pfaltzgrauen bey Rhein, des heiligen Römischen Reichs Ertzdruchsessen vnnd Churfürsten, Hertzogen inn Bayrn [et]c. Churfürstenthumb bey Rhein gehalten wirdt, Heidelberg: Johannes Maier, 1563. Eine moderne Edition bei Goeters, Kurpfalz (wie Anm. 15), 333–408.

42 Goeters, Kurpfalz (wie Anm. 15), 45, gibt als Titel: Ordnung. Der Euangelischen Kirchen in Franckreich so gehalten wird im Gemeinen Gebet, Reichung der Sacrament, Einsegnen der Ehe, Besuchung der Krancken, Vnd Christlichem Catechismo, Heidelberg: Johan-

Gebete Calvins übernommen. Auf Olevian ist der Abschnitt über die Kirchenzucht am Ende des Abendmahlformulars zurückzuführen.[43]

Trotz dieser Bekenntnisse zur kirchlichen Gemeindezucht änderte sich vorerst nichts in der Verfassung der Kirche. Olevians Versuche, die Kirchenzucht nach Genfer Vorbild einzuführen, stieß auf heftigen Widerstand bei Thomas Erastus und anderen Beratern des Kurfürsten, die eine Staatskirche nach Züricher Modell anstrebten und meinten, dass der Calvinismus zu einer Tyrannei des Presbyteriums führe. Erst 1570 gelang es Olevian, Presbyterien *(consistoire)* einzuführen, denen das verbriefte Recht auf Kirchenzucht anvertraut wurden. Auch die Amtssynoden *(classes)* und Generalsynoden sollten nun von unten beschickt werden und selbst den Präses wählen. Zu einer tatsächlichen Entflechtung zwischen Kirche und Obrigkeit kam es in der Kurpfalz übrigens genauso wenig wie in Genf. Die Obrigkeit musste bei der Exkommunikation eingeschaltet werden.[44]

Der Kompromiss von 1570 war durchaus im Sinne des Kurfürsten, der sich – trotz seiner Weigerung, sich mit dem „Calvinismus" identifizieren zu lassen – immer offener für calvinistische Impulse zeigte[45] und anscheinend eine Synthese zwischen den drei reformierten „Stimmen" Zwinglianismus, Calvinismus und Philippismus anstrebte. Die reformierte Kirche in der Pfalz bekam dadurch insgesamt mehr Selbständigkeit dem Landesfürsten gegenüber, als es im Reich üblich war. Die späteren Kurfürsten betrachteten allerdings die presbyterial-synodalen Elemente als „Anomalie" und versuchten, sie zurückzudrängen.[46] Die Kirchenordnung von 1570 blieb trotzdem bis zum Ende der Kurpfalz in den Hauptzügen gültig. Es ist also berechtigt, von einer calvinistisch geprägten presbyterial-synodalen Kirchenverfassung in der Kurpfalz zu sprechen.

Erst 1571, fünf Jahre nachdem die Kurpfalz vom Augsburger Reichstag der CA zugerechnet worden war, erschien zum ersten Mal ein Werk Cal-

nes Mayer, 1563. Es soll 1563 in Heidelberg auch noch eine zweite Übersetzung der Genfer Kirchenordnung erschienen sein: Kirchenordnung d. loebl. freien Stadt Genf, item Schulordnung, so im Collegio zu Genf gehalten ferner bemeldter Stadt Glaubensbekantnus [...] neulich aus d. Franz. in teutsche Sprach ubergesetzt. Ich habe das Exemplar, das es in der Hessischen Landesbibliothek Wiesbaden geben soll, nicht einsehen können. Goeters erwähnt es nicht.

43 Goeters, Kurpfalz (wie Anm. 15), 44.388.

44 Goeters, Kurpfalz (wie Anm. 15), 52–56.

45 So beauftragte er z.B. 1570 Paul Schede Melissus (1539–1602) mit der Übersetzung des Genfer Psalters.

46 Vgl. Albrecht Ernst, Die reformierte Kirche der Kurpfalz nach dem Dreißigjährigen Krieg (1649–1685) (Veröffentlichungen der Kommission für geschichtliche Landeskunde in Baden-Württemberg B 133), Stuttgart 1996, 92–99.

vins unter seinem eigenen Namen, ebenfalls bei Johann Mayer. Es handelt sich um die deutsche Übersetzung von Calvins beiden Kommentaren zur Apostelgeschichte. Der Name des Übersetzers fehlt. Es handelte sich um Wolff (Wolfgang) Haller von Raitenbuch (ca. 1521–1591), der aus der Oberpfalz stammte. Es wäre auch unvernünftig gewesen, seinen Namen zu erwähnen, denn er war in Regensburg als Sekretär des kaiserlichen Hofs tätig.[47] Es gibt keine Hinweise, dass Olevian hier seine Hand im Spiel hatte.

Der wichtigste Beitrag der Kurpfalz zur Calvinrezeption war ohne Zweifel die erste und für mehr als 360 Jahre zugleich die letzte[48] deutsche Übersetzung der Institutio Calvins. Sie erschien 1572 bei Johann Mayer unter dem Titel *Institutio christianae religionis, das ist Underweisung inn christlicher Religion*.[49] Der oder die anonymen Übersetzer legten die letzte lateinische Ausgabe von 1559 und Calvins eigene französische Übersetzung von 1560 zugrunde. Die Ausgabe enthält auch den Text des Genfer Katechismus in der Übersetzung Ursinus', die schon 1563 zum ersten Mal erschienen war. Die Edition enthält ferner ein kurzes, wichtiges Vorwort der Heidelberger Theologen und Pfarrer, in dem sie schreiben, dass Calvin unbedingt von den Deutschen gelesen werden sollte. Um ihn als „Fremden" – den reformierten Kurpfälzern wurde immer wieder vorgeworfen, auf einen französischen Theologen zu hören – annehmbar zu machen, erinnern sie daran, dass Calvin auch in Straßburg gewirkt hat und dort von Bucer, Capito und Hedio sehr geschätzt wurde und dass er mit Melanchthon befreundet war. Die Heidelberger hofften, dass nicht nur Fachtheologen, sondern auch „der gemeine man" die Institutio lesen würde. Vielleicht im Blick darauf veröffentlichte Mayer 1572 auch noch ein kleines Buch, dass nur die Übersetzung von Calvins Sakramentslehre aus Buch 4 der Institutio enthielt.[50]

Man darf annehmen, dass Olevian das gewaltige Projekt mit vorangetrieben hat. 1586, als er bereits in Herborn wirkte, veröffentlichte er eine lateinische und zwei deutsche Zusammenfassungen der Institutio[51], um ihre Lektüre zu erleichtern. Die Gegner der „Calvinisierung" der Kurpfalz betrachteten ihn nicht ganz zu Unrecht als Anstifter. So schrieb ein Lutheraner 1569, als Olevian noch quicklebendig war: „Die Calvinisten nehmen gewönlich ein böß end, wie dann an Doctore Oleviano zu sehen, als wel-

47 Gilmont (wie Anm. 8), Bd. 3, Nr. 71/1. Siehe auch 90/2.

48 Erst Otto Weber übersetzte 1936–1938 die Institutio neu; E.F. Karl Müller legte 1909 nur eine Teilübersetzung vor.

49 Gilmont (wie Anm. 8), Bd. 3, Nr. 72/4. Diese Edition wurde 1597 in Hanau (in Wirklichkeit eher Frankfurt) nachgedruckt (Gilmont [wie Anm. 8], Bd. 3, Nr. 97/3).

50 Gilmont (wie Anm. 8), Bd. 3, Nr. 72/4.

51 Gilmont (wie Anm. 8), Bd. 3, Nr. 86/2; 86/3; 86/4.

cher sich im Gefengnis erhengt habe."[52] Olevian wurde überdies eines der ersten Opfer der lutherischen Restauration, als Ludwig VI. 1576 nach dem Tod seines Bruders Friedrich III. die Regierung antrat. Er wurde ausgewiesen und wie sein Freund und erster Biograph Johann Piscator von den reformierten Wetterauer Grafen in Hessen aufgenommen. Beinahe alle späteren deutschen Calvinausgaben des 16. Jahrhunderts erschienen nun in Herborn.

Die meisten kurpfälzischen Calvinisten gingen nach Neustadt an der Haardt, wo Johann Casimir, ein weiterer Sohn Friedrichs III., regierte. Auch der Verleger Johann Mayer wich hierhin aus. Dort setzten sie den Versuch fort, eine calvinistische Tradition in Deutschland aufzubauen. Nach dem Tod Ludwigs 1583 übernahm Johann Casimir auch die Macht in Heidelberg und stellte die reformierte Kirche in der Kurpfalz wieder her.

Es ist allerdings die Frage, ob es wieder zur Herstellung einer „bewusste[n] calvinistische[n] Religiosität" in der Kurpfalz kam.[53] Gerade die wichtigsten Befürworter der Theologie Calvins wie Olevian und Piscator kehrten nicht zurück. Überdies rückten nach 1583 allmählich Theologen und Juristen der zweiten Generation nach, die meistens keinen Flüchtlingshintergrund mehr hatten, stark vom Späthumanismus geprägt waren und eher staatskirchlich als presbyterial-synodal dachten. Allerdings setzten die Heidelberger Theologen sich im Unterschied zur ersten Generation viel intensiver mit der Lehre der Prädestination auseinander. Dazu wurden sie auch gezwungen. Denn die lutherische Polemik hatte sich inzwischen von der Abendmahlslehre auf die Prädestinationslehre verlegt. Die Heidelberger Theologen nahmen den Fehdehandschuh auf und verteidigten ohne Ausnahme die calvinistische Prädestinationslehre, meist sogar in der radikalen supralapsarischen Form. Es ist allerdings bemerkenswert, dass sie sich dabei vor allem auf die Bibel, auf Augustin, auf Luthers *De servo arbitrio* und auf Melanchthon beriefen. Wenn sie Calvin und Beza zitierten, betonten sie, dass diese im Blick auf die Prädestination dasselbe gelehrt hätten wie Luther und Melanchthon. Die kurpfälzischen Reformierten stellten sich also gegenüber ihren Gegnern als „bessere Lutheraner" dar.[54]

52 Caspar Olevian 1536–1587. Jurist und Theologe aus Trier, Student in Bourges und Orléans, hg. v. der Stadtbibliothek und der Universitäts-Bibliothek Trier, Trier 1990, 135, Nr. 37. Zit. aus der Lebensbeschreibung Olevians durch Johann Piscator in: Der Gnadenbund Gottes, Herborn: Christoph Rab, 1590.

53 Eike Wolgast, Geistiges Profil und politische Ziele des Heidelberger Späthumanismus, in: Christoph Strohm u.a. (Hg.), Späthumanismus und reformierte Konfession. Theologie, Jurisprudenz und Philosophie in Heidelberg an der Wende zum 17. Jahrhundert, Tübingen 2006, 1–25, hier 16.

54 Herman J. Selderhuis, Calvinisten sind die besten Lutheraner. Die Heidelberger Theologie 1583–1622 und der Augsburger Religionsfriede 1555, in: Matthias Freudenberg / Georg

Dies geschah nicht nur aus taktisch-politischen Gründen. Die zweite Generation der Heidelberger Reformierten fühlte sich, auch wenn sie sich hinter die Prädestinationslehre stellte, eher Melanchthon[55] und der CA variata verbunden als Calvin. Sie betrachteten sich als „Deutsche" und wollten es nicht an sich hängen lassen, auf „Fremde" zu hören. Überdies bot gerade die Theologie Melanchthons Ansätze für das irenische Anliegen der kurpfälzischen Theologen, allen voran des David Pareus, den Konflikt mit dem Luthertum in Deutschland zu überwinden. Pareus schrieb: Calvin „mag dann so gelehrt und brillant gewesen sein, wie er will, unsere Kirchen sind nicht an das gebunden, was Calvin gelehrt oder geschrieben hat, und wir haben uns auch nicht darauf festgelegt"[56], und sein Kollege Paulus Tossanus: „Sol eben eines frembden name den Frieden der Evangelischen Kirchen in Teutschland verhindern?"[57]

So erklärt sich, warum nicht Calvins Institutio, sondern Melanchthons Loci das dogmatische Handbuch an der Theologischen Fakultät war.[58] Die Restauration der reformierten Kirche 1583 knüpfte nicht bei der Calvin-Tradition an, die Olevian aufgebaut hatte, sondern vielmehr beim breiteren reformierten Geist aus den Jahren 1561–1566. Das kann auch erklären, warum – bis auf eine Ausnahme – nach 1583 keine Übersetzung von Werken Calvins mehr in Heidelberg erschien. Zwar wurden in Neustadt noch einige Übersetzungen veröffentlicht, aber es handelt sich vornehmlich um Restauflagen der bereits von Johann Mayer verlegten Werke.[59] Die

Plasger (Hg.), Erinnerung und Erneuerung. Vorträge der fünften Emder Tagung zur Geschichte des reformierten Protestantismus (Emder Beiträge zum reformierten Protestantismus 10), Wuppertal 2007, 70–92; etwas ausführlicher veröffentlicht unter dem Titel: Das Recht Gottes. Der Beitrag der Heidelberger Theologen zu der Debatte über die Prädestination, in: Strohm, Späthumanismus (wie Anm. 53), 227–248.

55 Herman J. Selderhuis, Ille Phoenix: Melanchthon und der Heidelberger Calvinismus, in: Günter Frank / Herman J. Selderhuis (Hg.), Melanchthon und der Calvinismus (Melanchthon-Schriften der Stadt Bretten 9), Stuttgart-Bad Cannstatt 2005, 45–59.

56 Zit. nach Selderhuis, Calvinisten (wie Anm. 54), 88; vgl. Selderhuis, Recht (wie Anm. 54), 240.

57 Zit. nach Selderhuis, Calvinisten (wie Anm. 54), 82 bzw. Selderhuis, Recht (wie Anm. 54), 240.

58 Selderhuis, Phoenix (wie Anm. 55), 55.

59 Der Herausgeber war Mattheus Harnisch (Gilmont [wie Anm. 8], Bd. 3, 621), der anscheinend das Magazin von Johannes Mayer nach dessen Tod übernommen hat. So druckte er meistens nur die Titelseite neu. 1590 (Gilmont [wie Anm. 8], Nr. 90/1) gab Harnisch selbst, 1600 (ebd., 600/1) gaben seine Erben nochmals Wolff Haller von Raitenbuchs Übersetzung von Calvins Kommentar zur Apostelgeschichte von 1571 heraus. Die Ausgabe von 1590 wurde vermutlich von dem Übersetzer selbst veranlasst (Gilmont [wie Anm. 8], 505). Harnisch gab 1592 die Übersetzung von Calvins Sakramentslehre aus Buch 4 der Institu-

Rezeption Calvins fand jetzt eindeutig in Herborn statt, wozu Olevian bis zu seinem Tode 1587 den Antrieb gab, danach dessen Schüler Piscator. Später erschienen Calvins Werke in Hanau.

Natürlich gab es noch Calvinanhänger in der Kurpfalz wie z.B. den bereits erwähnten Wolff Haller von Raitenbuch. Er veröffentlichte 1590 in Heidelberg seine Übersetzung von Calvins Kommentar zu der Synoptiker-Konkordanz und dem Evangelium von Johannes. Haller widmete das sehr ausführliche Werk *Harmonia, Das ist Vergleichung unnd einstimmung der dreyen Euangelisten S. Mattheus, S. Marcus und S. Lucas mit Christlicher Auslegung derselben auch deß Euangelisten S. Johannes* dem Kurfürst-Administrator Johann Casimir.[60] Calvinistische Kerne hielten sich auch in den wallonischen und französischen Flüchtlingsgemeinden in Frankenthal, Schönau und später Mannheim. Gerade diese Orte litten jedoch schwer durch den Dreißigjährigen Krieg. Die lange katholische Besetzung der Kurpfalz während dieses Kriegs führte zum Abbruch jeglicher Calvinrezeption.

Nach 1648 konnte Kurfürst Karl Ludwig die Kurpfalz wieder aufbauen. Dieser knüpfte jedoch wieder eindeutig an die melanchthonisch-irenischen Bestrebungen an. Ganz vergessen wurde Calvin zwar nicht[61], aber von einem „Erbe" Calvins kann man kaum mehr sprechen. Vor allem nachdem die katholische Nebenlinie Pfalz-Neuburg 1685 die Kurpfalz geerbt hatte, wurde die reformierte Kirche in die Defensive gedrängt. Die meisten calvinistischen Einwanderer verließen das Land. Im 18. Jahrhundert gab es keine aktive Aneignung Calvins mehr.[62] Trotzdem verdankte die reformierte Kirche ihr Überleben indirekt Calvin. Die Überreste der von Olevian durchgesetzten presbyterial-synodalen Ordnung gaben den Gemeinden den Rückhalt, um sich zu behaupten. Überdies konnten sie sich weiterhin auf das internationale calvinistische Netzwerk stützen. Insbesondere die

tio von 1572 nochmals heraus (Gilmont [wie Anm. 8], Nr. 92/4); vgl. auch die nachfolgende Anmerkung.

60 Gilmont (wie Anm. 8), Bd. 3, Nr. 90/2. Die Widmung enthält einige interessante autobiographische Hinweise. Das Werk erschien ohne Namen des Verlegers, aber es handelt sich um Hieronymus Commelinus (vgl. Hartmut Harthausen, Emigrierte Buchdrucker in Heidelberg und Speyer in der zweiten Hälfte des 16. Jahrhunderts, in: Ammerich, Kurfürst Ottheinrich [wie Anm. 13], 61–67). Das Werk wurde 1600 von den Erben von Mattheus Harnisch in Neustadt nochmals herausgegeben (Gilmont [wie Anm. 8], Bd. 3, Nr. 600/3).

61 Vgl. Ernst, Reformierte Kirche (wie Anm. 46), 153.

62 Eine interessante Ausnahme bildet das Calvin-Porträt von 1754, das Teil einer Sammlung von 50 Reformatorenporträts war, die von dem wallonischen Pfarrer Pierre Romagnac in Mannheim in Auftrag gegeben wurde. Vgl. Johannes Ehmann, Erinnerungskultur zwischen Konfessionalismus und Aufklärung. Die Mannheimer Reformatorenbilder von 1754, in: Jahrbuch für badische Kirchen- und Religionsgeschichte 1 (2007), 43–54. Dort auch Literatur zur bedrückenden Lage der Reformierten Kirche in der Kurpfalz im 18. Jahrhundert.

Niederlande und Brandenburg-Preußen unterstützten die reformierte Kirche der Kurpfalz diplomatisch gegen die von der Regierung betriebene Rekatholisierung.

## *5. Baden-Durlach*

Markgraf Karl II. (1553–1577) führte 1556 die Reformation in Baden-Durlach durch und übernahm, wie es in der Kurpfalz geschah, die württembergische Kirchenordnung von 1553. Baden-Durlach wurde damit lutherisch und blieb es vorerst auch, im Gegensatz zur Kurpfalz. 1579 unterschrieben alle Pfarrer die Konkordienformel.[63]

Das änderte sich, nachdem Markgraf Ernst Friedrich (1560–1604) 1584 die Regierung übernommen hatte. Dieser wollte sich von Württemberg emanzipieren und suchte deshalb Anschluss an die Kurpfalz, wo Johann Casimir seit 1583 die reformierte Kirche wiederhergestellt hatte. Ernst Friedrich wollte seine Landeskirche ebenfalls „verbessern“ und dem reformierten Protestantismus zuführen.[64] Er ging schrittweise vor. Zuerst gründete er 1584 in der Residenz Durlach ein Gymnasium illustre und berief Lehrer, die dem Philippismus zugerechnet werden können.[65] So war er für die Pfarrerausbildung nicht länger auf das streng lutherische Tübingen angewiesen. Auch berief er Verwaltungsleute aus der Kurpfalz, die ihn bei der Durchführung der Kirchenreform beraten sollten. Wilhelm von Peblis, der Statthalter Ernst Friedrichs, der vorher Johann Casimir gedient hatte, wurde deshalb als „calvinisch Papst zu Durlach“ bezeichnet.[66]

63 Acht Pfarrer im Markgräflerland verweigerten die Unterschrift und wurden entlassen. Diese waren keine Calvinisten, sondern lehnten die lutherische Engführung durch die Konkordienformel ab. Man kann sie dem Philippismus zuordnen; vgl. Friedemann Merkel, Geschichte des evangelischen Bekenntnisses in Baden von der Reformation bis zur Union (Veröffentlichungen des Vereins für Kirchengeschichte in der Evangelischen Landeskirche in Baden 20), Karlsruhe 1960, 43–49. Johann Jakob Grynäus, der 1577 diese Pfarrer vermutlich beriet, war damals noch kein Calvinist.

64 Sein Lehrmeister Johannes Pistorius d.J. hätte ihn dazu ermutigt. Dieser war jedoch, bevor er 1588 zum Katholizismus konvertierte, sicherlich kein Calvinist, auch kein „heimlicher“, sondern wie sein Vater Philippist.

65 Ludwig Lucius, der Rektor dieser Schule, wird als „Calvinist“ bezeichnet, aber er kam erst 1601 nach Durlach; vgl. Volker Leppin, Der Kampf des Markgrafen Ernst Friedrich von Baden um sein Bekenntnis und der Widerstand aus Pforzheim, in: Wennemuth, Reformierte Spuren (wie Anm. 2), 53.

66 Volker Press, Baden und badische Kondominate, in: Anton Schindling / Walter Ziegler (Hg.), Die Territorien des Reichs im Zeitalter der Reformation und Konfessionalisierung. Land und Konfession 1500–1650, Bd. 5: Der Südwesten, Münster 1993, 139.

Erst 1599 vollzog der Markgraf den entscheidenden Schritt und veröffentlichte das umfangreiche „Stafforter Buch", das aus zwei Teilen besteht. Im ersten Teil wurde detailliert nachgewiesen, dass die lutherische Konkordienformel, vor allem in der Christologie und in der Abendmahlslehre, nicht mit der CA übereinstimmt. So konnte der Markgraf rechtfertigen, warum er die Formel nicht unterschreiben wollte. Im zweiten Teil, der auch separat erschien, wurde das „Bekenntnis" des Markgrafen veröffentlicht.[67] Häufig wird gesagt, dass der Markgraf mit diesem Buch öffentlich zum „Calvinismus" übertrat.[68] Das kann sich jedoch höchstens auf die Theologie des Markgrafen beziehen, denn es gibt keine Hinweise, dass er seine persönliche landeskirchliche Herrschaft für eine presbyterial-synodale Kirchenverfassung aufgeben wollte, auch nicht in der abgemilderten kurpfälzischen Variante.

Das Stafforter Buch diente an erster Stelle der Rechtfertigung der reformierten Abendmahlsfeier, die Ernst Friedrich einführen wollte. Der Markgraf und seine Berater versuchten, mit zahllosen Zitaten aus der Bibel und den Kirchenvätern zu beweisen, dass die (melanchthonische) Abendmahlslehre der CA variata richtig sei. Darum lehnte er auch die Ubiquitätslehre ab und verteidigte die übliche reformierte Christologie.[69] Es fehlt jedoch jeder Hinweis auf Calvin.

An zweiter Stelle verteidigte Ernst Friedrich die doppelte Prädestinationslehre. Nur in diesem Punkt kann man ihn mit Recht als „Calvinisten" bezeichnen.[70] Man sollte jedoch bedenken, dass der Markgraf auch in seiner umfangreichen Erörterung dieser Lehre[71] Calvin und Beza kein einziges Mal erwähnt und er Calvin vermutlich nie gelesen hat.[72] Er beruft sich dagegen durchgängig auf Bibeltexte, auf Kirchenväter, insbesondere Augustin und Ambrosius, und einmal auf Luther. Möglicherweise verwendete er die *Aurea salutis catena* (Goldene Kette des Heils) des Heidelberger Professors Herman Rennecherus von 1589, der sich ebenfalls hauptsächlich auf

67 Der zweite Teil ist ediert in: Wennemuth, Reformierte Spuren (wie Anm. 2), 146–269. Zwar war Ernst Friedrich nicht alleiniger Autor, aber die grundsätzlichen Erörterungen des zweiten Teils darf man ihm zurechnen; vgl. Werner Baumann, Ernst Friedrich von Baden-Durlach. Die Bedeutung der Religion für Leben und Politik eines süddeutschen Fürsten im Zeitalter der Gegenreformation (Veröffentlichungen der Kommission für geschichtliche Landeskunde in Baden-Württemberg B 20), Stuttgart 1962, 164–168.

68 Kohnle, Markgrafschaft Baden (wie Anm. 4), 114.

69 Siehe Miriam Waldmann, Struktur und Aufbau der Argumentation im Abendmahlsartikel des Staffortschen Buches von 1599, in: Jahrbuch für badische Kirchen- und Religionsgeschichte 2 (2008), 19–46.

70 Z.B. Udo Wennemuth, Vorwort, in: Reformierte Spuren (wie Anm. 2), 6.

71 Wennemuth, Reformierte Spuren (wie Anm. 2), 173–197.

72 Baumann, Ernst Friedrich (wie Anm. 67), 167, vgl. 156.

Augustin beruft.[73] Der Markgraf rezipierte also die Prädestinationslehre Calvins „indirekt" und wollte das auch allem Anschein nach nicht anders.

Grund für seine Identifikation mit der Prädestinationslehre calvinistischer Herkunft war vielmehr, dass es lutherischen Polemikern wie Aegidius Hunnius gelungen war, die deutschen Reformierten in diese Ecke zu drängen. Ernst Friedrich versuchte deshalb nachzuweisen, dass die Prädestinationslehre calvinistischen Zuschnitts ein allgemein-christliches und lutherisches Erbe war (und also im Grunde nicht im Widerspruch zur CA stand) und dass Hunnius ein „Semipelagianer" war.[74] Auch in seinem Fall sollte man deshalb besser von einem „Übergang zum reformierten Protestantismus" als von einem „Übertritt zum Calvinismus" sprechen. Der deutsche reformierte Protestantismus hatte sich im Übrigen damals generell die Prädestinationslehre zu Eigen gemacht.

Ernst Friedrichs Nachfolger Georg Friedrich restaurierte das Luthertum. Er blieb trotzdem eng mit der Kurpfalz verbunden und unterstützte sie mit seinen Truppen im Dreißigjährigen Krieg. 1622 trat er seine Herrschaft an seinen Sohn ab und zog schließlich ins lutherische Straßburg. Interessant ist, dass er von hier aus von 1632 bis zu seinem Tod 1638 mit dem Genfer Calvinisten Théodore Tronchin korrespondierte.[75]

Das reformierte Basel bot während des Pfälzischen Erbfolgekriegs (1689–1697) dem Markgrafen Friedrich Magnus Zuflucht. Unter anderem deshalb öffnete dieser nach dem Friedensschluss sein streng-lutherisches Land für Wallonen, Waldenser und Hugenotten, die vorher in der Kurpfalz oder der Schweiz Zuflucht gefunden hatten. Die Calvinisten solcher Herkunft bekamen das Recht, ihre kirchlichen Angelegenheiten in eigener Vollmacht zu regeln. Dieses Privileg sicherte Markgraf Karl Wilhelm, als er für die neue Residenz Karlsruhe warb, seit 1715 ebenfalls den deutschen Reformierten zu. Er schenkte seiner reformierten Schwiegertochter Prinzessin Amalie von Nassau-Oranien / Dietz eine Holzkirche, die 1719–1721 in Karlsruhe erbaut und 1773–1776 durch eine Steinkirche ersetzt wurde. Diese „Kleine Kirche", erbaut von Wilhelm Jeremias Müller, ist bis heute eines der wenigen sichtbaren Zeichen des reformierten Protestantismus im lutherischen Baden. Eine direkte Rezeption der Werke Calvins selbst fand in Baden von 1556 bis 1821 nie statt, auch nicht während der Zeit Ernst Friedrichs.

73 Vgl. Selderhuis, Calvinisten (wie Anm. 54), 74–77 (= Recht [wie Anm. 54], 231–233).

74 Wennemuth, Reformierte Spuren (wie Anm. 2), 188–191.

75 Frédéric Gardy, Catalogue de la partie des Archives Tronchin acquise par la Société du Musée historique de la Réformation, Genève 1946, 64.

## *6. Nach der Kirchenvereinigung von 1821*

Die „Vereinigte Evangelisch-protestantische Kirche im Großherzogthum Baden"[76] führte 1821 die reformiert-calvinistische und die lutherische Konfession innerhalb des Großherzogtums Baden in einer Union zusammen. Gewiss brachte die alte reformierte Kirche der Kurpfalz auch ihren Anteil in die Bekenntnisunion ein: Der Heidelberger Katechismus wurde neben der CA invariata als Bekenntnisschrift anerkannt. Die neue Landeskirche übernahm damit ein philippistisches, deutsch-reformiertes theologisches Erbe, kein calvinistisches. Auch in der Liturgie blieben manche reformierte Elemente bewahrt, insbesondere das Brotbrechen beim Abendmahl. Die alte presbyterial-synodale Kirchenordnung von Olevian wurde ebenfalls in der Kirchenverfassung der neuen Kirche berücksichtigt. Es wurden die Generalsynode und der Kirchengemeinderat (Presbyterium) übernommen. Der Großherzog wehrte sich jedoch gegen regelmäßige Zusammenkünfte der Synode. In Wirklichkeit blieb die Unionskirche bis 1861 eine Staatskirche.[77]

Die neue badische Kirchenverfassung von 1861 führte das presbyterial-synodale Element wieder stärker ein und damit das Mitwirkungsrecht der Kirchenglieder an der Leitung der Kirche auf allen Ebenen. Die Generalsynoden sollten sich alle fünf Jahre versammeln. Die Verfassung garantierte auch eine weitgehende Autonomie der Landeskirche gegenüber dem Staat. Der politisch und theologisch liberal gesinnte Mannheimer Pfarrer Emil Otto Schellenberg sah in ihr 1864 das Erbe Calvins. Dieser „legte die kirchliche Gewalt in die Hand der Gemeinde. Das Lutherthum hat gegen dieses sich abgeschlossen; noch heute ist in Preußen und Sachsen die Gemeinde nicht in die ihr gebührenden Rechte eingesetzt. Es ist Zeit, daß die deutschen Fürsten der Gemeinde ihr Recht nicht länger vorenthalten. Freuen wir uns, daß unsere Kirche in Baden sich in calvinischem Sinne einigte und mit Einsetzung der Gemeinde in ihr Recht ein so kräftiger Anfang gemacht wurde".[78] In Wirklichkeit jedoch war die neue Verfassung nicht einer theologischen

76 Erst 1957 wurde der Name offiziell geändert in „Evangelische Landeskirche in Baden".
77 Johannes Bauer (Hg.), Die Union. Urkunden und Dokumente (Veröffentlichungen der evangelischen Kirchenhistorischen Kommission in Baden 1), Heidelberg 1921, v.a. 110; vgl. Johannes Ehmann, Union und Konstitution. Die Anfänge des kirchlichen Liberalismus in Baden im Zusammenhang der Unionsgeschichte (1797–1834) (Veröffentlichungen des Vereins für Kirchengeschichte in der Evangelischen Landeskirche in Baden 50), Karlsruhe 1994, 272–274.280; vgl. auch Winter, Reformierte Spuren (wie Anm. 3), 127–130.
78 Emil Otto Schellenberg, Johann Calvin. Zwei Vorträge, gehalten am 27. und 29. Mai 1864 in der Concordienkirche zu Mannheim und auf Verlangen in Druck gegeben, Mannheim 1864, 53, vgl. 30.

Neubesinnung auf Calvins oder auf Olevians Kirchenordnung zu verdanken, sondern den liberal-demokratischen Bestrebungen, das Staatskirchentum zu beenden und die Landeskirche zu „demokratisieren".[79] Mit der neuen Verfassung von 1919, in der die Kirchengewalt vom Großherzog auf die Landessynode überging, fand genauso wenig eine Rückkehr zu Calvin statt, sondern passte sich die Kirche der Weimarer Republik an.

In der badischen Unionskirche gab es wie überall in Deutschland Reformationsgedenken bzw. Jubiläen der Geburts- und Sterbejahre der Reformatoren. In Baden wurde außer Luthers vor allem Melanchthons gedacht, manchmal als einer Art geistigem Vater der Union, öfter jedoch als Reformator im Schatten des Nationalhelden Luther. Calvin wurde jedoch nicht vergessen. Die oberste Kirchenbehörde in Karlsruhe ordnete an, dass des Sterbetags des Genfer Reformators am Sonntag, dem 29. Mai 1864, in der Predigt gedacht werden sollte, da er, abgesehen von seiner weltgeschichtlichen Stellung, wesentlichen Einfluss auf den ehemals reformierten Teil der Unionskirchen ausgeübte habe. Auch sollte er in den Schulen behandelt werden.

Die wichtigste Frucht dieses Gedenkjahres waren die beiden Vorträge, die der bereits erwähnte Pfarrer Schellenberg in der Konkordienkirche in Mannheim über Calvin hielt.[80] Er gab zu, dass sein Herz vor allem an Luther hing, „unser Reformator, der deutsche Reformator"[81], aber er schätzte trotzdem Calvin sehr, vor allem „indem in seinem Werke weit mehr als in Luthers durch den demokratischen Grundsatz der Selbstverwaltung der Gemeinde die Anlage zur Fortbildung der protestantischen Ideen lag; ein Prinzip, das zur vollen Verwirklichung erst in den nordamerikanischen Freistaaten gelangte".[82] Schellenberg war davon überzeugt, dass die Einführung dieses Prinzips Calvins auch in Deutschland den Protestantismus so dynamisieren würde, dass er wieder auf alle Gebiete des Lebens sittlich wirken könnte. Ziel des Protestantismus ist die Humanität, das „Himmelreich auf Erden". Schellenberg glaubte jedoch, dass die Verwirklichung dieses Ziels einen deutlichen Trennstrich zu Calvins staatlicher und kirchlicher Gesetzgebung erfordere, insbesondere zu dessen Anerkennung der Todesstrafe. Er betrachtete Calvins Gesetzgebung als eine „Verletzung der christlichen Humanität" und

79 Winter, Reformierte Spuren (wie Anm. 3), 130–136.

80 Schellenberg, Calvin (wie Anm. 78); vgl. die Anlage. Zu Schellenberg vgl. Udo Wennemuth, Geschichte der evangelischen Kirche in Mannheim, Sigmaringen 1996 (Quellen und Darstellungen zur Mannheimer Stadtgeschichte 4), 93–100.

81 Schellenberg, Calvin (wie Anm. 78), 52.

82 Schellenberg, Calvin (wie Anm. 78), 49; vgl. 29f.

forderte in diesem Zusammenhang ganz konkret, dass die „Todesstrafe als eine Barbarei aus unserer Gesetzgebung weichen" müsse.[83]

Die internationalen Calvin-Feiern von 1909 hinterließen ebenfalls nur wenige Spuren in Baden, auch in der ehemaligen Kurpfalz oder in den früheren Flüchtlingsgemeinden.[84] Der wichtigste Beitrag war der Vortrag, den der Theologe Hans von Schubert bei der akademischen Calvin-Gedächtnisfeier am 11. Juli 1909 in Heidelberg hielt. Darin informiert er trotz seines kritischen Urteils über Calvin als Ordnungsfanatiker adäquat über den damaligen Stand der Calvin-Forschung.[85]

Im 19. und 20. Jahrhundert war es beliebt, Kirchen mit Glasfenstern auszuschmücken. Insbesondere in der ehemaligen Kurpfalz findet man in Glasfenstern öfter Calvin dargestellt, aber fast immer im Zusammenhang mit Luther und Melanchthon, manchmal auch mit Zwingli.[86] Das zeigt, dass er als Reformator bekannt war. Rezipiert wurde sein Werk aber dennoch nicht, bis auf Hans von Schubert auch nicht von den Heidelberger Theologen; Luther dagegen wurde eifrig gelesen.

Im weiteren Verlauf des 20. Jahrhunderts hat sich nicht viel geändert. Im Widerstand der Bekennenden Kirche in Baden gegen die Deutschen Christen spielte Calvin keine Rolle. Die meisten bekennenden Pfarrer und Laien orientierten sich an Luther, manche an der Barmer Theologischen Erklärung und an Karl Barth. Auch im Kreis der badischen Barthianer nach 1945 wurde Calvin nicht rezipiert. Der badische Theologie Wilhelm Albert Hauck blieb in jeder Hinsicht ein Sonderfall.[87] Luther blieb der dominante Reformator im kirchlichen Bereich; daneben erfuhr Melanchthon ein bemerkenswertes neues Interesse.

1950 legte der Freiburger Rechtshistoriker Erik Wolf, der mütterlicherseits vom Basler reformierten Protestantismus geprägt war, alle seine Ehren-

83 Schellenberg, Calvin (wie Anm. 78), 54.

84 Vgl. Hans-Georg Ulrichs, Der erste Anbruch einer Neuschätzung des reformierten Bekenntnisses und Kirchenwesens. Das Calvin-Jubiläum 1909 und die Reformierten in Deutschland, in: Harm Klueting / Jan Rohls (Hg.), Reformierte Retrospektiven (Emder Beiträge zum reformierten Protestantismus 4), Wuppertal 2001, 231–265, insbes. 249f.

85 Hans von Schubert, Calvin. Rede bei der akademischen Calvin-Gedächtnisfeier in der gr. Aula der Universität Heidelberg am 11. Juli 1909, Tübingen 1909, 22.

86 Gerhard Schwinge, Melanchthonbildnisse in badischen Kirchenfenstern der wilhelminischen Zeit im Rahmen der Bildprogramme des Reformationsgedenkens im 19. Jahrhundert, in: Erinnerung an Melanchthon. Beiträge zum Melanchthonjahr aus Baden (Veröffentlichungen des Vereins für Kirchengeschichte in der Evangelischen Landeskirche in Baden 55), Karlsruhe 1998, 87–116. Zu den Calvinfenstern vgl. den Aufsatz von Gerhard Schwinge in: Jahrbuch für badische Kirchen- und Religionsgeschichte 3 (2009).

87 Vgl. den Aufsatz von Hans-Georg Ulrichs in: Jahrbuch für badische Kirchen- und Religionsgeschichte 3 (2009).

ämter in der badischen Landeskirche nieder. Er sah in der Kirche eine „kalte Lutheranisierung" am Werke. Seine Kritik bezog sich vor allem auf die geplante Liturgiereform.[88] In Wirklichkeit jedoch hatte diese „Lutheranisierung" schon lange vorher angefangen. Bereits im 19. Jahrhundert waren in den meisten ehemaligen reformierten Kirchen der Kurpfalz die Abendmahlstische durch Altäre ersetzt worden. Der badische Hauptgottesdienst entsprach seit 1930 – im Grunde schon seit 1858 mit Unterbrechungen – „in seiner Struktur grundsätzlich der Form der lutherischen Messe".[89] Aus reformierter Tradition stammte nur der noch wenig praktizierte schlichte Predigtgottesdienst, und natürlich gab es im Evangelischen Gesangbuch mehrere Psalmlieder aus der calvinistischen Tradition.[90]

Erik Wolfs Kritik der „kalten Lutheranisierung" richtete sich auch gegen den Versuch, die badische Kirchenverfassung im lutherischen Geist umzubauen.[91] Auch dank seiner Kritik wurde dies abgewehrt. In der neuen Grundordnung, welche die badische Kirche 1958 einführte und zuletzt 2007 revidierte, sind eindeutig calvinistische Spuren nachzuweisen. Jörg Winter schreibt: „Unverkennbar hat sich in der heute gültigen Grundordnung ein eher reformiert geprägtes Amtsverständnis durchgesetzt." Sie gehe allerdings nicht so weit, „aus diesem Amtsverständnis die verfassungsrechtliche Konsequenz zu ziehen, im Sinne des Einheitsprinzips alle Kompetenz zur Leitung der Kirche in der Hand der Synode zu konzentrieren, wie es reformierten Prinzipien entsprechen würde".[92]

Es hat also auch seit der Union in der badischen Landeskirche kaum eine Rezeption Calvins gegeben. Vielmehr vollzog sich in der Liturgie eine Abwendung vom „Erbe" Calvin. In der Kirchenverfassung bekamen dagegen reformierte Prinzipien im Laufe der Zeit wieder zunehmend Platz, dies war jedoch nicht mit einer Reflektion über Calvins Ekklesiologie verbunden, sondern scheint vielmehr auf die Barmer Theologische Erklärung und den Einfluss Karl Barths zurückzugehen.[93]

88 Winter, Reformierte Spuren (wie Anm. 3), 119; Alexander Hollerbach, Erik Wolfs Wirken für Kirche und Recht, in: Jahrbuch für badische Kirchen- und Religionsgeschichte 2 (2008), 60.

89 Wüstenberg, Reformierte Spuren (wie Anm. 3), 111.

90 Wüstenberg, Reformierte Spuren (wie Anm. 3), 113–115. In der Agende von 1965 bzw. 1996 findet man auch einige Gebete Calvins im Zusammenhang mit dem Predigtgottesdienst. Diese fehlen in der Agende von 1996.

91 Winter, Reformierte Spuren (wie Anm. 3), 119.

92 Winter, Reformierte Spuren (wie Anm. 3), 141f.

93 Vgl. Hollerbach, Erik Wolfs Wirken (wie Anm. 88), 55.58.61–64.

## *7. Max Weber und Ernst Troeltsch*

Es ist wohl eine Ironie der Geschichte, dass 1905 gerade in der alten Residenzstadt der ehemaligen Kurpfalz, wo es seit Olevian kaum mehr eine Calvinrezeption gegeben hatte, eine neue Interpretation von Calvin und dem Calvinismus entwickelt wurde, die seitdem in der ganzen Welt das Bild des Genfer Reformators und seine Wirkungen geprägt hat. Diese Interpretation wurde gemeinsam entwickelt von dem Heidelberger Soziologen Max Weber und dem Heidelberger Theologen Ernst Troeltsch.[94] Meilensteine dieser neuen Interpretation waren der Aufsatz *Die protestantische Ethik und der „Geist" des Kapitalismus* von Max Weber aus dem Jahr 1905[95] und der Vortrag von Ernst Troeltsch am 21. April 1906 auf dem Deutschen Historikertag in Stuttgart *Die Bedeutung des Protestantismus für die Entstehung der modernen Welt.*[96] Beiden gemeinsam ist, dass sie dem Calvinismus im Unterschied zum Luthertum und zum Katholizismus eine wesentliche Rolle bei der Entstehung der modernen Welt zuschreiben. Das Luthertum wird als passiv eingeschätzt, der Calvinismus als aktiv. Typisch für den Calvinismus sei die „innerweltliche Askese". Der Calvinist plant sein Leben systematisch, er rationalisiert es durch und durch, weil er glaubt, dass er damit Gottes Ehre dient. Der Erfolg dieser Lebensführung dient ihm zugleich als Vergewisserung, dass Gott ihn prädestiniert, zum Heil vorbestimmt hat. Gott hilft dem, der sich selbst hilft. Der Calvinismus sei mit seinem rastlosen Arbeitseifer eine der geistigen Voraussetzungen für den modernen Kapitalismus gewesen.

Wichtig in unserem Zusammenhang ist nur, dass Weber und Troeltsch diese These nicht aufgrund ihrer Erfahrungen in der ehemaligen (calvinistischen!) Kurpfalz entwickelten, sondern eher dank einer Reise, die sie 1904 gemeinsam in die Vereinigten Staaten unternommen hatten. Außerdem griffen sie auf eine Veröffentlichung von Georg Jellineks *Die Erklärung der Men-*

94 Als Einführung sei der Sammelband von Wolfgang Schluchter und Friedrich Wilhelm Graf (Hg.), Asketischer Protestantismus und der „Geist" des modernen Kapitalismus. Max Weber und Ernst Troeltsch, Tübingen 2005, empfohlen.

95 Zum ersten Mal erschienen in: Archiv für Sozialwissenschaft und Sozialpolitik 20 (1905), 1–54, und 21 (1905), 1–110. Eine noch von Weber selbst verbesserte Fassung erschien nach seinem Tod in: Gesammelte Aufsätze zur Religionssoziologie, 3 Bde., 1920f. (mehrmals nachgedruckt). Diese Fassung erschien auch öfter als Sonderdruck und wurde in mehrere Sprachen übersetzt.

96 Der Vortrag erschien erst 1906 in der Historischen Zeitschrift, wirkte aber v.a. durch die zweite selbständige, stark erweiterte Ausgabe, München 1911 (Historische Bibliothek 24). Vgl. Christoph Strohm, Nach hundert Jahren. Ernst Troeltsch, der Protestantismus und die Entstehung der modernen Welt, in: Archiv für Reformationsgeschichte 99 (2008), 6–35.

*schen- und Bürgerrechte. Ein Beitrag zur modernen Verfassungsgeschichte* von 1895 zurück, der die Entwicklung der Menschenrechte u.a. auf die Auswirkungen des Calvinismus im westeuropäisch-angelsächsischen Bereich zurückgeführt hatte. Jellinek gehörte wie Weber und Troeltsch zum Eranoskreis in Heidelberg.

In der badischen Landeskirche scheinen diese drei wissenschaftlichen Veröffentlichungen zuerst kaum wahrgenommen worden zu sein.[97] Insbesondere die Thesen Webers wurden jedoch im Laufe des 20. Jahrhunderts immer wieder popularisiert und bestimmten so allmählich das Bild Calvins und des Calvinisten in der breiten Öffentlichkeit[98], auch bei den Pfarrern und Kirchenmitgliedern in Baden. Es ist das Bild eines Asketen, der durch seine Selbstbeherrschung, seine Lustfeindlichkeit und sein Gewinnstreben mitverantwortlich ist für die moderne, kapitalistische, rationale, säkularisierte Welt. Dieses Bild stammt jedoch nicht aus der Lektüre der Werke Calvins selbst, sondern ist vor allem den (missverstandenen) Schriften des Heidelberger Professors Max Weber zu verdanken. So gibt es – sei es auch nur indirekt – heute doch ein „Erbe" Calvins in Baden.

## *Anlage*[99]

Landeskirchliches Archiv Karlruhe (LKA) GA 6162: *Gedächtnisfeiern der Reformatoren, hier für Johannes Calvin. Reformationsdenkmal in Genf*

1864, 27. Mai: (wie 1846 und 1860 des 300. Todestages von Luther bzw. Melanchthon) so soll am Sonntag, dem 29. Mai, in der Predigt des 300. Todestags Calvins gedacht werden; ebenso Behandlung in den Schulen.

In der Mannheimer Konkordienkirche hielt Stadtpfarrer (Emil Otto) Schellenberg zwei Calvin-Vorträge: E.O. Schellenberg: Johann Calvin. Zwei Vorträge, gehalten am 27. und 29. Mai 1864 in der Concordienkirche zu Mannheim und auf Verlangen in Druck gegeben, Mannheim: Tobias Löffler,

97 Eine Ausnahme bildet Hans von Schubert, Calvin (wie Anm. 85), der auf die von Calvin auch selbst gewollte „Weltwirksamkeit" (26) seiner Theologie hinweist und die Thesen von Jellinek, Weber und Troeltsch übernimmt. Sein populärwissenschaftlicher Beitrag „Calvin" in: Erich Marcks / Karl Alexander von Müller (Hg.), Meister der Politik. Eine weltgeschichtliche Reihe von Bildnissen, Stuttgart/Berlin 1922, 467–498, fügt nichts Neues hinzu.

98 Die Öffentlichkeit wurde außerdem bestimmt von dem Roman Stefan Zweigs über Calvin und Castellio. Ihm verdankt Calvin seinen Ruf als „intoleranter Diktator"; vgl. den Beitrag von Johannes Ehmann in: Jahrbuch für badische Kirchen- und Religionsgeschichte 3 (2009).

99 Ich danke Thomas K. Kuhn für den Hinweis auf diese Akte. Die Auswertung verdanke ich Gerhard Schwinge.

1864, 55 S. (Separatdruck aus: Zeitstimmen für die reformierte Kirche der Schweiz).

Das Dekanat Freiburg brachte eine „kleine Lebensbeschreibung“ (14 S.) heraus, besonders auch für Schüler (in der Akte mit abgeheftet).

1909, 10. Juli: Seit 1907 laufen die Vorbereitungen für ein Reformationsdenkmal in Genf, dessen Errichtung vom Deutschen Ev. Kirchenausschuss in Berlin unterstützt wird. Die auch in Baden verbreiteten Aufrufe des Deutschen Komitees zur Vorbereitung des Calvin-Jubiläums und zur finanziellen Unterstützung des Denkmalfonds finden in Baden keinen oder nur geringen Widerhall. Das große Denkmal wurde erst 1917 fertiggestellt. Am 13. Mai 1909 erlässt Kirchenpräsident (Albert) Helbing die Anordnung, dass am Sonntag, dem 11. Juli, Calvins aus Anlass seines 400. Geburtstags in der Predigt zu gedenken ist (GVBl. 1909, 86).

Großherzog Friedrich II. persönlich veranlasst, dass Prälat (Ludwig) Schmitthenner als Vertreter des Ev. Oberkirchenrats an der Calvin-Jubiläumsfeier in Genf vom 2. bis 7. Juli 1909, die mit der Grundsteinlegung zum Reformationsdenkmal verbunden ist, (noch gerade) teilnimmt (verspätete Anordnung).

1959, 31. Oktober: Am jährlichen Reformationsfest soll des 450. Geburtstages Calvins mitgedacht werden.

Für die in Angriff genommene deutsche Calvin-Briefausgabe (Otto Weber) im Verlag des Neukirchener Erziehungsvereins genehmigt der Oberkirchenrat einen Zuschuss von DM 1.000.[100]

100 Johannes Calvins Lebenswerk in seinen Briefen. Eine Auswahl von Briefen Calvins in dt. Übers. v. Rudolf Schwarz, neu hg. v. Otto Weber, Neukirchen-Vluyn 1961f. Es handelt sich um die zweite Auflage. Bereits 1909 hatte Rudolf Schwarz (1879–1945) die erste Auflage veröffentlicht.

# Der Fall La Peyrère: ein Hugenotte in katholischen Diensten zu Zeiten des Ediktes von Nantes

*von Andreas Pietsch*

## *1. Patronage und Konfession*

Der Hugenotte Isaac de La Peyrère (1596?–1676) gab und gibt Rätsel auf. Bereits seine Zeitgenossen nahmen ihn als in Glaubensfragen seltsam indifferent wahr und wussten sich daher kaum anders zu helfen, als ihn zu einem Häretiker zu erklären.[1] La Peyrère selbst wird man daran einigen Anteil zusprechen können, gefiel er sich doch darin, sich als eine Art Fabelwesen, als ein „animal fantastique" zu inszenieren.[2] Auch die Einschätzungen der modernen Forschung über diesen Hugenotten bieten weiterhin ein breites Spektrum: es reicht vom frühen Atheisten bis zum religiösen Fanatiker. Entweder sieht man in ihm einen religiös unmusikalischen *libertin érudit* oder aber hält sein auffälliges Interesse für die Belange der Juden nur damit erklärbar, dass man La Peyrère kurzerhand selbst zu den Nachkommen Abrahams zählt, indem man unter den Vorfahren dieses Hugenotten zwangsgetaufte Juden vermutet und bei ihm deshalb eine marranische Theologie wittert.[3]

Sicher haben zu diesem breiten Spektrum der Interpretationen die kärglichen biographischen Befunde beigetragen, die nicht viel erkennen lassen: Als Spross einer angesehenen hugenottischen Familie in Bordeaux gegen Ende des 16. Jahrhunderts geboren, erhielt er allem Anschein nach in jungen Jahren eine Ausbildung an der Akademie von Montauban, bevor er in die Fußstapfen seines Vater in Bordeaux trat.[4] Sicher haben zu diesen unterschiedlichen Einschätzungen aber auch seine konfessionell uneindeutigen Schriften Anlass geboten, die allerdings allesamt erst aus der Zeit stammen,

1 Vgl. etwa die Darstellung von Pierre Bayle, Dictionnaire historique et critique, Bd. 2, Rotterdam 1697, 766f., der sich besonders der Briefe des Katholiken Guy Patin bedient.

2 So die Eigentitulierung in einem Schreiben an den Prinzen Condé vom 8.10.1655; Chantilly, Musée Condé, P. XV, fol. 348r.

3 Die französische Forschung bezieht sich weitgehend auf René Pintard, Le libertinage érudit, Paris 1943. Für einen marranischen Hintergrund plädiert hingegen Richard H. Popkin, Isaac La Peyrère. His life, work, and influence, Leiden 1987.

zu der sich La Peyrère bereits in fremde Dienste gestellt hatte. Denn um 1640 verließ La Peyrère Bordeaux, um sich in Paris in die Dienste des katholischen Prinzen Condé zu begeben. Kaum ein Punkt auf diesem schemenhaften Lebensweg lässt sich derart klar festmachen, wie seine Verbundenheit an das Haus Condé. Diese Verbundenheit ging selbst nach dem Tod des Prinzen Condé auf dessen Sohn über und währte letztlich ab 1640 nahezu vierzig Jahre lang, bis La Peyrère 1676 im hohen Alter von 80 Jahren starb. Es handelt sich also um eine Verbundenheit, die die Hälfte seines Lebens prägte.

Ich möchte im Folgenden die Frage aufwerfen, welche Auswirkungen ein solches Patronageverhältnis für einen Gelehrten des 17. Jahrhunderts gehabt hat, und dabei besonders den Aspekt der unterschiedlichen konfessionellen Verortung von Patron und Klient beleuchten. Wie hoch wird man den Anteil dieses katholischen Patrons an den Schriften seines hugenottischen Klienten veranschlagen müssen? Lassen sich nicht vielleicht sogar viele Ambivalenzen in La Peyrères Schriften genau aus diesem Umstand erklären? Denn man wird ja kaum von einem autonomen Schreibprozess eines Einzelgelehrten ausgehen können, sondern wird dessen publizistisches Treiben immer auch in Wechselwirkung zu seiner sozialen Abhängigkeit von einem Patron sehen müssen. Ich gehe deshalb im Folgenden kurz auf frühneuzeitliche Patronage von Gelehrten und dies speziell in Bezug auf das Haus Condé ein, thematisiere die Konsequenz unterschiedlicher Konfessionen in einem solchen Näheverhältnis und zeige das exemplarisch an einem Werk La Peyrères auf.

## *2. Hugenottischer Gelehrter unter katholischem Prinzen*

La Peyrère war gut beraten, als er sich 1640 um eine Stellung in der mächtigen Maison Condé und somit in einem für seine künstlerischen und wissenschaftlichen Ambitionen berühmten wie einflussreichen Adelsgeschlecht bemühte.[5] Denn dieses Patronageverhältnis sicherte ihm nicht nur seine materielle Existenz, es bot ihm zudem neue Entfaltungsmöglichkeiten: La Peyrère verkehrte fortan in den gelehrten Zirkeln von Paris, nutzte seine Mis-

4 Vgl. zur Biographie Elisabeth Quennehen, „L'auteur des Preadamites", Isaac Lapeyrère. Essai biographique, in: Patricia Harry u.a. (Hg.), Dissidents, excentriques et marginaux de l'Âge classique. Autour de Cyrano de Bergerac, Paris 2006, 349–373.

5 Vgl. allgemein Katia Béguin, Les princes de Condé. Rebelles, courtisans et mécènes dans la France du Grand Siècle, Seyssel 1999.

sionen, auf die ihn Condé schickte, um weitere Kontakte zu anderen Gelehrten der europäischen Gelehrtenrepublik aufzubauen, und erhielt die Möglichkeit, seine Schriften zu publizieren. Der Einfluss seines mächtigen Patrons hat ihm sogar später einmal das Leben gerettet, nachdem der Skandal um eine seiner Schriften ihn bis in die Kerker der Inquisition führte.[6]

Dabei mag es zwar auf den ersten Blick verwundern, dass sich der Hugenotte La Peyrère ausgerechnet in die Dienste eines katholischen Prinzen begab. Jedoch ist er damit keineswegs die Ausnahme und darf der konfessionelle Unterschied nicht vorschnell als Zeichen einer allgemeinen Bedeutungslosigkeit der Konfessionszugehörigkeit gewertet werden. Vielmehr ist es Folge und Ausdruck langjähriger gewachsener klientelärer Verflechtung. Denn nicht ohne Grund kannte das Haus Condé seit dem 16. Jahrhundert reformierte Klienten, schließlich waren die Prinzen Condé die großen Anführer der Hugenotten in den Religionskriegen des 16. Jahrhunderts. Erst als ihr Cousin Heinrich von Navarra als Heinrich IV. (1589–1610) den französischen Thron bestieg, änderte sich das. König Heinrich IV. sorgte dafür, dass auch seine direkte Seitenlinie nunmehr katholisch erzogen wurde.[7] Heinrich II. von Condé (1588–1646), La Peyrères Patron, war der erste katholische Condé, und die Erziehung bei den Jesuiten schien gefruchtet zu haben. Jedenfalls waren sich die Reformierten darin einig, in ihm den ärgsten Gegner der Hugenotten vor sich zu haben.[8]

Dennoch scheinen klienteläre Beziehungen hartnäckiger als kurzfristige Konfessionswechsel: Beide elterlichen Linien von La Peyrère hatten schon in Beziehung zum Haus Navarra gestanden und ebenso etwa einer seiner Cousins. Es lag daher nahe, dass sich La Peyrère ebenfalls unter die Obhut der Condé stellte. Man wird zudem daran erinnern müssen, dass zeitgleich der niederländische Stadhouder ebenfalls Klienten anderer Konfession kannte – wenn auch hier mit umgekehrten Vorzeichen. Zur Klientel von Stadhouder Wilhelm Friedrich (1640–1664) gehörten auch Katholiken.[9] Von

6 Der Inhaftierung durch die Inquisition 1656 in den spanischen Niederlanden war die Publikation seiner These einer Menschheit vor dem biblischen Adam vorausgegangen. Um diesen Präadamitenskandal soll es hier nicht weiter gehen. Auf seine Konversion im Folgejahr in Rom komme ich weiter unten zurück.

7 Vgl. Béguin (wie Anm. 5), 42–46.

8 Vgl. Hans Bots / Pierre Leroy (Hg.), Correspondance intégrale d'André Rivet et de Claude Sarrau, Bd. 1, Amsterdam 1978, 358, Sarrau an Rivet vom 2.1.1643: „Mr le Prince de Condé […] est un persecuteur ouvert et puissant de touts les fidelles […]. C'est le plus cruel ennemi que nous ayons dans tout le Royaume."

9 Vgl. Geert H. Janssen, Political Brokerage in the Dutch Republic. The Patronage Networks of William Frederick of Nassau-Dietz (1613–1664), in: Hans Cools u.a. (Hg.), Your Humble Servant. Agents in Early Modern Europe, Hilversum 2006, 65–80, bes. 71f.

einem strikten *cuius regio eius religio* im Bezug auf Patronagebeziehungen wird man also für das 17. Jahrhundert nicht ausgehen können.

Was den Fall La Peyrère allerdings besonders interessant macht, ist der Umstand, dass La Peyrère nicht irgendeinen Posten in der Maison Condé bekleidete, sondern gerade zu den Gelehrten zählte. La Peyrère funktionierte also nicht nur quasi unsichtbar als Rädchen in diesem Getriebe, sondern trat auch mit Texten und Publikationen nach außen. Zwar wird man La Peyrère nicht zu der vielbeschriebenen Propagandamaschinerie des Hauses Condé zählen können, doch fiel jeder Text, den La Peyrère in Umlauf brachte, mittelbar oder sogar unmittelbar auf Condé zurück.[10] Das gilt im besonderen Maße für diejenigen Werke, in denen La Peyrère konkret zur politischen Lage Frankreichs Stellung bezog. Um ein solches Werk soll es im Folgenden gehen, zumal La Peyrère darin die Legitimierung politischer Macht, wie es für diese Epoche üblich ist, vor allem theologisch zu untermauern suchte. Man wird also schon auf dieser Ebene die unterschiedliche Konfessionalität von Patron und Klient nicht zu den nachrangigen Aspekten dieses Näheverhältnisses zählen können.

## *3. Konfessionelle Uneindeutigkeiten im Zeichen der Juden*

*Du Rappel des Juifs*, also vom Rückruf der Juden, heißt dieses eigenwillige Werk, das La Peyrère 1643 publizierte.[11] „Das Heil kommt von den Juden", mit diesem Ausspruch Christi aus dem Johannesevangelium (Joh 4,22) beginnt La Peyrère sein Werk und verbindet diese *ipsissima verba Christi* mit den vieldiskutierten Stellen aus den Kapiteln 9–11 des Römerbriefs, um sein soteriologisches Szenario zu entwerfen. Die Juden – zumindest die Erwählten unter ihnen – sollen in den Glauben der christlichen Kirche integriert werden, wie es Paulus für das Ende aller Zeiten vorhergesagt hatte, wenn der Messias vom Zion wiederkommen werde. Um dies zu erreichen, sollen die Juden in Frankreich gesammelt, zum Christentum konvertiert und im Anschluss nach Jerusalem geführt werden. Garant und Protektor dieses anspruchsvollen Unternehmens müsse der französische König sein, der fortan von Jerusalem aus die Welt regieren werde.[12] Gallikanische Sonderstel-

10 Zu der Funktion von Klienten in Condés publizistischem Feldzug während der Fronde vgl. Mark Bannister, Ideological Change in Seventeenth-Century France, Oxford 2000, 79–154.

11 Anonym, Du Rappel des Juifs, o.O. 1643. Das Werk ist sehr selten, allerdings hat es die UB Kiel online gestellt.

12 Er entwickelt diese Thesen vor allem in dem zweiten der fünf Hauptabschnitte, vgl. Du Rappel des Juifs (wie Anm. 11), 64–152.

lung des französischen Monarchen und seltsam verspäteter Kreuzzugsgedanke verbinden sich hier mit Judenmission auf eigentümliche Weise.

Man braucht gar nicht in die Details zu gehen, um zu sehen, dass hier La Peyrère wohl nicht nur im eigenen Interesse schrieb, sondern auch Machtinteressen seines machtbewussten Patrons, des Prinzen Condé, mit bediente. Wohl nicht zufällig fiel die Publikation von *Du Rappel des Juifs* in den Sommer 1643 und somit in das prekäre Machtvakuum nach dem Tode Ludwigs XIII. Condé, Onkel des vierjährigen Dauphins und überaus wichtige Stimme im Conseil der Regentin Anna von Österreich, ließ hier dem jungen Monarchen ein Regierungsprogramm gleichsam ins Gebetbuch schreiben. So changiert dieses knapp vierhundertseitige Werk gleichsam zwischen zwei Polen, zwischen der Aufforderung an das richtige Verhalten des Monarchen und Vorschlägen zur Optimierung der konkreten Judenmission. Fürstenspiegel und Judenkatechismus gehen hier Hand in Hand.

So sehr hier La Peyrère die handfesten politischen Interessen seines Patrons mit bedenkt, so sehr bleibt er sich andererseits treu. Auffällig ist nämlich, wie sehr La Peyrère in den Bahnen eines protestantischen Traktates argumentiert. Er benötigt keinen Verweis etwa auf Thomas von Aquin, nicht einmal auf Augustinus oder einen anderen Referenzpunkt der kirchlichen Tradition, wie es für zeitgenössische Werke katholischer Provenienz durchaus typisch wäre. Vielmehr zeigen sich in *Du Rappel des Juifs* besonders deutlich La Peyrères hugenottische Wurzeln, wenn er hier, anders als in seinen übrigen Werken, ausnahmslos und ausschließlich *sola scriptura* argumentiert. Außer der Bibel wird keine Referenz als solche kenntlich gemacht.[13] Darüber hinaus sind reformierte Anklänge nicht zu übersehen, wenn er etwa die Anzahl der Sakramente auf Taufe und Abendmahl reduziert.[14] Natürlich profitiert La Peyrère hier von seiner Konstruktion, eine Art Judenkatechismus zu schreiben, der alles daran setzt, den Juden den Einstieg ins Christentum zu erleichtern. Auch bedient er hier letztlich den Topos der Urkirche als *remedium* aller Trennungen: Man könne doch kaum den Juden alle Spitzfindigkeiten theologischer Argumentationen der gesamten Kirchengeschichte zumuten. Andernfalls könnten diese entgegnen, das Christentum sei noch komplizierter als die jüdische Religion mit ihren zahllosen Vorschriften und Geboten.[15]

13 In der Regel hebt er Bibelzitate durch Kursivierung hervor, in vielen Fällen weist er zudem in der Marge das biblische Buch und das Kapitel aus.

14 Vgl. Du Rappel des Juifs (wie Anm. 11), 332f.

15 La Peyrère lässt zur Bekräftigung dieser These einen Juden auftreten, vgl. Du Rappel des Juifs (wie Anm. 11), 168: „Vos Canons, ô Chrestiens! & vos Articles de Foy sont plus difficiles à comprendre, que les Regles & les Ceremonies de Moyse ne sont difficiles à obseruer.“

Gleichzeitig weicht er diese Aussage wieder auf, indem er eine Art Hintertürchen einbaut. Denn La Peyrère wird recht undeutlich, wenn er sich konkret zu seinem Kirchenverständnis äußert. Zwar möge man also den Juden gut erklären, dass Taufe und Abendmahl völlig ausreichend seien, ja man errichte ihnen eigene Kirchenräume („temple"), die völlig bilderlos und schmucklos sein sollen. Doch konzipiert La Peyrère diese durchaus reformiert anmutende Spezialkirche als eine Proselytenkirche, die letztlich nur als ein Zwischenstadium fungieren soll. Er präferiert ein langsames Hineinwachsen in „die Kirche", so dass der Gläubige am Ende alles glauben möge, was „die Kirche" glaubt.[16] Das sei dann die „église veritablement Catholique".[17]

Der Terminus katholisch ist sehr vielschichtig und man sollte sich hüten, hier katholisch vorschnell als römisch-katholisch zu lesen.[18] Doch war es möglich, dies zu tun, und vielleicht tat dies auch etwa Condé, der dann dieses Programm der stufenweisen Einführung ins Arkanum des christlichen Glaubens als ein umfassendes Missionsprogramm deutete oder vielleicht auch eher missdeutete. Ein so verstandenes Missionsprogramm würde nicht etwa bei den Juden haltmachen, sondern gleichsam auch die Hugenotten schrittweise in den Schoß der Hl. Mutter Kirche zurückführen – zumal La Peyrère sein Werk ganz im Sinne von Paulus damit beschloss, dass wenn die Juden zum christlichen Glauben kämen auch alle übrigen christlichen Schismen überwunden würden und die wahrhaft allumfassende Kirche erstehe. Zumindest ist es naheliegend, dass der nicht zuletzt für seine aggressive Irenik von den Hugenotten gefürchtete Condé hier in La Peyrère auf neue Vereinnahmungsimpulse hoffte.[19]

16 Du Rappel des Juifs (wie Anm. 11), 370: Es gebe „deux sortes de Temples pour y faire ces deux sortes de seruices; Qu'ils ne feroient qu'vn mesme Corps, & vne mesme Bergerie, pour ne composer qu'vne mesme Eglise. A quoy nous pouuons adiouster que les Nouueaux Chrestiens qui iroient à ces Nouueaux Temples; qu'ils s'instruiroient peu à peu dans les connoissances plus Particulieres & plus Parfaictes du Christianisme, pour Monter comme de Classe, & pour croire à la fin, Tout ce que l'Eglise croit."

17 Du Rappel des Juifs (wie Anm. 11), 53.

18 Vgl. nur etwa Johannes Calvin, Unterricht in der christlichen Religion, nach der letzten Ausgabe von 1559 übers. u. bearb. v. Otto Weber, im Auftrag des Reformierten Bundes bearb. u. neu hg. v. Matthias Freudenberg, Neukirchen-Vluyn 2008 (= Inst. [1559] IV,1,2): „Deshalb heißt die Kirche ‚katholisch' oder ‚allgemein'; denn man könnte nicht zwei oder drei ‚Kirchen' finden, ohne daß damit Christus in Stücke gerissen würde – und das kann doch nicht geschehen!"

19 Vgl. zu Condés irenischen Plänen Hans Bots / Pierre Leroy, La mort de Richelieu vue par des protestants. André Rivet et ses correspondants, in: Lias 4 (1977), 85–97.

## *4. Konfessionelle Vereindeutigung im Zeichen der Konversion in Rom*

Es war genau dieses ambigue Kirchenverständnis, das im *Rappel des Juifs* noch in einer gewissen Schwebe gehalten war, was es La Peyrère umso leichter machte, rund 15 Jahre später eindeutiger zu akzentuieren. Als La Peyrère 1657 unter großer Anteilnahme in Rom zum Katholizismus konvertierte, verfasste er, wie es im 17. Jahrhundert durchaus üblich war, einen Konversionsbericht, der dieses Ereignis prokatholisch publizistisch auszuschlachten hoffte. La Peyrère nutzte die ihm hier gebotene Möglichkeit für einen neuen Feldzug in eigener Sache.

Denn nicht nur schwor La Peyrère den Thesen aus seinen monierten Schriften ab, wie es für einen derartigen publizierten Konversionsbericht geradezu konstitutiv ist. Er nutzte gleichzeitig diese neue Publikation, um seine übrigen theologischen Grundansichten dem Papst zu erläutern. Dazu bot er Papst Alexander VII. Chigi (1655–1667), wenn man so will, eine Kurzfassung des *Rappel des Juifs*. Wieder sprach La Peyrère von der Notwendigkeit der Judenkonversion für das Heil der Christen. Wieder argumentierte er mit den gleichen Stellen aus Johannes 4 und Römer 9–11. Alles, was er allerdings bislang undeutlich oder gar falsch ausgelegt habe, solle man getrost seiner hugenottischen Herkunft zurechnen.[20] So sehr auch La Peyrères Hugenottenschelte in seiner Absicht überaus simpel wie durchsichtig war, gelang es ihm doch gleichzeitig, diesen Makel nicht nur von sich, sondern auch von seinem Patron zu nehmen. Man möge alles, was zu beanstanden war, eben seiner reformierten Herkunft zurechnen – und nicht etwa den politisch-theologischen Interessen seines Patrons.

Hier zeigt sich abschließend ein weiteres Mal die Verwobenheit von Interessen des Klienten mit denen seines Patrons. Denn Condé rettete La Peyrère nicht nur aus den Klauen der Inquisition. Selbst noch in La Peyrères Konversionsbericht revanchierte sich dieser dafür mit Rücksicht auf seinen Patron. La Peyrère tauschte nämlich an entscheidender Stelle seines theologischen Entwurfes die Personage aus: Wo im *Rappel des Juifs* der einzig würdige Handlanger Gottes auf Erden noch der König von Frankreich war, rückte an diese Stelle nun der Papst. Indem La Peyrère nunmehr an den Papst appellierte, konnte La Peyrère gleich zwei Dinge auf einmal erreichen: sich zu retten und sich als katholisch zu gerieren. Gleichzeitig wusste er sich –

20 Diese mehrmals gedruckte *Epistola ad Philotimum* erschien erstmals 1657 in der Druckerei der Propaganda Fide. Ein Auszug in Übersetzung findet sich in der ansonsten höchst problematischen Zusammenschau von Andreas Räß, Die Convertiten seit der Reformation nach ihrem Leben und ihren Schriften dargestellt, Bd. 7, Freiburg/Br. 1868, 117–136.

und mit ihm Condé – als *römisch-katholisch* darzustellen, indem er jegliche gallikanischen Anklänge auszumerzen wusste, die den römischen Ohren missfallen hätten. La Peyrère tauschte allerdings König und Papst keineswegs stillschweigend aus, vielmehr sah er sich anscheinend genötigt, zu diesem antizipierten Vorwurf direkter Stellung zu nehmen. So schilderte La Peyrère dem Papst seine Not, die ihn als Hugenotte im besonderen Maße betroffen habe. Er setzte dazu zu einer einmaligen Philippika an: An wen hätte er sich denn auch sonst wenden sollen, wo doch die Reformierten keine klaren Autoritäten und klares Oberhaupt besäßen? Es sei doch schließlich auch dem Hl. Vater bewusst, dass man vielmehr sagen müsse, dass diese angebliche Kirche mehr Häupter als Glieder kenne. Und zudem seien diese untereinander heillos zerstritten. Da werde es auch nicht besser, einmal über Frankreich hinaus nach Holland, ins Reich oder nach England zu schauen! Selbst der Papst könne ihm deshalb wohl kaum verübeln, dass er als Franzose sich an den französischen König gehalten habe. Doch nun, so La Peyrère abschließend, wo er die Autorität des Papstes und der katholischen Kirche erkannt habe, stelle sich das für ihn ganz anders dar.[21] Es bedarf nicht sehr viel, um sich vorzustellen, dass Rom diesen Dreiklang aus Papstlob, Protestantenschelte und Abgesang auf den Gallikanismus nur allzu gern gehört haben wird.

Ein Hugenotte in katholischen Diensten, so wäre abschließend zu fragen? Man müsste wohl präzisieren: Dem Hugenotten La Peyrère gelang es nicht nur, immer auch die Interessen seines katholischen Patrons mit zu bedenken. Er beherrschte das Jonglieren mit konfessionellen Präferenzen sogar so gut, dass es ihm ein leichtes war, nacheinander unterschiedliche Katholizismen zu bedienen.

21 Bischof Räß (wie Anm. 20), 133f., ließ sich diese Tirade mit seiner Kontrafaktur von 1 Kor 12,20 nicht entgehen.

# Orthodoxie im Kolleg

## *Otto Webers Calvin-Vorlesung 1936*[1]

*von Vicco von Bülow*

### 1. *„Was weiß man gemeinhin von Calvin?"*[2]

„Was weiß man gemeinhin von Calvin? Servet! Theokratie! Finsteres Gesetzeschristentum! Ein finsterer, unfreundlicher Gott ...! Prädestinationslehre! Das gemeinhin verbreitete Calvinbild ist einerseits das Resultat einer pseudolutherischen Polemik, die für Luthers Namen fürchtete, andererseits das Dokument dafür, wie fremd das 18. und 19. Jahrhundert der herben, strengen Schriftmäßigkeit stand, die Calvins theologische Art kennzeichnet. Merkwürdig ist nur, daß man gemeinhin an Calvin eben das bekämpft, was er mit Luther teilt: die Prädestinationslehre, die Lehre vom servum arbitrium, die klare Rechtfertigungslehre, die Betonung der Ehre Gottes, vor allem die entschlossene Vertretung des ‚Schriftprinzips'. Die Verneinung Calvins ist weithin auch die Verneinung Luthers."[3]

Als Beitrag zum Calvin-Jahr 2009 – anlässlich des 500. Geburtstags Johannes Calvins[4] – greift dieser Beitrag auf das Jubiläumsjahr 1936 zurück: 400 Jahre Erstauflage der Institutio Christianae Religionis, des Unterrichts in der

1 Leicht überarbeite Fassung eines Vortrags, der auf der 7. Emder Tagung zur Geschichte des reformierten Protestantismus am 23.3.2009 und in der Reformierten Gemeinde Göttingen am 19.4.2009 gehalten wurde.

2 Das Manuskript dieser Vorlesung mit dem Titel „Grundzüge der Theologie Calvins" befindet sich im Nachlass Otto Webers (Karton IX) in der Johannes a Lasco-Bibliothek in Emden. Auf sie wird im Folgenden mit „VL" und Seitenzahl verwiesen.

3 VL, 1f.

4 Aus der Fülle der zu diesem Themenjahr erschienenen Literatur vgl. exemplarisch und alphabetisch Uwe Birnstein, Der Reformator. Wie Johannes Calvin Zucht und Freiheit lehrte (wichern porträts), Berlin 2009; Martin Ernst Hirzel / Martin Sallmann (Hg.), 1509 – Johannes Calvin – 2009. Sein Wirken in Kirche und Gesellschaft (Beiträge zu Theologie, Ethik und Kirche 4), Zürich 2009; Klaas Huizing, Calvin ... und was vom Reformator übrig bleibt (edition chrismon), Frankfurt/M. 2008; Georg Plasger, Johannes Calvins Theologie. Eine Einführung, Göttingen 2008; Herman J. Selderhuis (Hg.), Calvin Handbuch, Tübingen 2008; Christoph Strohm, Johannes Calvin. Leben und Werk des Reformators, München 2009; sowie das von der Evangelischen Kirche in Deutschland und dem Reformierten Bund herausgegebene Magazin zum Calvin-Jahr: CALVIN (vgl. www.calvin.de).

christlichen Religion, also des Hauptwerks von Johannes Calvin. In dieses Jahr datiert die Vorlesung „Grundzüge der Theologie Calvins", die der Professor für Reformierte Theologie, Otto Weber, im Wintersemester 1936/37 an der Theologischen Fakultät der Göttinger Universität hielt. Mit den zu Beginn zitierten Worten hat er seine Vorlesung begonnen. Deren Manuskript ist im Nachlass Otto Webers erhalten geblieben, der sich inzwischen in der Johannes a Lasco-Bibliothek in Emden befindet, wohin ihn seine Tochter Hildegard, verheiratete Haarbeck, abgegeben hat. Es handelt sich um 174 nummerierte, einseitig handschriftlich beschriebene Ringblock-Zettel mit den Maßen 12x19 cm. Außer auf der kurzen halben Seite in meiner Otto Weber-Biografie[5] ist sie bisher nicht beachtet worden. Das ist in doppelter Hinsicht schade: Zum einen gibt sie Auskunft über Webers theologisches Denken zu jener Zeit, zum anderen markiert sie einen nicht unerheblichen Punkt der Calvin-Forschung in der ersten Hälfte des 20. Jahrhunderts.

## *2. Otto Weber in Göttingen*

Otto Weber war zum Zeitpunkt der Vorlesung seit zwei Jahren Professor an der Theologischen Fakultät in Göttingen, einer vor allem von Emanuel Hirsch geprägten lutherischen Fakultät, die neben Hirsch u.a. solch illustre Namen wie den des Neutestamentlers Walter Bauer, des Kirchengeschichtlers Hermann Dörries und den des Systematikers Carl Stange umfasste. Eher unrühmlich fiel der Praktische Theologe Walter Birnbaum durch seine platte deutschchristliche Ausrichtung und seine fehlende theologische Tiefe auf.[6] Auch wenn Birnbaums Fall etwas anders gelagert war, so hatte auch die Berufung von Weber zum Sommersemester 1934 kirchenpolitische Hintergründe gehabt. Zwar war Weber schon 1932 im Alter von 30 Jahren und unpromoviert im Gespräch für die Professur für Reformierte Theologie gewesen, aber dass er den Ruf dann zwei Jahre später erhielt, hatte auch damit zu tun, dass er zwischendurch – als Deutscher Christ und NSDAP-Mitglied – Geistlicher Minister unter dem Reichsbischof Ludwig Müller gewesen war. Doch soll dieser kirchenpolitische Hintergrund hier nur am Rande eine Rolle spielen.

5 Vgl. Vicco von Bülow, Otto Weber (1902–1966). Reformierter Theologe und Kirchenpolitiker (Arbeiten zur Kirchlichen Zeitgeschichte B 34), Göttingen 1999, 186. Passim auch weitere Nachweise.

6 Vgl. Robert P. Ericksen, Die Göttinger Theologische Fakultät im Dritten Reich, in: Heinrich Becker / Hans-Joachim Dahms / Cornelia Wegeler (Hg.), Die Universität Göttingen unter dem Nationalsozialismus. Das verdrängte Kapitel ihrer 250jährigen Geschichte, München u.a. 1987, 61–87.

## *3. Webers Beschäftigung mit Calvin und der reformierten Tradition*

Wichtiger ist an dieser Stelle der Hochschulhintergrund Webers. Seit seinem ersten Semester an der Theologischen Schule Elberfeld im Sommer 1928 hatte Weber sich in seinen Lehrveranstaltungen regelmäßig mit Calvin beschäftigt, vor allem mit dessen Institutio. Dies setzte er in Göttingen fort. Im Frühjahr 1935 fasste er den Plan, sich in einem kontinuierlichen Lehrangebot mit den vier Büchern der Institutio zu beschäftigen. Die ersten drei Bücher hatte er schon traktiert, das vierte stand noch bevor, als er im Wintersemester 1936/37 eine Vorlesung „Grundzüge der Theologie Calvins" anbot. Die Verzögerung mag mehrere Gründe gehabt haben. Zum eine musste Weber einige Energie für seine praktisch-theologischen Veranstaltungen aufwenden, die er in Ergänzung zu den als defizitär empfundenen Vorlesungen und Seminaren Birnbaums anbot. Zum anderen, und dies wog wahrscheinlich schwerer, hatte er in der Vorbereitung auf seine Institutio-Seminare bemerkt, dass eine angemessene Übersetzung dieses wichtigen Werks ins Deutsche fehlte. In Absprache mit dem Neukirchener Verlag hatte er sich gleich selbst an diese Aufgabe gemacht. Diese Übersetzung, deren drei Teilbände in schneller Folge 1936, 1937 und 1938 erschienen, erwies sich als solches Standardwerk, dass bei der seit 1994 publizierten Calvin-Studienausgabe trotz einiger Anfragen im Detail auf eine Neuübersetzung verzichtet wurde.[7] Inzwischen ist eine solche geplant; für das Calvinjahr 2009 hat Matthias Freudenberg die Webersche Übersetzung – nun schon in der 9. Auflage – wieder herausgegeben. Dass Calvin 1936/37 für Otto Weber „dran" war, zeigte sich auch an zwei weiteren von ihm betriebenen Editionen: Ab 1937 gab er die Reihe „Johannes Calvins Auslegung der Heiligen Schrift" heraus, die mit der Übersetzung des Calvinschen Jeremia-Kommentars durch Ernst Kochs begann und zu der er in späteren Jahren auch eigene Übersetzungen beisteuerte.[8] Damit machte Weber Ernst mit der Erkenntnis, dass bei Calvin „neben den dogmatischen Schriften [...] die exegetischen wie auch die Predigten von kaum geringerem Wert"[9] sind.

7 Johannes Calvin, Unterricht in der christlichen Religion. Institutio Religionis Christianae. Nach der letzten Ausgabe übers. u. bearb. v. Otto Weber, Bd. 1, Neukirchen 1936; Bd. 2, Neukirchen 1937; Bd. 3, Neukirchen 1938. Neuauflage in einem Band Neukirchen 1955 u.ö.; vgl. Christian Link, Vorwort, in: Calvin-Studienausgabe, Bd. 1.1: Reformatorische Anfänge (1533–1541), hg. v. Eberhard Busch u.a., Neukirchen-Vluyn 1994, Vf.

8 Johannes Calvins Auslegung der Heiligen Schrift. Neue Reihe. In Zusammenarbeit mit anderen hg. v. Otto Weber, Neukirchen 1937ff. Eigene Übersetzungen Webers in: Bd. 16 (Auslegung des Römerbriefes und der beiden Korintherbriefe) und in: Bd. 17 (Auslegung der Kleinen Paulinischen Briefe).

9 VL, 21.

Im Dezember 1936, also mitten während der Vorlesung, sagte er auf Anfrage des Reichskirchenausschusses der Deutschen Evangelischen Kirche zu, die Herausgeberschaft für eine wissenschaftliche Edition reformierter Bekenntnisschriften zu übernehmen. Das hatte wohl weniger direkt mit der Institutio zu tun, obwohl er in seiner Vorlesung die Behauptung wagte, dass diese „für die Reformierten das ihnen fehlende Einheitsbekenntnis in einem gewissen Sinne“[10] ersetzte. Zu dieser geplanten Edition seien zwei Bemerkungen gemacht. Die erste: Es dauerte bis zum Jahr 2002, bis der erste Teilband der reformierten Bekenntnisschriften erschien[11] – also lange nach Otto Webers Tod. Die zweite Bemerkung: Zur gleichen Zeit, als die Anfrage der Reichskirche an Weber erging, plante der bekenntniskirchliche Teil der deutschen Reformierten eine eigene Ausgabe, die 1938 von Wilhelm Niesel herausgegeben erschien. Sowohl die bekenntniskirchlich als auch die nicht-bekenntniskirchlich orientierten Reformierten beanspruchten also das Erbe der Väter für sich. Dass sich beide reformierten Gruppierungen auf dieselbe Tradition beriefen – und sie vielfach auch ganz ähnlich interpretierten –, machte den z.T. deutlichen Unterschied in kirchenpolitischen und politischen Fragen schon für die Zeitgenossen schwer erträglich. So klagte der Barmer Pfarrer Harmannus Obendiek im Sommer 1935 in anderem Zusammenhang über Weber, dieser führe „für seinen bekenntniswidrigen Vorschlag einen ernsten Grund an: Nur so ist Schlimmeres zu verhüten. Diese seine Haltung hat in diesen Jahren genug Not über ihn und uns gebracht. Es ist uns schwerlich genug, dass OW [= Otto Weber] bei aller Orthodoxie im Kolleg immer noch meint, mit seinen scheinbar klugen Berechnungen und Kompromissen die Kirche retten zu müssen.“[12] Die Orthodoxie im Kolleg wurde also auch von Webers kirchenpolitischen Gegnern akzeptiert. Die Spannung zwischen theologischer Überzeugung und kirchlichem Handeln, die darin zum Ausdruck kommt, ist auch heute nur schwer nachvollziehbar.

Wer Webers Vorlesungsmanuskript genau studiert, wird dort eben diese Orthodoxie im Kolleg wiederfinden. Bezugnahmen auf die politische oder kirchenpolitische Situation seiner Zeit tauchen kaum auf, wohl aber auf einige zeitgenössische theologische Kontroversen. Und in vielem, was Weber bei seiner Calvininterpretation äußerte, war er sehr nah bei dem, was sein kir-

10 VL, 19.

11 Reformierte Bekenntnisschriften, hg. i. A. der Evangelischen Kirche in Deutschland v. Heiner Faulenbach / Eberhard Busch, Bd. 1/1: 1523–1534, Neukirchen-Vluyn 2002.

12 Harmannus Obendiek (?), Zum Brief O.W. betr. Berufung Sprengers, o.D., zit. nach von Bülow, Otto Weber (wie Anm. 5), 173.

chenpolitischer Kontrahent Wilhelm Niesel im Jahr 1938 in seinem Buch „Die Theologie Calvins" schrieb.[13] Dies hier genauer auszuführen, ist an dieser Stelle nicht möglich, doch ein kleiner Hinweis auf die gemeinsame Zeit der beiden in der Theologischen Schule Elberfeld mag einen Grund für diese theologisch-historische Nähe andeuten.[14]

## *4. Aufbau und Schwerpunkte der Calvin-Vorlesung*

Nachdem die geschichtlichen Kontexte der Weberschen Calvin-Vorlesung zumindest angerissen sind, soll diese Vorlesung selbst behandelt werden. Wie viele Hörer sie hatte, ist nicht bekannt, einige Semester zuvor hatte Weber in seiner Dogmatik-Vorlesung 60–70 Teilnehmer. Dies scheint eine angemessene Größenordnung auch für die Calvin-Vorlesung zu sein. Sie bestand nach einer ausführlichen Einleitung (1–12) aus folgenden Abschnitten:

§ 1 – Die Quellen (12–22)
§ 2 – Stand der Erforschung der Theologie Calvins (zugleich Literatur) (22–34)
§ 3 – Calvins theologische Entwicklung (35–68)
§ 4 – Wichtigste Elemente der Theologie Calvins (69–174), darin:
§ 4.1 – Calvins Biblizismus (69–83)
§ 4.2 – Calvins Lehre von Gott (83–127 – ausführlich!)
§ 4.3 – Zur Anthropologie Calvins (127–139)
§ 4.4 – Zur Christologie und Soteriologie (139–157)
§ 4.5 – Christus und die Seinen im Werk des Heiligen Geistes (157–168)
§ 4.6 – Von der Kirche und von der Obrigkeit (168–174)

Natürlich kann ich an dieser Stelle nur einige Hinweise auf Besonderheiten der Calvin-Interpretation Webers geben, die mir aufgefallen sind. Ich folge dabei dem Verlauf der Vorlesung.

13 Vgl. Wilhelm Niesel, Die Theologie Calvins (Einführung in die evangelische Theologie VI), München 1938.

14 Vgl. Vicco von Bülow, „Hier gibt sich [...] kund ein Handeln der reformierten Kirche Deutschlands." Ein kurzer Abriß der Geschichte der Theologischen Schule Elberfeld unter besonderer Berücksichtigung ihrer Anfangsjahre 1928–1932, in: Harm Klueting / Jan Rohls (Hg.), Reformierte Retrospektiven. Vorträge der zweiten Emder Tagung zur Geschichte des reformierten Protestantismus (Emder Beiträge zum reformierten Protestantismus 4), Wuppertal 2001, 277–289; Martin Breidert / Hans-Georg Ulrichs (Hg.), Wilhelm Niesel – Theologe und Kirchenpolitiker. Ein Symposion anlässlich seines 100. Geburtstags an der Kirchlichen Hochschule Wuppertal (Emder Beiträge zum reformierten Protestantismus 7), Wuppertal 2003.

In der Einleitung wird Calvin ganz stark an Luther herangerückt. Dies ist – abgesehen von der besonderen Situation der Jahre nach 1933 – sicherlich eine besonders in Deutschland häufig vorkommende Sicht, die aber nichtsdestotrotz damals wie heute ihre sachliche Berechtigung hat.

Spezifischer für Webers Sicht auf Calvin ist aber deren Grundmotiv, das ebenfalls bereits in der Einleitung erscheint: der Bezug auf das Wort Gottes. „Alle geschichtlichen Wirkungen der Reformatoren haben ihre eigentliche Ursache eigentlich nicht in deren Originalität, sondern in ihrer Schülerschaft gegenüber dem Worte Gottes."[15] Und weiter: „Daß sie dieses Werk so vollzogen, daß damit der Kirche eine neue Ausrichtung auf das Wort geschenkt wurde, eine Befreiung von allen Menschensatzungen, das machte die Männer zu Reformatoren"[16] – auch und vor allem Calvin.

Im ersten Paragraphen zu den „Quellen" fällt eine Inkonsistenz auf: Weber gibt an, er wolle inhaltlich dem Genfer Katechismus von 1545 folgen. Das tut er aber nicht, sondern bezieht sich zum weit überwiegenden Teil auf die Institutio. Anders als in seinem ersten Semester 1928, als er noch die Erstfassung der Institutio von 1536 zugrunde gelegt hatte, erkannte Weber nun die Zentralstellung der letzten Fassung von 1559.[17]

Im zweiten Paragraphen zur bisherigen Calvinforschung referierte Weber die Calvinliteratur des 19. und frühen 20. Jahrhunderts und setzte sich deutlich von zwei Gruppen ab. Eine Gruppe derer, die Weber ablehnte, bestand aus denjenigen, die Calvin psychologisieren wollten, sei es negativ oder positiv im Sinne eines religiösen Genies. Die andere Gruppe bestand aus denen, die ein abstraktes Prinzip, sei es die „Ehre Gottes" oder die „Prädestinationslehre", zur Grundlage von Calvins Denken machen wollten. Das Wort Gottes sei aus zwei Gründen kein solches Zentralprinzip: Zum einen sei es nicht statisch, sondern nur in Bewegung zu verstehen, zum anderen verweise es nicht auf eine Sache, sondern auf eine Person: Gott in Jesus Christus.

Ohne Karl Barth an dieser Stelle explizit zu erwähnen, zeigte sich Weber tiefgehend von dessen Wort-Gottes-Theologie geprägt, die er bereits um 1930 kennengelernt hatte. Barths Göttinger Vorlesung aus dem Jahr 1922 über „Die Theologie Calvins" hat allerdings wohl keinen direkten Einfluss auf Webers Vorlesung gehabt: Einerseits war diese Vorlesung zu jener Zeit nicht als Manuskript oder im Druck zugänglich, andererseits ist sie sowohl vom Konzept wie von der – von diesem erheblich abweichenden – Durch-

15 VL, 5f.
16 VL, 6f.
17 Vgl. VL, 16.

führung her deutlich vom Weberschen Aufbau unterschieden.[18] Dass Weber Barth trotz der inhaltlichen Berührungspunkte nicht erwähnte, hat mit der kirchenpolitischen Gegnerschaft der Zeit zu tun.[19] Ein Vergleich mit dem fast gleichzeitig erschienenen Calvinbuch von Wilhelm Niesel, der Barth ja nicht nur theologisch, sondern auch kirchenpolitisch sehr nahe stand, zeigt vielfache Übereinstimmung vom Aufbau bis in die Formulierungen hinein. Die Vorlesung gibt ein deutliches Beispiel dafür, was Harmannus Obendiek trotz aller kirchenpolitischen Gegensätze mit der „Orthodoxie Otto Webers im Kolleg" meinte. Dass Weber sich hier nicht als der „Barthianer" zeigte, für den er später nicht zu Unrecht gehalten wurde, mag auch an seiner Hochschätzung der Erfahrung liegen: „Experientia docet"[20], sagt Weber: Die Erfahrung der Gläubigen hilft zum Verständnis des Wortes Gottes. Das hätte Barth zu dieser Zeit so nicht sagen können.

Der dritte Paragraph zeichnete didaktisch sorgfältig aufbereitet „Calvins Entwicklung als Theologe" nach. Hier werden Calvins frühe Jahre in Frankreich erwähnt, sein Leben als Flüchtling ab 1534, die ersten Jahre in Genf ab 1536, das Straßburger Intermezzo 1538 bis 1541, die Rückkehr nach Genf, die Ordnung der dortigen Gemeinde und die Wirksamkeit über die Stadt hinaus bis in die europäische Reformation hinein. Einige Beispiele zeigen, dass Weber dabei ab und an eigene Akzente setzte. Dass er Calvins „subita conversio ad docilitatem" durchaus nicht unpietistisch als „ein Widerfahrnis"[21] deutete, passt zu seiner Hochschätzung der Bekehrung. Entsprechend konnte Weber auch dem Seneca-Kommentar Calvins nicht dieselbe reformatorische Prägung beimessen, wie es beispielsweise aktuell Klaas Huizing tut.[22] Interessant ist, dass Weber aus dem Oberziel Calvins, nämlich die „Kirche nach dem Wort Gottes"[23] zu ordnen, ohne besondere negative Wertung dessen Ablehnung jeglicher lehrmäßigen Toleranz in Genf folgert und entsprechend dort auch das Vorhandensein einer – praktischen, nicht rechtlichen – Theokratie konstatiert. So weit wie Huizing, der Calvin im

18 Vgl. Karl Barth, Die Theologie Calvins 1922. Vorlesung Göttingen Sommersemester 1922, hg. v. Hans Scholl (Karl Barth-Gesamtausgabe, Abt. II), Zürich 1993.
19 Vgl. Vicco von Bülow, „Keinem der theologischen Zeitgenossen so tief verpflichtet [...] wie Karl Barth"? Zur Beziehung von Otto Weber und Karl Barth, in: RKZ 140 (1999), 75–82.
20 VL, 79.
21 VL, 45. Vgl. Vicco von Bülow, „Eine hörenswerte und auf Gehör rechnende Stimme". Der Einfluss pietistisch-erwecklicher Theologie auf Otto Weber, in: Georg Plasger (Hg.), Otto Weber: Impulse und Anfragen (Emder Beiträge zum reformierten Protestantismus 6), Wuppertal 2002, 13–32, bes. 17–20.
22 Vgl. Huizing, Calvin (wie Anm. 4), 104–108.
23 VL, 62.

Fall Servet „theologischen Terrorismus“[24] attestiert, geht Weber jedoch zu Recht nicht.

Der in sich differenzierte Paragraph 4 behandelt die „wichtigsten Elemente der Theologie Calvins“. Etwas ungewohnt mutet die Überschrift des ersten Abschnitts an: „Calvins Biblizismus“. Bei Weber fehlt jede sonst nicht unübliche negative Bewertung dabei – allerdings muss er schon bald erkannt haben, dass der Begriff Biblizismus als terminus technicus eigentlich etwas ganz anderes meint. Deshalb hat er ihn wohl bald danach an dieser Stelle in „Glaube und Schrift“ umbenannt. Was Weber meint, ist: Calvin ist durch und durch „Schrifttheologe“[25] und baut seine gesamte Theologie von der Bibel her auf: „Die Gewissheit von der Geltung der Schrift [aber – so argumentiert Weber dialektisch –] entsteht zusammen mit der Bindung an Christus.“[26] Diese personal verstandene Bindung ist in diesem Unterabschnitt zum ersten von vielen Malen in der Vorlesung so formuliert. Sie bildet eine Art roten Faden für Webers Calvininterpretation, und übrigens nicht nur für sein Verständnis von Calvins Theologie, sondern auch für Webers eigene Theologie.

Im Unterabschnitt zu „Calvins Lehre von Gott“ ist besonders Webers Position zur Debatte um Karl Barths „Nein!“ gegen Emil Brunners Versuch einer natürlichen Theologie bemerkenswert. 1934 hatte Weber noch – von Schlatter beeinflusst und explizit gegen Barth – die Möglichkeit einer natürlichen Theologie vertreten. 1936/37 dagegen lehnte er eine theologia naturalis bei Calvin ab, auch wenn es sehr wohl eine natürliche Gotteserkenntnis bei diesem gebe. Die zeitgenössische Debatte sei insgesamt von unzureichender Kenntnis des Materials, methodischen Unzulänglichkeiten und Ertraglosigkeit gekennzeichnet. Am zutreffendsten sei noch die Position Peter Barths.[27]

Ab S. 127 lässt Webers Manuskript das erkennen, was auch Barths Hörer seiner Calvin-Vorlesung 1922 erfuhren und was auch für andere Vorlesungen nicht untypisch sein soll: Einer sehr ausführlichen und detailreichen ersten Hälfte folgt eine sehr geraffte und überblicksartige zweite. Weber eilt also durch Calvins Anthropologie und Christologie, wobei er letztere konsequent soteriologisch deutet und en passant Calvins Lehre vom munus triplex Christi als „einzigen originalen Beitrag zur Christologie im engeren Sinne“[28] erwähnt.

24 Huizing, Calvin (wie Anm. 4), 78.
25 VL, 71.
26 VL, 74.
27 Vgl. VL, 106–110, und Peter Barth, Das Problem der natürlichen Theologie bei Calvin (TEH 18), München 1935.
28 VL, 140.

Der vorletzte Unterabschnitt „Christus und die Seinen im Werk des Heiligen Geistes“ enthält auf elf Seiten sehr geraffte und deshalb nur wenig ergiebige Ausführungen zu den Themen „Heilstat und Heilsaneignung“, „Rechtfertigung und Heiligung“, „Gebet“, „Ekklesiologie“ und „Eschatologie“.

Im Schlussabschnitt „Von der Kirche und der Obrigkeit“ erwähnt Weber den polnischen und in Ostfriesland wirkenden Reformator Johannes a Lasco, der Calvins Überlegungen – die wiederum von Luther und Bucer beeinflusst waren – zu einem auf dem Gemeindegedanken beruhenden Kirchenbegriff fortentwickelt habe. Allerdings, so betont Weber wohl nicht ohne Seitenblick auf die Betonung der Gemeindesouveränität in der zeitgenössischen Bekennenden Kirche: „Gegenüber dem reinen (modernen) Gemeindegedanken aber entwickelt Calvin beträchtliche Hemmungen.“[29] Diese vergleichbar indirekte Bezugnahme auf die zeitgenössische Situation ist nach meiner Wahrnehmung das Weitgehendste, das sich Weber in der Calvinvorlesung erlaubt. In diesen Zusammenhang passt auch der allerletzte Satz des Vorlesungsmanuskripts. Während Weber in späteren Jahren das Resistenz-Potenzial der Hugenotten positiv würdigen konnte, setzte er sich 1936 von ihnen ab: Calvin – so Weber – „fordert von Frankreich nicht die Allmacht, sondern die Duldung der Hugenotten. Gegen ihren ‚politischen Protestantismus‘ ist er stets aufgetreten.“[30]

## *5. Nachwirkungen*

Diese Vorlesung wiederholte Weber zwei Jahre später, im Wintersemester 1938/39, fast unverändert und auch ein Vierteljahrhundert später, im Sommersemester 1963, wich das völlig neu geschriebene Manuskript für die Vorlesung „Grundfragen der Theologie Calvins“ nicht grundsätzlich von dem gerade vorgestellten Text ab. In den Veröffentlichungen Webers zu Calvin stand dieser vor allem als „Gestalter der Kirche“ im Vordergrund[31] – die Ekklesiologie war in der 1936er Vorlesung noch etwas knapp ausgeführt, wohl nicht nur aus Zeitgründen, sondern auch, weil Weber das entspre-

29 VL, 169.

30 VL, 174. Anders argumentierte er zum Schluss der Vorlesung „Grundfragen der Theologie Calvins“ im Sommersemester 1963, Nachlass Otto Weber, Karton IX, Johannes a Lasco-Bibliothek Emden.

31 Vgl. die Aufsätze Webers in Bd. 2 seiner Gesammelten Aufsätze unter dem Titel: Die Treue Gottes in der Geschichte (Beiträge zur Geschichte und Lehre der Reformierten Kirche 29), Neukirchen-Vluyn 1968, 1–118: Johannes Calvin, Gestalter der Kirche; Calvins Lehre von der Kirche; Die Einheit der Kirche bei Calvin.

chende vierte Buch der Institutio noch nicht übersetzt hatte. Insgesamt waren es aber nur wenige Aufsätze, mit denen sich Weber als Calvinforscher profilierte. Einfluss auf das Calvinbild des 20. Jahrhunderts hatte er durch seine Calvin-Übersetzungen und nicht zuletzt seine Lehrveranstaltungen. Dass Calvin auch später noch großen Einfluss auf die Theologie Webers behielt, lässt sich beispielsweise mit einem Blick auf sein opus magnum, die zweibändigen „Grundlagen der Dogmatik", zeigen. Dort sind es drei Namen, die weit vor allen anderen stehen: Martin Luther, eben Johannes Calvin und Karl Barth.[32]

Am Anfang dieses Beitrags wurden die Worte zitiert, mit denen Weber seine Calvin-Vorlesung im Jubiläumsjahr 1936 einleitete. Den Abschluss bildet ein Zitat aus dem Bericht einer internationalen Konsultation im April 2007 in Genf, mit der sich reformierte Wissenschaftler und Kirchenleute auf das Jubiläumsjahr 2009 vorbereiteten. Von der Schweiz bis in die USA, von Mexiko bis Korea herrschte dabei ein Eindruck vor:

„Wer war Calvin und was ist die heutige Bedeutung seines Erbes? [...] Calvin bleibt eine Fülle der Inspiration für die reformierten Kirchen. [...] Gleichzeitig sind sie sich bewusst, dass das Bild Calvins ein kontroverses ist und heute oft in einem negativen Licht dargestellt wird. Er ist wie kein anderer Reformator des 16. Jahrhunderts zum Objekt von Klischees geworden, wobei vier Stereotypen immer wieder auftauchen, wenn er öffentlich erwähnt wird:

– sein düsteres Konzept der doppelten Prädestination: [...],
– die Enthaltsamkeit, die er den Genfern auferlegt hat,
– seine Beteiligung an der Hinrichtung von Michael Servet,
– seine Rolle bei der historischen Entwicklung der Moderne, insbesondere des modernen Kapitalismus [...]".[33]

Unabhängig von der Formulierung der jeweiligen Vorurteile im Detail – die Situation, dass man sich bei der Annäherung an Calvin zunächst einmal unausweichlich mit den über ihn herrschenden Vorurteilen auseinandersetzen muss, scheint eine Kontinuität mindestens von 1936 bis heute zu sein. Dass das Calvin-Jahr 2009 daran etwas ändert, kann man zumindest hoffen.

32 Vgl. Otto Weber, Grundlagen der Dogmatik, Bd. 1, Neukirchen 1955; Bd. 2, Neukirchen 1962.

33 Welche Bedeutung hat Calvins Erbe für die heutigen Christen? Bericht der internationalen Konsultation vom 15.–19. April 2007 in Genf, 1 (Quelle: www.calvin09.org/media/pdf/Materialpool/070524_P0_report-D.pdf).

# Verzeichnis der Autorin und der Autoren

*Bülow, Vicco von;* Dr. theol.; Oberkirchenrat für Theologie und Kultur im Kirchenamt der Ev. Kirche in Deutschland; Forschungsschwerpunkte: Kirchliche Zeitgeschichte, Geschichte reformierter Theologie und Kirchen, Kirchengeschichte Westfalens.

*Daugirdas, Kęstutis;* Dr. theol.; Wissenschaftlicher Mitarbeiter am reformationsgeschichtlichen Lehrstuhl der Evangelisch-Theologischen Fakultät der Universität Mainz; Forschungsschwerpunkte: Reformationsgeschichte in der polnisch-litauischen Adelsrepublik, sozinianische Netzwerke und ihr Einfluss auf die Frühaufklärung, frühneuzeitliche Bibelhermeneutik.

*Detmers, Achim;* Dr. phil.; Pfarrer der Evangelischen Landeskirche Anhalts, derzeit Beauftragter der Ev. Kirche in Deutschland und des Reformierten Bundes für das Calvin-Jahr 2009; Forschungsschwerpunkte: Reformationszeit – Geschichte und didaktische Vermittlung, jüdisch-christliche Beziehungen, Kultursoziologie Pierre Bourdieus.

*Freudenberg, Matthias;* Dr. theol.; Professor für Systematische Theologie (Schwerpunkt Reformierte Theologie) an der Kirchlichen Hochschule Wuppertal/Bethel und Pfarrer der Ev.-ref. Kirchengemeinde Schöller; Forschungsschwerpunkte: Geschichte und Lehre der reformierten Kirchen, Bekenntnis- und Katechismusgeschichte, Theologie Karl Barths.

*Hasselhoff, Görge K.;* Dr. theol.; Fellow im „Internationalen Kolleg für Geisteswissenschaftliche Forschung ‚Dynamiken der Religionsgeschichte zwischen Asien und Europa'" an der Ruhr-Universität Bochum; Forschungsschwerpunkte: christlich-jüdische Beziehungen in Antike und Mittelalter, oberdeutsche Reformation, Wissenschaft des Judentums, religiöse Interaktionen in der Gegenwart.

*Heron, Alasdair I.C.;* Dr. theol.; Professor em. für reformierte Theologie an der Universität Erlangen-Nürnberg; Forschungsschwerpunkte: Johannes Calvin, Geschichte und Lehre der reformierten Kirchen, Karl Barth, Ökumenische Theologie.

*Hofheinz, Marco;* Dr. theol.; Wissenschaftlicher Assistent am Institut für Systematische Theologie der Universität Bern; Forschungsschwerpunkte: politische und biomedizinische Ethik, reformierte Theologie und Theologiegeschichte, Theologie Karl Barths.

*Lange, Albert de;* Dr. theol., tätig als freischaffender Kirchenhistoriker in Karlsruhe; Forschungsschwerpunkt: Geschichte der Waldenser in der Neuzeit.

*Lange van Ravenswaay, J. Marius J.;* Dr. theol.; Pfarrer der Evangelisch-reformierten Kirche; Forschungsschwerpunkte: Spätmittelalter und Reformation, Calvin und Calvinismus, Geschichte und Lehre der reformierten Kirche.

*Millet, Olivier;* Dr. phil.; Professor für Literaturwissenschaft an der Universität Paris 12; Forschungsschwerpunkte: Geschichte der Rhetorik, französische Literatur der Renaissance, religiöse Literatur.

*Pietsch, Andreas;* Dr. theol.; Wissenschaftlicher Mitarbeiter im Münsteraner Exzellenzcluster „Religion und Politik in den Kulturen der Vormoderne und der Moderne“ im Teilprojekt „Politisches Amt und religiöse Dissimulation“; Forschungsschwerpunkte: Wissens- und Wissenschaftsgeschichte der Frühen Neuzeit, Kirchen- und Theologiegeschichte des Konfessionellen Zeitalters.

*Plasger, Georg;* Dr. theol.; Professor für Systematische und Ökumenische Theologie an der Universität Siegen; Forschungsschwerpunkte: Theologie Karl Barths, reformierte Theologie und Theologiegeschichte, Sozial-, Friedens- und Bioethik, niederländische Theologie des 20. Jahrhunderts.

*Schulze, Manfred;* Dr. theol.; Professor em. für Kirchengeschichte an der Kirchlichen Hochschule Wuppertal/Bethel; Forschungsschwerpunkte: Spätmittelalter, Humanismus und Reformation, Kirchen-, Politik- und Geistesgeschichte, scholastische und reformatorische Theologien.

*Stricker, Nicola;* Dr. theol.; Professorin für Dogmatik an der Faculté Libre de Théologie Protestante de Paris; Forschungsschwerpunkte: Hermeneutik Paul Ricoeurs, Philosophie und reformierte Theologie des 17. und 18. Jahrhunderts (Dissertation zu Pierre Bayle), ekklesiologische Fragen (bes. Unionsgedanke), Bioethik (Embryonenstatus).